U0687997

如何赢得政府采购项目

王郁琛 / 编著

化学工业出版社

· 北京 ·

内容简介

本书站在政府采购供应商的角度，按照政府采购活动的内在顺序，为读者讲解政府采购的基本概念、基本知识和基本方式。即使是零基础的读者，通过阅读本书，也可以在较短的时间里知晓"政府采购是什么""参与政府采购要做什么""如何能更好地参与政府采购"。尤其重要的是，政府采购活动是典型的"赢家全得"活动，只有第一名才能够获得合同，取得第二名和最后一名在实质上没有区别。因此，本书将尽最大可能引导和启发供应商如何在采购活动中展示自身的最大优势。这是本书区别于本领域其他图书的特有之处，也是本书贡献给读者朋友的最大价值。

图书在版编目（CIP）数据

如何赢得政府采购项目 / 王郁琛编著. -- 北京：化学工业出版社，2025. 6. -- ISBN 978-7-122-47845-0

Ⅰ. F810.2

中国国家版本馆CIP数据核字第2025H26E74号

责任编辑：罗　琨　　　　　　　正文设计：韩　飞
责任校对：王　静

出版发行：化学工业出版社
　　　　　（北京市东城区青年湖南街13号　邮政编码100011）
印　　装：三河市双峰印刷装订有限公司
710mm×1000mm　1/16　印张21　字数270千字
2025年10月北京第1版第1次印刷

购书咨询：010-64518888　　　　售后服务：010-64518899
网　　址：http://www.cip.com.cn
凡购买本书，如有缺损质量问题，本社销售中心负责调换。

定　　价：98.00元　　　　　　　　版权所有　违者必究

▶ ▶ ▶ ▶ ▶ ▶ ▶　序言

　　作为一名长期从事政府采购研究与教学的学者，我很高兴受邀为《如何赢得政府采购项目》一书撰写序言。这部由王郁琛博士撰写的著作，以其深入浅出的笔触、严谨规范的分析和极强的实战指导性，为广大供应商特别是中小微企业提供了一本不可多得的政府采购操作指南。以政府采购研究领域的视角，我深刻感受到本书在理论与实践结合、政策解读与实操指导并重方面的独特价值。

　　政府采购是国家机关依法履职的重要物质保障和公共服务供给的基础性机制，其作为我国财政政策的重要工具和宏观调控的重要手段，不仅关乎公共资源的有效配置，更对促进经济发展、支持中小企业、推动实现绿色低碳等政策目标具有深远意义。2024年，全国政府采购规模约3.3万亿元，约占财政支出的11.6%，其中中小微企业获得约四分之三的合同金额，充分体现了政府采购在激发市场活力、促进公平竞争中的重要作用。政府采购的巨大市场以及对公平竞争的严格要求，给企业特别是中小微企业的发展提供了很好的条件。然而，正如本书前言所述，当前许多中小微企业因对政府采购规则不熟悉、不了解而望而却步，导致大量潜在商机未能被有效挖掘。2017至2022年间北京市仅有9%的经营主体参与政府采购活动，其中仅4万家企业成功获得合同，不足经营主体总数的2%，这一数据令人深思。如何让更多企业特别是中小微企业跨越知识门槛、掌握操作要领，成为政府采购市场的活跃参与者，是当前亟待解决的问题。本书的问世，正是对这一需求的及时回应。

本书从供应商的视角切入，围绕政府采购活动的内在逻辑，系统梳理了从基本概念到实操流程的全链条知识体系。全书共分五篇十二章，内容涵盖政府采购的基本概念、当事人角色、采购方式、标书编制、合同管理以及权益维护等核心环节。作者以《中华人民共和国政府采购法》及《中华人民共和国政府采购法实施条例》为纲领，结合大量法规条文、案例分析和文书模板，将复杂的政策法规转化为通俗易懂的指导性内容。无论是零基础的读者，还是已有一定经验但希望进一步提升的企业，都能从中找到清晰的指引和实用的方法。

首先，本书的特色体现在其规范性与科学性。政府采购兼具行政行为与民事行为的双重属性，任何环节的瑕疵都可能导致投标失败甚至法律风险。作者以其深厚的学术背景和十余年的实务经验为基础，为每一项内容指明法律法规出处，确保论述有理有据。例如，在讲解"集中采购目录"与"采购限额标准"时，作者不仅引用了《中华人民共和国政府采购法》，还结合《中央预算单位政府集中采购目录及标准（2020年版）》等具体文件，清晰阐释了中央与地方的差异，为读者提供了精准的政策依据。这种严谨的学术态度，不仅为供应商提供了可靠的操作指引，也为采购人、采购代理机构及监管部门提供了规范的参考。

其次，本书的通俗性与可读性令人印象深刻。政府采购领域的专业术语和法律条文往往晦涩难懂，但本书采用讲义式写作方法，将复杂概念分解为易于理解的知识点，并辅以大量案例和模板。例如，在"编制标书"章节中，作者详细列举了资格文件、技术文件和商务文件的编制要点，并通过具体案例展示了评审小组的评审标准。这种"手把手"式的教学风格，使得零基础的读者也能快速上手，真正实现了从"是什么"到"怎么做"的知识转化。

此外，本书的实战指导性是其核心亮点之一。政府采购是典型的"赢家全得"活动，唯有第一名才能赢得合同，第二名与最后一名并无实质区别。作者深刻洞察到这一特点，特别强调了如何帮助供应商在竞争中展现自身优势。例如，在"分析采购文件"的章节中，作者不仅讲解了采购文件的法律效力，还细致分析了星号条款、评审方法等关键点的应对策略；在"参与评审"章节中，作者进一步指导供应商如何应对评审小组的询问、处理流标等情况。这些内容无不体现出作者对政府采购实践的深刻理解和对供应商需求的精准把握。

本书的全面性也值得称道。作者从基础知识到高级策略，从前期准备到后期履约，覆盖了政府采购的全生命周期。尤其值得一提的是第五篇"权益篇"，详细介绍了供应商在询问、质疑、投诉以及行政复议、行政诉讼等环节中的权利与操作方法。这一内容在国内同类图书中较为少见，却对供应商维护自身合法权益具有重要意义。作者通过对《政府采购质疑和投诉办法》等法规的解读，结合具体案例，清晰阐明了供应商在面对不公待遇时的救济路径，为企业在复杂的市场环境中生存提供了法律保障。

作为一名高校教师，我尤其欣赏本书对中小微企业的关注。中小微企业是我国经济的重要支柱，但在政府采购市场中往往因资源有限、专业人员不足而处于劣势。本书特别针对这一群体，提供了无须依赖专业投标团队即可独立完成的指导方案。例如，在"编制标书"章节中，作者建议中小微企业利用自身灵活性应对资格审查，通过中小企业声明函享受政策优惠。这些内容不仅降低了中小微企业的参与门槛，也为它们在政府采购市场中赢得更多机会提供了切实可行的路径。

从学术研究的角度看，本书还为政府采购领域的理论与实践结合提供了宝贵参考。作者在书中多次提及政府采购的"管采分离"原则和信用信息平台建设等制度创新，反映了我国政府采购制度在法治化、市场化方向上的不断完善。同时，作者也指出了当前政府采购实操中存在的问题，如评审专家专业性不足、恶意投诉成本过低等，这些洞见为后续的政策优化和学术研究提供了启发。

最后，我想借此机会向作者王郁琛博士致以敬意。作为清华大学硕士、中国科学技术大学博士，作者不仅具备扎实的学术功底，还拥有丰富的政府采购实务经验。其在国家级刊物发表的论文以及作为招标师、咨询工程师的职业背景，为本书的专业性和权威性奠定了坚实基础。更难能可贵的是，作者在写作过程中，始终秉持高质量输出的理念，将复杂的政府采购知识以清晰、实用的方式呈现给读者。这种对知识传播的热忱和对社会责任的担当，令人钦佩。

总之，《如何赢得政府采购项目》是一部兼具学术深度与实践价值的力作。它不仅是中小微企业参与政府采购的"入门宝典"，也可作为采购人、代理机构及监管部门的案头参考。希望本书能为更多企业和个人打开政府采购市场的大门，助力他们在万亿级市场中赢得商机，也为我国政府采购事业的健康发展贡献力量。

何红峰

南开大学法学院教授、博士生导师

　　政府采购是重要的宏观调控手段和财政政策工具，对于扩大内需、刺激消费、促进企业发展具有重要意义。2022 年，全国政府采购规模约为 3.5 万亿元，约占全国财政支出的 9.4% 左右，已成为一个体量巨大的销售市场。其中，政府采购合同金额的四分之三左右给予了中小微企业，对激发中小微企业发展活力起到了重要作用。但是，当前面向供应商，特别是面向中小微企业的政府采购知识普及工作还很不到位。以北京市为例，2017 年至 2022 年，北京市参与政府采购活动的企业约为 20 余万家，仅占北京市经营主体总数的 9% 左右，其中获得政府采购合同的企业仅有几万家。大量的中小微企业因为"不会""不懂""不敢"而被排斥在巨大的政府采购市场之外，因此亟须加强对企业如何获得政府采购项目的相关培训和指导。

　　目前已面世的介绍政府采购的书籍，绝大多数都是站在采购人和采购代理机构的角度，介绍如何组织政府采购活动以及如何加强政府采购管理的。本书另辟蹊径，站在供应商的角度，教会企业如何参与政府采购活动，并在政府采购活动中最大限度地发挥优势，赢得政府采购项目。本书设想的应用场景是：因财力、人力受限而无法雇用专业投标人员的中小微企业，通过阅读和学习本书，可以较高质量地独立完成参与政府采购的全过程，为自身赢得政府采购商机。

▶ ▶ ▶ ▶ ▶ ▶ ▶　目录

第1篇　基本篇 // 1

第1章　政府采购基本概念 // 3

1.1　什么是政府采购？ // 3

1.2　要成为行政事业单位的供应商，必须参加政府采购吗？ // 4

1.3　《政府采购法》主要说了什么？ // 6

1.4　政府采购领域还有哪些法律法规？ // 7

1.5　《招标投标法》与《政府采购法》的联系与区别 // 9

1.6　如何查询最新的政府采购制度规定？ // 10

1.7　什么是财政性资金？ // 11

1.8　什么是政府购买服务？ // 11

1.9　什么是PPP？ // 12

1.10　什么是集中采购？ // 12

1.11　什么是分散采购？ // 13

1.12　什么是集中采购目录？ // 13

1.13　什么是采购限额标准？ // 16

1.14　什么是采购需求标准？ // 17

1.15 什么是预留采购份额？//18

1.16 什么是价格评审优惠？//19

1.17 什么是优先采购？//20

第2章　政府采购当事人 //21

2.1 政府采购当事人包括哪些？//21

2.2 什么是采购人？//22

2.3 采购人的职责和义务//22

2.4 什么是集中采购机构？//22

2.5 什么是集中采购机构以外的采购代理机构？//23

2.6 采购代理机构的职责//24

2.7 委托代理协议的作用和内容//25

2.8 什么是供应商？//26

2.9 供应商的资格条件//27

2.10 对供应商的限制//30

2.11 什么是供应商的重大违法记录？//31

2.12 什么是联合体？//32

2.13 什么是评审专家？//33

2.14 如何成为评审专家？//34

2.15 评审专家的权利和义务//36

2.16 参与评审的评审专家是如何确定的？//36

第3章　政府采购方式 //38

3.1 政府采购方式包括哪些？//38

3.2　什么是公开招标？// 39

3.3　公开招标的基本程序// 40

3.4　什么情况属于规避公开招标？// 49

3.5　什么是邀请招标？// 50

3.6　什么情况适用邀请招标？// 54

3.7　邀请招标的基本程序// 55

3.8　什么是竞争性谈判？// 56

3.9　什么情况适用竞争性谈判？// 58

3.10　竞争性谈判的基本程序// 60

3.11　什么是竞争性磋商？// 63

3.12　什么情况适用竞争性磋商？// 66

3.13　竞争性磋商的基本程序// 66

3.14　什么是询价？// 69

3.15　询价的基本程序// 71

3.16　什么是单一来源采购？// 72

3.17　单一来源采购公示的特殊要求// 73

3.18　单一来源采购的基本程序// 76

3.19　什么是框架协议采购？// 77

3.20　协议供货、批量集中采购、跟标采购、定点采购、电子卖场
概念解释// 81

3.21　采购人是如何确定采购方式的？// 86

第2篇　准备篇 // 89

第4章　获得采购信息 // 91

4.1　如何查找政府采购信息？// 91

4.2　从获得采购信息到提交标书，一般有多少天？// 93

4.3　与发布采购信息的采购单位从来没有接触过，参与采购还有意义吗？// 94

4.4　如何了解发布采购信息的采购人？// 95

4.5　对采购信息有不清楚的地方怎么办？// 98

4.6　如何利用以往的采购信息挖掘有价值的内容？// 100

4.7　采购人内部是如何分工的？// 102

4.8　什么是申请人的资格条件？// 105

4.9　如何获得采购文件？// 108

4.10　获得采购文件后可以与采购单位的工作人员见面吗？// 109

4.11　如果是流标后的二次采购公告，报名时需要注意什么？// 111

4.12　以联合体报名时，需要注意什么？// 112

第5章　分析采购文件 // 115

5.1　采购文件的种类 // 115

5.2　采购文件的法律效力 // 116

5.3　采购邀请和资格审查的主要内容和关键点 // 118

5.4　采购需求的主要内容和关键点 // 120

5.5　采购需求中的星号（"*"）条款表示什么？// 121

5.6　供应商须知的主要内容和关键点 // 123

5.7　评审方法的主要内容和关键点 // 128

5.8　拟签订的合同文本的主要内容和关键点 // 131

5.9　投标文件、响应文件格式的主要内容和关键点 // 132

5.10　需要参加标前答疑会吗？// 133

5.11　如果对采购文件的内容有疑问怎么办？// 135

5.12　如果认为采购文件中有不合理条款怎么办？// 136

第3篇　竞标篇 // 139

第6章　标书编制的准备 // 141

6.1　编制标书需要哪些岗位的人参加？// 141

6.2　编制标书需要多长时间？// 142

6.3　编制标书需要多少费用？// 142

6.4　没有编制标书的经验怎么办？// 143

6.5　可以请人编制标书吗？// 144

6.6　如何准备资格审查材料？// 145

6.7　职业资格、从业资格和执业资格是什么关系？// 148

6.8　如何准备合同业绩？// 150

6.9　如何应对资格预审？// 151

6.10　如何评估投标成本？// 155

6.11　哪些属于可以享受扶持政策的中小企业？// 157

6.12　什么情形下中小企业可以享受扶持政策？// 159

6.13　中小微企业可以享受的扶持政策有哪些？// 160

6.14　如何填写《中小企业声明函》？// 161

第7章　编制标书 // 163

7.1　编制标书的原则 // 163

7.2 编制标书的基本流程 // 165

7.3 招标文件中的资格要求举例 // 166

7.4 资格文件的编制要点 // 168

7.5 评审小组如何评审资格文件? // 170

7.6 招标文件中的技术要求举例 // 172

7.7 技术文件的编制要点 // 175

7.8 评审专家如何评审技术文件? // 177

7.9 招标文件中的商务要求举例 // 181

7.10 商务文件的编制要点 // 183

7.11 评审专家如何评审商务文件? // 184

7.12 是否需要缴纳投标保证金? // 186

第8章 参与评审 // 189

8.1 招标采购评审的基本流程 // 189

8.2 竞争性磋商评审的基本流程 // 193

8.3 竞争性谈判评审的基本流程 // 197

8.4 单一来源采购评审的基本流程 // 199

8.5 询价采购评审的基本流程 // 200

8.6 评审小组的成员有哪些? // 201

8.7 对评审小组成员有什么要求? // 204

8.8 评审当天采购人和采购代理机构负责哪些事宜? // 205

8.9 如何要求与其他供应商有利害关系的人员回避? // 207

8.10 如何应对评审小组的询问? // 209

8.11 评审报告包括哪些内容? // 210

8.12　如果项目流标，如何应对？// 214

8.13　如何得知评审结果？// 216

8.14　如何取回投标保证金？// 218

第4篇　合同篇 // 221

第9章　合同的拟制 // 223

9.1　政府采购合同的地位和特点 // 223

9.2　什么是政府采购合同标准文本？// 225

9.3　政府采购合同的主要内容有哪些？// 225

9.4　如何参考类似合同？// 227

9.5　工程类政府采购项目合同的特殊性 // 228

9.6　政府采购合同的价格和付款方式如何约定？// 229

9.7　政府采购合同的履约期限、地点和方式如何约定？// 230

9.8　政府采购合同的违约责任如何约定？// 232

9.9　政府采购合同的争议解决方法如何约定？// 233

9.10　政府采购合同的组成文件一般包括哪些？// 235

9.11　政府采购合同的形式问题审核 // 237

9.12　政府采购合同的法律问题审核 // 238

9.13　政府采购合同的表述问题审核 // 241

第10章　合同的履约 // 243

10.1　政府采购合同何时生效？// 243

10.2 政府采购合同如何公开？ // 244

10.3 是否需要交纳履约保证金？ // 246

10.4 框架协议采购入围供应商如何履约？ // 247

10.5 政府采购验收的基本内容有哪些？ // 249

10.6 采购人一般如何组织验收？ // 251

10.7 工程、货物、服务类项目的验收重点是什么？ // 252

10.8 合同签订后不能履行如何处理？ // 254

10.9 履约期间是否可以变更合同？ // 256

10.10 是否可以将政府采购合同转包或分包？ // 257

10.11 是否可以利用政府采购合同融资？ // 259

10.12 政府采购合同资金如何支付？ // 261

第5篇　权益篇 // 265

第11章　询问、质疑与投诉 // 267

11.1 什么是询问？ // 267

11.2 谁来答复询问？ // 268

11.3 答复询问的时限 // 269

11.4 答复询问的方式 // 270

11.5 什么是质疑？ // 270

11.6 可以对哪些内容提出质疑？ // 271

11.7 质疑的时效如何计算？ // 272

11.8 质疑材料如何书写？ // 274

11.9 答复质疑的主体和方式 // 275

11.10 什么情况下要暂停签订或暂停履行合同？ // 277

11.11 什么是投诉？ // 277

11.12 投诉的前置条件是什么？ // 278

11.13 投诉材料如何书写？ // 280

11.14 投诉的处理流程和期限 // 281

11.15 对投诉如何调查？ // 283

11.16 什么情况下会驳回投诉？ // 285

11.17 投诉事项成立时的处理方式 // 287

11.18 如何得知投诉的处理结果？ // 288

11.19 行政复议和行政诉讼 // 289

第 12 章　监督检查与法律责任 // 292

12.1 政府采购的主管部门是谁？ // 292

12.2 政府采购的采购标准是什么？ // 293

12.3 谁来监督和考核集中采购机构？ // 294

12.4 谁来监督采购人和采购代理机构？ // 295

12.5 谁来监督和管理评审专家？ // 296

12.6 政府采购信用信息平台的作用是什么？ // 297

12.7 采购人违法采购的情形有哪些？ // 299

12.8 采购人违法采购要承担的法律责任有哪些？ // 301

12.9 采购代理机构违法采购的情形有哪些？ // 302

12.10 采购代理机构违法采购要承担的法律责任有哪些？ // 304

12.11 集中采购机构的违法行为及要承担的法律责任有哪些？ // 305

12.12 采购人员不依法回避需承担什么责任？ // 306

12.13 如果采购人、采购代理机构的违法行为影响了成交结果，
如何处理？ // 308

12.14 供应商的违法行为有哪些？ // 310

12.15 供应商有违法行为，要承担的法律责任有哪些？ // 312

12.16 哪些情形属于串通行为？ // 315

12.17 评审专家的违法行为及要承担的法律责任有哪些？ // 317

第1篇

基本篇

第1章　政府采购基本概念

厘清概念是我们学习一门知识的基本要求。本章作为全书的第一章，从政府采购的基本概念入手，向读者朋友介绍政府采购以及政府采购相关法律法规中涉及的基本知识。通过对本章的学习，读者朋友可以对政府采购的基本概念和相关法律的基本框架有所了解，从而为后续的阅读和学习打下良好基础。

1.1　什么是政府采购？

政府采购，从通俗的意义上讲，就是政府部门花钱购买物品或服务。20世纪90年代，我国开始在部分地区逐步试点集中采购模式。以2003年开始实施《中华人民共和国政府采购法》（以下简称《政府采购法》）为标志，我国确立了符合中国国情、具有中国特色的现代政府采购制度，同时也提供了权威的、法定的政府采购定义。

《政府采购法》第二条规定：

本法所称政府采购，是指各级国家机关、事业单位和团体组织，使用财政性资金采购依法制定的集中采购目录以内的或者采购限额标准以上的货物、工程和服务的行为。

由上述定义可知，法定的政府采购定义有4个关键概念。其一，采购主体是各级国家机关、事业单位和团体组织，即俗称的"体制内"单位。其二，资金来源是财政性资金，即用的钱是政府的钱、国家的钱、纳税人的钱。其三，采购范围是集中采购目录以内或者采购限额标准以上的货物工程和服务，注意这里的"或者"关系，即属于集中采购目录中的货物、工程和服务的采购行为无论价格高低，均属于政府采购，要符合政府采购的相关规定；不属于集中采购目录中的货物、工程和服务的采购行为，如果采购限额达到了一定标准，也必须履行政府采购程序。其四，采购的对象包括货物、工程和服务三类。

需要提醒一下，本书的讲解依据我国现行《政府采购法》及相关法律法规进行，但目前在实践中很多行政事业单位对不属于政府采购的零星采购活动同样比照政府采购进行，甚至很多企业为规范化管理，也比照政府采购的有关做法制定自身的采购制度。因此，本书内容不仅对有意向参与政府采购活动的读者朋友有所帮助，而且对参与其他类似采购活动的读者朋友有参考价值。

1.2　要成为行政事业单位的供应商，必须参加政府采购吗？

参与政府采购活动并最终赢得政府采购项目的企业，是政府部门的供应商。此外，目前还有相当数量的行政事业单位采购项目，由于金额较小且不属于集中采购目录范围，没有被纳入政府采购管理。所以，通俗地说（但不是很严谨），如果要成为政府部门大项目的供应商，就必须参加政府采购活动；如果是竞争较小的项目，则还有一些类似于政府采购但不属于政府采购的其他方式，如案例1.1。

案例 1.1

比选公告

行政复议接待咨询及受理专项辅助法律服务项目进行比选，兹邀请符合本次比选要求的供应商参加比选。

一、比选项目：行政复议接待咨询及受理专项辅助法律服务项目。

二、资金来源：财政性资金。

三、比选项目概述：××市××区司法局拟将行政复议接待咨询、受理专项辅助法律服务工作外包：派驻工作人员至××市××区司法局法制科开展工作，完成司法局交办的行政复议接待咨询、受理相关工作，服务期限为一年。

四、供应商参加本次比选应具备的条件：

1. 符合《政府采购法》第二十二条第一款的规定；

2. 在中华人民共和国境内依法登记注册，并有效存续具有独立法人资格的供应商；

3. 具备法律、行政法规规定的其他条件；

4. 具有承接业务的专业团队，熟悉政府合法合规性审查业务；

5. 供应商须为具有在有效期内的律师事务所执业许可证的律师事务所；

6. 本项目不接受联合参加比选。

五、比选文件领取时间及地点：略

六、响应文件递交截止时间：略

七、响应文件递交地点：略

八、联系方式：略

XX市XX区司法局

20XX年9月30日

案例1.1中的采购项目，其采购主体是政府部门，资金来源是财政性资金，采购对象是政府采购三大领域之一的服务，但由于采购内容不属于集中采购目录范围，采购金额也没有达到限额标准，因此其没有被纳入政府采购范围。采购人采取了"比选"这一方式。"比选"不是法定的政府采购方式，目前也没有相关规范的定义和统一的程序，但从案例中可以看出，其资格条件、选择程序等非常类似于相应的政府采购程序。举这个例子是想告诉读者朋友，在掌握政府采购知识的基础上，还可以进一步关注行政事业单位的其他采购项目，其参与方法基本相同，有助于扩大自身的商机。

1.3 《政府采购法》主要说了什么？

《政府采购法》在2002年6月29日由第九届全国人民代表大会常务委员会第二十八次会议通过，自2003年1月1日起施行。根据2014年8月31日第十二届全国人民代表大会常务委员会第十次会议《关于修改〈中华人民共和国保险法〉等五部法律的决定》修正。

从结构上看，《政府采购法》分为9章共88条。其中，第一章"总则"，主要概括表述《政府采购法》的立法目的、适用范围、实施原则、组织方式等；第二章"政府采购当事人"，主要概括表述采购人、采购代理机构、供应商的行为规范和权利义务等；第三章"政府采购方式"，主要概括表述公开招标、邀请招标、竞争性谈判、单一来源采购、询价、国务院政府采购监督管理部门认定的其他采购方式的适用范围❶；第四章"政府采购程序"，主要概括表述政府采购项目的预算编制、各类采购方式的主要程序、各类采购文件的内容和保存要求等；第五章"政府采购合同"，主要概括表述政府采购合同的形式、签订时间要求、履约要求等；第六章"质疑与投诉"，主要概括表述供应商等政府采购当事人运用质疑和投诉救济自身权益的方式；第七章"监督检查"，主要概括表述政府采购监督管理部门对政府采购活动和集中采购机构的监督权限、监督内容和职责分工；第八章"法律责任"，主要概括表述采购人、采购代理机构及政府采购监督管理部门在政府采购活动中违规行为的界定及追责方式；第九章"附则"，主要概括表述其他几种特殊类型的采购所适用的例外规定。

整体而言，《政府采购法》的立法作用可以归纳为五个方面：一是规范政府采购行为；二是提高政府采购资金的使用效益；三是维护国家利益和社会公共利益；四是保护政府采购当事人的合法权益；五是促进廉政建设。

1.4 政府采购领域还有哪些法律法规？

《政府采购法》是我国政府采购领域的基本法律，自2003年1月1日起实施。之后，为了细化法律规定，充实完善政府采购制度，我国于2015年3月1日开始实施《中华人民共和国政府采购法实施条例》（以下简称《政府采购法实施条例》）。《政府采购法实施条例》共9章79条，主要对《政府采购法》中的相关规定进行了细化和进一步明确。此外，由于公开招标是政府采购活动

---

❶ 目前在服务项目采购中常见的竞争性磋商，没有在《政府采购法》中被直接列举，属于国务院政府采购监督管理部门认定的其他采购方式。

中最重要的方式，自 2000 年 1 月 1 日起实施的《中华人民共和国招标投标法》(以下简称《招标投标法》)和自 2012 年 2 月 1 日起实施的《中华人民共和国招标投标法实施条例》(以下简称《招标投标法实施条例》)也可以看作是政府采购领域的基础法律法规。

同时，为了规范和完善一些具体领域的政府采购活动，国务院政府采购监督管理部门（财政部）陆续出台和修订了一系列政府采购领域的部门规章和规范性文件。其中比较重要且目前依然有效的有：

① 财政部《关于进一步规范政府采购评审工作有关问题的通知》(财库〔2012〕69 号，2012 年 6 月 11 日印发)；

②《政府采购非招标采购方式管理办法》(财政部令第 74 号，2014 年 2 月 1 日起施行)；

③《政府采购竞争性磋商采购方式管理暂行办法》(财库〔2014〕214 号，2014 年 12 月 31 日起施行)❶；

④ 财政部《关于在政府采购活动中查询及使用信用记录有关问题的通知》(财库〔2016〕125 号，2016 年 8 月 1 日发布并施行)；

⑤《政府采购评审专家管理办法》(财库〔2016〕198 号，2017 年 1 月 1 日施行)；

⑥《政府采购货物和服务招标投标管理办法》(财政部令第 87 号，2017 年 10 月 1 日起施行)；

⑦《政府采购质疑和投诉办法》(财政部令第 94 号，2018 年 3 月 1 日施行)；

⑧《政府采购信息发布管理办法》(财政部令第 101 号，2020 年 3 月 1 日施行)；

---

❶　2015 年 6 月 30 日，财政部发布《财政部关于政府采购竞争性磋商采购方式管理暂行办法有关问题的补充通知》(财库〔2015〕124 号)，与财库〔2014〕214 号文件合并执行。

⑨《政府购买服务管理办法》（财政部令第102号，2020年3月1日施行）。

除上述直接规范政府采购活动的法律、法规、部门规章之外，由于政府采购的行政行为属性和商事行为属性，《中华人民共和国行政复议法》（以下简称《行政复议法》）、《中华人民共和国行政诉讼法》、《中华人民共和国行政处罚法》（以下简称《行政处罚法》）以及《中华人民共和国民法典》（以下简称《民法典》）（尤其是第三编合同）也与政府采购关联极密切。上述法律和制度共同组成了我国的政府采购法制体系。

1.5　《招标投标法》与《政府采购法》的联系与区别

上文提到，《招标投标法》可以视为政府采购领域的基本法律之一。同时，社会上也习惯于把参加政府采购活动称为"去投标"；把编制采购文件统称为"做标书"。因此，有很多朋友不是很清楚《招标投标法》与《政府采购法》之间的关系，我们在这里做一些适当的说明。

《招标投标法》与《政府采购法》的联系在于：

政府采购工程招标投标，适用《招标投标法》。同时，政府采购货物和服务时，使用公开招标和邀请招标的项目，其所要遵守的流程也基本依据《招标投标法》制定。

《政府采购法》第四条规定：

政府采购工程进行招标投标的，适用招标投标法。

《政府采购货物和服务招标投标管理办法》（财政部令第87号）也明确说明，依据《政府采购法》和其他有关法律法规规定，制定本办法，用于规范在我国境内开展的政府采购货物和服务招标投标活动。其中第二条规定：

本办法适用于在中华人民共和国境内开展政府采购货物和服务（以下简称

货物服务）招标投标活动。

目前工程类项目约占整个政府采购金额规模的一半；同时预算金额较大货物和服务项目也必须采用公开招标方式，这个预算金额标准分别由中央和各省份根据情况确定，目前是 200 万元至 400 万元。汇总起来，使用公开招标方式实施的政府采购项目约占整体金额的八成。这是《招标投标法》与《政府采购法》存在紧密联系最主要的体现。

《招标投标法》与《政府采购法》的区别在于：

一是立法初衷不同。建立招标投标制度是投融资体制改革的重要内容，所以《招标投标法》的立法初衷主要是提高投资效益、加强投融资监管；而建立政府采购制度是财政支出管理体制改革的重要内容，所以《政府采购法》的立法初衷主要是加强财政资金管理、提高资金使用效率。

二是法律属性不同。《招标投标法》偏向程序法，主要规范招标投标活动中需要履行的各环节程序，兼顾规范招标投标当事人的权利义务责任；而《政府采购法》偏向实体法，主要规范政府采购当事人的权利义务责任，兼顾规范政府采购活动的流程。

三是管理体制不同，《招标投标法》由国家发展改革委牵头，由国务院多部门协作管理、共同推动。《政府采购法》由中华人民共和国财政部主管。

1.6　如何查询最新的政府采购制度规定?

根据政府信息公开的要求，涉及市场主体的政府采购制度文件是全部向社会公开的，关键是如何高效率地找到这些文件。如果只是简单地使用百度进行关键词搜索，大概率只能搜到一些支离破碎的片段，而且难以知道是否为最新的有效文件，还有一些可能是中介机构的广告。这里建议大家直接从政府部门的官方网站上搜索。

如果想查询最新的全国性的政府采购制度文件，建议在"中国政府采购网"查询。这个网站是财政部国库司主管的官方网站，网址是www.ccgp.gov.cn，用百度搜索中国政府采购网也很容易搜到。进入主页后点击"政采法规"，就可以看到国务院、财政部及其他部委发布的最新政府采购制度文件。

如果想查询地方的政府采购制度文件，建议读者朋友计划参与哪个市的政府采购活动，就在哪个市公共资源交易中心的网站上进行查询。

1.7　什么是财政性资金？

财政性资金是界定政府采购范围的重要因素之一。用社会上的通俗理解来说，用"政府的钱"买东西就要进行政府采购。那么，哪些钱属于"政府的钱"呢？《政府采购法实施条例》第二条进行了说明：财政性资金是指纳入预算管理的资金。

同时，《政府采购法实施条例》还对财政性资金的两种特殊情况进行了说明：一是以财政性资金作为还款来源的借贷资金，视同财政性资金。二是既使用财政性资金又使用非财政性资金的，使用财政性资金采购的部分，适用政府采购法及本条例；财政性资金与非财政性资金无法分割采购的，统一适用政府采购法及本条例。

1.8　什么是政府购买服务？

服务项目是《政府采购法》规定的政府采购三大对象之一。目前服务项目的采购规模约占全国政府采购总规模的三成，已超过货物采购规模。《政府采购法》第二条规定：

本法所称服务，是指除货物和工程以外的其他政府采购对象。

可见，《政府采购法》对"服务"采取了兜底式定义，凡是不属于货物和工程的，均纳入服务范畴，因此服务项目的内涵非常广泛。

2020年3月1日起实施的《政府购买服务管理办法》(财政部令第102号)，将政府购买服务的内容划分为两类：一类是政府向社会公众提供的公共服务，如公共设施管理服务、环境服务、医疗卫生服务等；另一类是政府履职所需辅助性服务，如物业服务、公车租赁、后勤餐饮服务等。

1.9 什么是PPP？

PPP，是Public Private Partnership的缩写，中文翻译为政府和社会资本合作。PPP项目主要适用于基础设施及公共服务领域，是政府和社会资本建立的一种长期合作关系。其通常是由社会资本承担设计、建设、运营、维护基础设施的大部分工作，并通过"使用者付费"及必要的"政府付费"获得合理投资回报；政府部门负责基础设施及公共服务价格和质量监管，以保证公共利益最大化。常见的PPP项目有城市供水、供暖、供气、污水和垃圾处理、保障性安居工程、地下综合管廊、轨道交通、医疗和养老服务设施等。

财政部曾在有关文件中明确指出，"政府和社会资本合作模式的实质是政府购买服务"。政府在选择PPP项目的合作伙伴时，按照政府采购的方式进行挑选。因此，PPP项目可视为政府采购活动中的一类特殊项目。

1.10 什么是集中采购？

集中采购，顾名思义，就是发挥批量优势，取得规模效益，减少重复采购，降低采购成本。《政府采购法》第七条规定：

政府采购实行集中采购和分散采购相结合。

可见，集中采购是政府采购两种组织方式之一。《政府采购法实施条例》第四条进一步明确：集中采购是指采购人将列入集中采购目录的项目委托集中采购机构代理采购或者进行部门集中采购的行为。因此，集中采购又可以分为集中采购机构采购和部门集中采购。

1.11　什么是分散采购？

与集中采购相对应，分散采购是指采购人将不属于集中采购目录范围但达到采购限额标准以上的采购项目进行采购或者委托采购。通俗地说，就是一部分项目拟采购的对象不属于集中采购范围，但要采购的金额较大，因此也要进行政府采购，这就是分散采购。

在集中采购之外设立分散采购，主要目的是增强采购人的自主权，满足采购人个性化、及时性和多样性的需求。例如，公务用车、计算机、打印机等通用性很强的货物，一般都属于集中采购范围；而信息化软件开发等各单位个性化很强的项目，如果采购金额达到一定标准，一般都属于分散采购范围。

1.12　什么是集中采购目录？

集中采购目录是规定究竟哪些项目属于集中采购范围的清单。如上文所述，集中采购分为集中采购机构采购和部门集中采购，因此集中采购目录也分为集中采购机构采购项目和部门集中采购项目。

一般来说，技术、服务等标准统一，各行政事业单位普遍使用的项目，会列为集中采购机构采购项目，如通用的便携式计算机、打印机、复印机等；各部门、各系统基于业务需要有特殊要求，又可以在系统内统一采购的项目，会列为部门集中采购项目，如公安部门的特种鉴定设备、防护防爆设备，广播电视部门的广播、电视、电影设备等。

《政府采购法》第八条规定：

属于中央预算的政府采购项目，由国务院确定并公布；属于地方预算的政府采购项目，由省、自治区、直辖市人民政府或者其授权的机构确定并公布。

可见，我国的集中采购目录是分级编制和管理的。由于我国地域辽阔，各地区之间经济社会发展的水平也有较大差异，因此不仅中央和各省份之间的集中采购目录有所不同，在同一个省内各市、县也可能实施不同的集中采购目录（但均由省级人民政府财政部门拟订）。2019年12月31日，财政部发布《地方预算单位政府集中采购目录及标准指引（2020年版）》（财库〔2019〕69号），提出逐步取消市、县级集中采购目录，实现集中采购目录省域范围相对统一，自此，全国地方预算单位的集中采购目录逐渐走向统一。

中央预算单位政府集中采购目录（2020年版）如表1-1所示。

表1-1　中央预算单位政府集中采购目录（2020年版）

目录项目	适用范围	备注
一、货物类		
台式计算机		不包括图形工作站
便携式计算机		不包括移动工作站
计算机软件		指非定制的通用商业软件，不包括行业专用软件
服务器		10万元以下的系统集成项目除外
计算机网络设备		指单项或批量金额在1万元以上的网络交换机、网络路由器、网络存储设备、网络安全产品，10万元以下的系统集成项目除外
复印机		不包括印刷机

续表

目录项目	适用范围	备注
视频会议系统及会议室音频系统		指单项或批量金额在 20 万元以上的视频会议多点控制器（MCU）、视频会议终端、视频会议系统管理平台、录播服务器、中控系统、会议室音频设备、信号处理设备、会议室视频显示设备、图像采集系统
多功能一体机		指单项或批量金额在 5 万元以上的多功能一体机
打印设备		指喷墨打印机、激光打印机、热式打印机，不包括针式打印机和条码专用打印机
扫描仪		指平板式扫描仪、高速文档扫描仪、书刊扫描仪和胶片扫描仪，不包括档案、工程专用的大幅面扫描仪
投影仪		指单项或批量金额在 5 万元以上的投影仪
复印纸	京内单位	不包括彩色复印纸
打印用通用耗材	京内单位	指非原厂生产的兼容耗材
乘用车		指轿车、越野车、商务车、皮卡，包含新能源汽车
客车		指小型客车、大中型客车，包含新能源汽车
电梯	京内单位	指单项或批量金额在 100 万元以上的电梯
空调机	京内单位	指除中央空调（包括冷水机组、溴化锂吸收式冷水机组、水源热泵机组等）、多联式空调（指由一台或多台室外机与多台室内机组成的空调机组）以外的空调
办公家具	京内单位	指单项或批量金额在 20 万元以上的木制或木制为主、钢制或钢制为主、铝制或铝制为主的家具
二、工程类		
限额内工程	京内单位	指投资预算在 120 万元以上的建设工程，适用招标投标法的建设工程项目除外
装修工程	京内单位	指投资预算在 120 万元以上，与建筑物、构筑物新建、改建、扩建无关的装修工程
拆除工程	京内单位	指投资预算在 120 万元以上，与建筑物、构筑物新建、改建、扩建无关的拆除工程
修缮工程	京内单位	指投资预算在 120 万元以上，与建筑物、构筑物新建、改建、扩建无关的修缮工程

续表

目录项目	适用范围	备注
三、服务类		
车辆维修保养及加油服务	京内单位	指在京内执行的车辆维修保养及加油服务
机动车保险服务	京内单位	
印刷服务	京内单位	指单项或批量金额在20万元以上的本单位文印部门（含本单位下设的出版部门）不能承担的票据、证书、期刊、文件、公文用纸、资料汇编、信封等印刷业务（不包括出版服务）
工程造价咨询服务	京内单位	指单项或批量金额在20万元以上的在京内执行的工程造价咨询服务
工程监理服务	京内单位	指单项或批量金额在20万元以上的在京内执行的建设工程（包括建筑物和构筑物的新建、改建、扩建、装修、拆除、修缮）项目的监理服务，适用招标投标法的工程监理服务项目除外
物业管理服务	京内单位	指单项或批量金额在100万元以上的本单位物业管理服务部门不能承担的在京内执行的机关办公场所水电供应、设备运行、建筑物门窗保养维护、保洁、保安、绿化养护等项目，多单位共用物业的物业管理服务除外
云计算服务		指单项或批量金额在100万元以上的基础设施服务（Infrastructure as a Service，IaaS），包括云主机、块存储、对象存储等，系统集成项目除外
互联网接入服务	京内单位	指单项或批量金额在20万元以上的互联网接入服务

资料来源：《国务院办公厅关于印发中央预算单位政府集中采购目录及标准（2020年版）的通知》（国办发〔2019〕55号）。

1.13　什么是采购限额标准?

采购限额标准是界定政府采购范围的金额标准。如果是属于集中采购目录中的品目，无论项目大小均需要进行政府采购，那么，不属于集中采购目录中的产品和服务，究竟哪些需要进行政府采购呢？这里为了提高效率，设定了金额为判定标准。目录外的项目，达到一定金额标准就进行政府采购，达不到就不进行政府采购。例如，机关单位使用的墨水笔、记事本等，尽管用量大，但总金额一般不高，也不属于集中采购目录，所以在各地一般都不进行政府采购；还有一些个性化很强的小型软件开发，以及一些临时性的宣传资料设计等，项目金额只有一两万元或几千元，这些一般也不进行政府采购，通常情况下需求部门比选一下就可以确定。

与集中采购目录类似，采购限额标准也是分级管理的，也就是说中央和地方的不一样。中央本级的采购限额标准，由国务院办公厅每两年公布一次。

地方的采购限额标准由省级以上人民政府拟订，报本级人民政府批准并由本级人民政府颁布。

1.14 什么是采购需求标准？

采购需求标准是采购政策实施中最常用、最直接的措施。制定采购需求标准，就是通过制定采购产品或服务的技术标准或质量标准，实现政府采购政策目标。比如，在政府部门采购电子办公设备时实行比通用社会产品更严格的能耗和排放标准，在支持本国产品中规定明确本国货物的增加值比例等。

2020年6月19日，财政部、生态环境部和国家邮政局联合下发了《关于印发〈商品包装政府采购需求标准（试行）〉、〈快递包装政府采购需求标准（试行）〉的通知》（财办库〔2020〕123号）。商品包装政府采购需求标准如下。

商品包装政府采购需求标准（试行）

一、适用范围

本标准规定了商品使用的塑料、纸质、木质等包装材料的环保要求。

二、商品包装环保要求

1. 商品包装层数不得超过 3 层，空隙率不大于 40%；

2. 商品包装尽可能使用单一材质的包装材料，如因功能需求必须使用不同材质，不同材质间应便于分离；

3. 商品包装中铅、汞、镉、六价铬的总含量应不大于 100mg/kg；

4. 商品包装印刷使用的油墨中挥发性有机化合物（VOCs）含量应不大于 5%（以重量计）；

5. 塑料材质商品包装上呈现的印刷颜色不得超过 6 色；

6. 纸质商品包装应使用 75% 以上的可再生纤维原料生产；

7. 木质商品包装的原料应来源于可持续性森林。

三、检测方法

1. 商品包装中重金属（铅、汞、镉、六价铬）总量的检测按照 GB/T 10004—2008《包装用塑料复合膜、袋干法复合、挤出复合》规定的方法进行。

2. 商品包装印刷使用的油墨中挥发性有机化合物（VOCs）的检测按照 GB/T 23986—2009《色漆和清漆　挥发性有机化合物（VOC）含量的测定　气相色谱法》规定的方法进行。

1.15　什么是预留采购份额?

预留采购份额是指采购人在采购项目中预留出一定的份额，专门面向特定的供应商采购，以支持、促进该类型企业通过政府采购市场获得更好的发展。

自 2021 年 1 月 1 日起施行的《政府采购促进中小企业发展管理办法》（财库〔2020〕46 号）第七条规定："采购限额标准以上，200 万元以下的货物和服务采购项目、400 万元以下的工程采购项目，适宜由中小企业提供的，采购人应当专门面向中小企业采购。"第八条规定："超过 200 万元的货物和服务采购项目、超过 400 万元的工程采购项目中适宜由中小企业提供的，预留该部分采购项目预算总额的 30% 以上专门面向中小企业采购，其中预留给小微企业的比例不低于 60%。"

对于预留的项目，采购人或采购代理机构在组织采购活动时，会在招标文件、谈判文件、磋商文件、询价文件中注明该项目专门面向哪些特定供应商采购。

1.16　什么是价格评审优惠？

价格评审优惠是指在将价格作为评审因素的政府采购评审过程中，对某类特定供应商的报价给予一定比例的价格扣除优惠，用扣除后的价格作为其参与评审的价格，使其报价在与其他供应商报价相比时获得评审优势，进而提高获得项目的概率。

《政府采购促进中小企业发展管理办法》第九条规定："对于经主管预算单位统筹后未预留份额专门面向中小企业采购的采购项目，以及预留份额项目中的非预留部分采购包，采购人、采购代理机构应当对符合本办法规定的小微企业报价给予 6%—10%（工程项目为 3%—5%）的扣除，用扣除后的价格参加评审。适用招标投标法的政府采购工程建设项目，采用综合评估法但未采用低价优先法计算价格分的，评标时应当在采用原报价进行评分的基础上增加其价格得分的 3%—5% 作为其价格分。"

1.17　什么是优先采购?

优先采购是指在政府采购过程中，优先采购某类特定供应商的货物、工程或服务，使得该类供应商获得更多的政府采购市场份额，帮助其持续发展。我国目前的优先采购，一般采取列明品目清单的方式。

2019 年 4 月 1 日开始执行的《财政部　发展改革委　生态环境部　市场监管总局关于调整优化节能产品、环境标志产品政府采购执行机制的通知》(财库〔2019〕9 号)，提出"对政府采购节能产品、环境标志产品实施品目清单管理。财政部、发展改革委、生态环境部等部门根据产品节能环保性能、技术水平和市场成熟程度等因素，确定实施政府优先采购和强制采购的产品类别及所依据的相关标准规范，以品目清单的形式发布并适时调整"。对拟采购的产品属于品目清单范围的，"依据国家确定的认证机构出具的、处于有效期之内的节能产品、环境标志产品认证证书，对获得证书的产品实施政府优先采购或强制采购"。

随后，财政部、生态环境部下发《关于印发环境标志产品政府采购品目清单的通知》(财库〔2019〕18 号)，包括了 50 个品目的产品。财政部、国家发展和改革委员会下发《关于印发节能产品政府采购品目清单的通知》(财库〔2019〕19 号)，包括了 18 个品目的产品。

第 2 章　政府采购当事人

本章主要介绍政府采购活动的当事人，并依次介绍采购人、采购代理机构、供应商和评审专家的职责、权利、义务等内容。通过本章的学习，读者朋友可以了解政府采购活动最主要的四类当事人所承担的角色和责任。特别是，读者朋友在实践中的身份可能只是这四种类型中的一种，但同时了解其他三类当事人的职责分工，有助于更好地在政府采购活动中把握自身的职责定位，更顺利地参与政府采购活动。

2.1　政府采购当事人包括哪些?

《政府采购法》第十四条规定:

政府采购当事人是指在政府采购活动中享有权利和承担义务的各类主体，包括采购人、供应商和采购代理机构等。

本书认为，在上述规定列举的采购人、供应商、采购代理机构之外，再增加一项评审专家，会更全面地覆盖政府采购活动的所有当事人。

2.2　什么是采购人?

《政府采购法》第十五条规定:

采购人是指依法进行政府采购的国家机关、事业单位、团体组织。

通俗地理解,采购人就是购买东西的那个行政单位,俗称"甲方"。

2.3　采购人的职责和义务

《政府采购法实施条例》第十一条规定:

采购人在政府采购活动中应当维护国家利益和社会公共利益,公正廉洁,诚实守信,执行政府采购政策,建立政府采购内部管理制度,厉行节约,科学合理确定采购需求。

采购人不得向供应商索要或者接受其给予的赠品、回扣或者与采购无关的其他商品、服务。

这里要再强调一下,上述条文里所说的是采购人既不得"索要",也不得"接受"。所以,供应商朋友,千万不要画蛇添足地给予采购人一些没有依据的免费或优惠。举例来说,在某网络设备的采购项目中,招标文件对于售后服务承诺有5分的分值,并约定优惠幅度最大的供应商得最高分。这里有的供应商在投标文件中做出了"赠送××××G流量;免费给予采购人相关工作人员VIP待遇;赠送相关配套产品"等承诺,这些就属于违规行为。

2.4　什么是集中采购机构?

《政府采购法》第十六条规定:

集中采购机构为采购代理机构。设区的市、自治州以上人民政府根据本级政府采购项目组织集中采购的需要设立集中采购机构。

集中采购机构是非营利事业法人，根据采购人的委托办理采购事宜。

简单地说，集中采购机构是政府设立的采购代理机构，是事业单位，是专门代理集中采购项目的执行机构。

同时，《政府采购法》还特别强调了集中采购机构的独立性。《政府采购法》第六十条规定：

政府采购监督管理部门不得设置集中采购机构，不得参与政府采购项目的采购活动。

采购代理机构与行政机关不得存在隶属关系或者其他利益关系。

上述规定实际上涉及了我国政府采购管理体制的一个核心理念，就是"管采分离"。负责政府采购监管的部门，不参与具体的政府采购活动；负责执行政府采购活动的机构，不隶属于任何行政机关，也不具备监督管理职能。这就从制度上确保了政府采购活动的"制约协调"。

2.5 什么是集中采购机构以外的采购代理机构？

《政府采购法实施条例》第十二条规定：

政府采购法所称采购代理机构，是指集中采购机构和集中采购机构以外的采购代理机构。

……

集中采购机构以外的采购代理机构，是从事采购代理业务的社会中介机构。

根据本规定，采购代理机构分为两大类：一是政府依法设立的集中采购机构；二是集中采购机构以外的采购代理机构。读者朋友可以简单地这样理解：集中采购机构是事业单位，一般叫某某省或某某市政府采购中心；集中采购机构之外的采购代理机构是企业，一般叫某某公司或某某集团。

2014年9月26日，财政部印发《关于做好政府采购代理机构资格认定行政许可取消后相关政策衔接工作的通知》（财库〔2014〕122号），按照"自愿、免费、一地登记、全国通用"的办法，对取消资格认定后从事采购代理业务的社会中介机构实行了网上登记管理。由于对从事采购代理业务的社会中介机构不再提出任何资格条件，不做任何事前审核，不要求纸质材料存档，因此开设采购代理机构本身成为一条较适宜普通大众的创业之路。根据中国政府采购网公示的数据，截至2024年10月底，全国共有约5.6万家采购代理机构，其中很多是近两年成立的。

2.6　采购代理机构的职责

《政府采购法实施条例》第十三条规定：

采购代理机构应当提高确定采购需求，编制招标文件、谈判文件、询价通知书，拟订合同文本和优化采购程序的专业化服务水平，根据采购人委托在规定的时间内及时组织采购人与中标或者成交供应商签订政府采购合同，及时协助采购人对采购项目进行验收。

据此可知，采购代理机构的职责大致可以分为四项内容。

一是协助确定采购需求。自2021年7月1日起施行的《政府采购需求管理办法》（财库〔2021〕22号）第二十八条规定："采购人可以自行组织确定采购需求和编制采购实施计划，也可以委托采购代理机构或者其他第三方机构开展。"在实践中，通常是由采购人的相关部门提出采购需求的初步意见，由采购代理机构负责整合成规范的采购需求。所谓采购需求，规范的定义是采购人为实现项目目标，拟采购的标的及其需要满足的技术、商务要求。其中，技术要求是指对采购标的的功能和质量要求，包括性能、材料、结构、外观、安全，或者服务内容和标准等；商务要求是指取得采购标的的时间、地点、财务和服务要求，包括交付（实施）的时间（期限）和地点（范围）、付款条件（进度和方式）、包装和运输、售后服务、保险等。

二是编制招标文件、谈判文件、磋商文件、询价通知书，拟订合同文本和优化采购程序。招标文件、谈判文件、磋商文件、询价通知书分别是公开招标及邀请招标、竞争性谈判、竞争性磋商、询价采购等采购方式中重要的采购文件。根据法律解释，上述采购文件均属于要约邀请。

所谓优化采购程序，就是在符合政府采购法定程序的前提下，尽量提高采购效率。优化采购程序的一个关键是"规定动作一个不少，多余动作一个不增"，即将关键路径压缩至最短。此外，推行采购意向公开、减少书面材料数量、实行电子化采购、免收保证金等都属于优化采购程序的措施。

三是协助签订采购合同。《政府采购法》第四十三条规定："采购人可以委托采购代理机构代表其与供应商签订政府采购合同。由采购代理机构以采购人名义签订合同的，应当提交采购人的授权委托书，作为合同附件。"不过目前在实践中，采购人由于内部管理制度等原因，委托采购代理机构签订政府采购合同的比较少见。多数是采购代理机构协助采购人拟订合同文本，由采购人自行签订采购合同。

四是协助采购人对采购项目进行验收。例如，《政府采购需求管理办法》（财库〔2021〕22号）第二十四条规定，"采购人、采购代理机构可以邀请参加本项目的其他供应商或者第三方专业机构及专家参与验收，相关验收意见作为验收的参考资料"。

2.7 委托代理协议的作用和内容

《政府采购法》第二十条规定：

采购人依法委托采购代理机构办理采购事宜的，应当由采购人与采购代理机构签订委托代理协议，依法确定委托代理的事项，约定双方的权利义务。

这里的委托代理协议本质上是一种合同，属于诺成合同、非要式合同。所谓诺成合同，是指当委托人将自己的事务托付他人办理时，受托人作出允诺才可达成合意，自受托人作出允诺之时，委托合同即告成立。所谓非要式合同，是指当事人订立的合同依法并不需要采取特定的形式，在合意达成时合同即成立。

《民法典》第一百六十五条规定："委托代理授权采用书面形式的，授权委托书应当载明代理人的姓名或者名称、代理事项、权限和期限，并由被代理人签名或者盖章。"《政府采购法实施条例》第十六条规定："政府采购法第二十条规定的委托代理协议，应当明确代理采购的范围、权限和期限等具体事项。采购人和采购代理机构应当按照委托代理协议履行各自义务，采购代理机构不得超越代理权限。"因此，可以认为委托代理协议是采购人与采购代理机构依法签订的确定委托代理事项，约定双方的权利义务，明确代理采购的范围、权限和期限等具体内容的合同。

2.8　什么是供应商?

供应商是本书重点服务的读者群体。

《政府采购法》第二十一条规定：

供应商是指向采购人提供货物、工程或者服务的法人、其他组织或者自然人。

如果严格地按照上述中文的意思解读，一个政府采购项目仅能有一个供应商（或一个供应商联合体），就是那个最终获得采购合同的供应商，其他的仅能看作是潜在供应商或参与供应商。不过，为了表述方便，在不会引起歧义的情况下，本书将参与和有意愿参与政府采购的供货商统一简称为供应商。

供应商可以是法人、其他组织、自然人。

① 法人。《民法典》第五十七条规定："法人是具有民事权利能力和民事行为能力，依法独立享有民事权利和承担民事义务的组织。"日常生活中常见的依法成立的企事业单位、社会组织、农民合作社、供销合作社等，均是法人，均可以作为供应商参与政府采购活动。

② 其他组织。实际上，《民法典》第一百零二条规定："非法人组织是不具有法人资格，但是能够依法以自己的名义从事民事活动的组织。非法人组织包括个人独资企业、合伙企业、不具有法人资格的专业服务机构等。"但因《政府采购法》立法在前，《民法典》颁布在后，所以《政府采购法》中使用的还是"其他组织"的概念。

③ 自然人。《政府采购法》第二十一条已经明确规定自然人可以参与政府采购活动，《政府采购法实施条例》又对此进行了进一步明确。《政府采购法实施条例》第十七条规定："参加政府采购活动的供应商应当具备政府采购法第二十二条第一款规定的条件，提供下列材料：（一）法人或者其他组织的营业执照等证明文件，自然人的身份证明；……"按照《政府采购法》的口径，个体工商户可以被纳入自然人来参与政府采购活动。

需要提醒一下，根据财政部有关部门的解释，只有中国公民才能以自然人的身份参加我国的政府采购活动。

2.9 供应商的资格条件

对拟参与政府采购活动的供应商提出一定的资格要求，是国际通行做法。我国的《政府采购法》在立法时，参考了联合国国际贸易委员会《货物、工程和服务采购示范法》第六条有关供应商资格条件的规定，主要体现在《政府采购法》第二十二条内容上。该条款规定：供应商参加政府采购活动应当具备下列条件：

（一）具有独立承担民事责任的能力；

（二）具有良好的商业信誉和健全的财务会计制度；

（三）具有履行合同所必需的设备和专业技术能力；

（四）有依法缴纳税收和社会保障资金的良好记录；

（五）参加政府采购活动前三年内，在经营活动中没有重大违法记录；

（六）法律、行政法规规定的其他条件。

上述规定对供应商的资格条件进行了规范，但没有指出供应商如何证明自身符合上述要求。《政府采购法实施条例》第十七条对此进行了细化和明确。该条规定：参加政府采购活动的供应商应当具备政府采购法第二十二条第一款规定的条件，提供下列材料：

（一）法人或者其他组织的营业执照等证明文件，自然人的身份证明；

（二）财务状况报告，依法缴纳税收和社会保障资金的相关材料；

（三）具备履行合同所必需的设备和专业技术能力的证明材料；

（四）参加政府采购活动前3年内在经营活动中没有重大违法记录的书面声明；

（五）具备法律、行政法规规定的其他条件的证明材料。

采购项目有特殊要求的，供应商还应当提供其符合特殊要求的证明材料或者情况说明。

第一项是营业执照和自然人的身份证明，概念比较明确，一般无误解。随着我国商事制度改革，在全国范围内推行了"五证合一、一照一码"，企业界的朋友提供载有统一社会信用代码的营业执照即可。

第二项是财务状况报告，依法缴纳税收和社会保障资金的相关材料。为了优化营商环境，降低制度性交易成本，支持企业，尤其是小微企业参与政府采购活动，根据《财政部关于促进政府采购公平竞争优化营商环境的通知》（财库〔2019〕38号）和《国务院关于开展营商环境创新试点工作的意见》（国发〔2021〕24号），目前全国大多数地区推行了政府采购"信用承诺制"准入管理，即供应商在参与政府采购活动时无须提供上述明细的财务状况报告、依法缴纳税收和社会保障资金等证明材料，而只要提供承诺函即可。

第三项是具备履行合同所必需的设备和专业技术能力的证明材料，其是指供应商保质保量完成政府采购项目必备的物资和技术基础。例如，政府部门采购制式服装时，由于批量大，而且有限定的交货时间，因此要求供应商必须有足够数量的制衣设备和技术人员，可以要求供应商在参与政府采购活动时提供相关设备的购置发票、服装专业设计人员和加工人员的职称证书和用工合同等证明材料。目前在实践中该项也是提供承诺函即可。

第四项是参加政府采购活动前3年内在经营活动中没有重大违法记录的书面声明。什么是重大违法记录？在《政府采购法实施条例》第十九条有进一步解释："政府采购法第二十二条第一款第五项所称重大违法记录，是指供应商因违法经营受到刑事处罚或者责令停产停业、吊销许可证或者执照、较大数额罚款等行政处罚。供应商在参加政府采购活动前3年内因违法经营被禁止在一定期限内参加政府采购活动，期限届满的，可以参加政府采购活动。"在实践中，一般是由供应商自行提交参加政府采购活动前3年内在经营活动中没有重大违法记录的书面声明函。

第五项是具备法律、行政法规规定的其他条件的证明材料。这里主要是指生产、销售特定产品，提供特定服务需要取得的国家有关部门的行政许可。例如，在医疗器械采购项目中，按照《医疗器械监督管理条例》和《医疗器械注册与备案管理办法》的规定，供应商应提供医疗器械注册证书、医疗器械生产许可证或医疗器械经营许可证。

最后是特殊要求的证明材料。在实践中，特殊要求可以分为两类：一类是个性化的特殊要求，如对特种设备的要求、对财务状况的要求、对特殊专业人才的要求等。这里应注意，采购人不得通过设定特定资格要求来妨碍充分竞争和公平竞争，制造人为的歧视政策。另一类是共性化的特殊要求，如目前为了加强信用管理，很多政府采购项目都对供应商信誉有所要求，此部分内容在项目的特定资格中会有以下类似表述："截至投标文件递交截止时间，投标人存在下列有效情形之一的，其投标文件按无效处理：被人民法院列入失信被执行人名单的；被税务机关列入重大税收违法案件当事人名单的；被列入政府采购严重违法失信名单的；被市场监督管理部门列入严重违法失信企业名单的。"根据《财政部关于促进政府采购公平竞争优化营商环境的通知》（财库〔2019〕38号），"对于供应商依照规定提交各类声明函、承诺函的，不得要求其再提供有关部门出具的相关证明文件"。因此，目前多数采购人和采购代理机构的做法是在招标文件、采购文件中规定信用信息的查询时间、查询渠道、查询方式并声明将此作为审查依据。

2.10　对供应商的限制

对供应商的限制是指对关联供应商及存在利益冲突的供应商参加同一合同项目政府采购活动的限制性规定。《政府采购法实施条例》第十八条规定：

单位负责人为同一人或者存在直接控股、管理关系的不同供应商，不得参加同一合同项下的政府采购活动。

除单一来源采购项目外，为采购项目提供整体设计、规范编制或者项目管理、监理、检测等服务的供应商，不得再参加该采购项目的其他采购活动。

在实践中，供应商一般也是用声明函的形式来表明不存在上述被限制的情况。

需要注意的是，政府采购的竞争是指符合采购人采购需求的不同品牌或者不同生产制造商之间的竞争，因此原则上同一品牌只能有一家投标人。《政府采购货物和服务招标投标管理办法》（财政部令第87号）第三十一条对此作出了规定：

采用最低评标价法的采购项目，提供相同品牌产品的不同投标人参加同一合同项下投标的，以其中通过资格审查、符合性审查且报价最低的参加评标；报价相同的，由采购人或者采购人委托评标委员会按照招标文件规定的方式确定1个参加评标的投标人，招标文件未规定的采取随机抽取方式确定，其他投标无效。

使用综合评分法的采购项目，提供相同品牌产品且通过资格审查、符合性审查的不同投标人参加同一合同项下投标的，按1家投标人计算，评审后得分最高的同品牌投标人获得中标人推荐资格；评审得分相同的，由采购人或者采购人委托评标委员会按照招标文件规定的方式确定1个投标人获得中标人推荐资格，招标文件未规定的采取随机抽取方式确定，其他同品牌投标人不作为中标候选人。

非单一产品采购项目，采购人应当根据采购项目技术构成、产品价格比重等合理确定核心产品，并在招标文件中载明。多家投标人提供的核心产品品牌相同的，按前两款规定处理。

2.11 什么是供应商的重大违法记录？

《政府采购法实施条例》第十九条规定：

政府采购法第二十二条第一款第五项所称重大违法记录，是指供应商因违法经营受到刑事处罚或者责令停产停业、吊销许可证或者执照、较大数额罚款等行政处罚。

供应商在参加政府采购活动前3年内因违法经营被禁止在一定期限内参加政府采购活动，期限届满的，可以参加政府采购活动。

供应商因违法经营受到刑事处罚，既包括供应商在政府采购活动中违法受到的刑事处罚，也包括因在其他经营活动中的违法行为而受到的刑事处罚，如《中华人民共和国刑法》（以下简称《刑法》）中的生产、销售伪劣商品罪，走私罪，破坏金融管理秩序罪，金融诈骗罪，危害税收征管罪，侵犯知识产权罪，扰乱市场秩序罪等各项破坏社会主义市场经济秩序罪。需要说明的是，供应商非因经营活动违法以及供应商职员的个人违法不包括在内。

供应商受到行政处罚是指行政管理部门对供应商处以较重大的处罚。根据《行政处罚法》第九条的规定，行政处罚的种类包括：警告、通报批评；罚款、没收违法所得、没收非法财物；暂扣许可证件、降低资质等级、吊销许可证件；限制开展生产经营活动、责令停产停业、责令关闭、限制从业；行政拘留；法律、行政法规规定的其他行政处罚。《政府采购法》中所指的重大违法记录，仅包括责令停产停业、吊销许可证或者执照、较大数额罚款三类。其中，较大数额罚款，需要根据具体的适用区域、适用部门来决定。例如，税务部门的较大数额罚款是指自然人2000元，法人或其他组织1万元。

供应商在参加政府采购活动前3年内因违法经营被禁止在一定期限内参加政府采购活动，期限届满的，可以参加政府采购活动，是指供应商在参与政府采购活动中，因违法经营被政府采购监督管理部门禁止在一定期限内参加政府采购活动的，不纳入《政府采购法》所指的"重大违法记录"范围，处罚届满后，就不受重大违法记录的限制，可以参与政府采购活动。

2.12 什么是联合体?

《政府采购法》第二十四条规定：

两个以上的自然人、法人或者其他组织可以组成一个联合体，以一个供应商的身份共同参加政府采购。

以联合体形式进行政府采购的，参加联合体的供应商均应当具备本法第二十二条规定的条件，并应当向采购人提交联合协议，载明联合体各方承担的工作和义务。联合体各方应当共同与采购人签订采购合同，就采购合同约定的事项对采购人承担连带责任。

政府采购活动允许组成联合体的原因在于：一是保障采购质量和效果。部分涉及不同专业、技术较为复杂的大型项目，或者工作量较大且时间紧迫的项目，允许联合体参与采购活动，能够增强供应商的履约能力，达到优势互补的效果。二是落实政府采购政策功能的需要。《政府采购促进中小企业发展管理办法》（财库〔2020〕46号）第九条第二款规定：接受大中型企业与小微企业组成联合体的采购项目，对于联合协议约定小微企业的合同份额占到合同总金额30%以上的，应当对联合体或者大中型企业的报价给予2%～3%（工程项目为1%～2%）的扣除，用扣除后的价格参加评审。

《政府采购法实施条例》第二十二条规定：

联合体中有同类资质的供应商按照联合体分工承担相同工作的，应当按照资质等级较低的供应商确定资质等级。

以联合体形式参加政府采购活动的，联合体各方不得再单独参加或者与其他供应商另外组成联合体参加同一合同项下的政府采购活动。

上述规定的第一款主要是为了防止资质低的供应商通过挂靠联合体"拿项目"，也防止资质高的供应商凭借资质在联合体中索取利益。第二款是为了防止供应商滥用联合体，以多重身份参与政府采购活动，导致不公平竞争，或发生围标、串标等行为。

2.13　什么是评审专家？

评审专家是指经人民政府财政部门选聘，以独立身份参加政府采购评审，纳入评审专家库管理的人员。《政府采购评审专家管理办法》（财库〔2016〕198号）第六条第一款规定：评审专家应当具备以下条件：

（一）具有良好的职业道德，廉洁自律，遵纪守法，无行贿、受贿、欺诈等不良信用记录；

（二）具有中级专业技术职称或同等专业水平且从事相关领域工作满8年，或者具有高级专业技术职称或同等专业水平；

（三）熟悉政府采购相关政策法规；

（四）承诺以独立身份参加评审工作，依法履行评审专家工作职责并承担相应法律责任的中国公民；

（五）不满70周岁，身体健康，能够承担评审工作；

（六）申请成为评审专家前三年内，无本办法第二十九条规定的不良行为记录。

这里想告诉读者朋友的是，现行法律法规并不禁止供应商的职员成为评审专家，只是要求在有利害关系时回避即可。通俗地说，供应商职员中的技术专家、管理专家，甚至自然人供应商本人，完全可以申请成为本专业的评审专家，参与政府采购活动，只是在遇到本单位或与本单位有利害关系的采购项目时回避即可。这对于供应商来说是一个很好的学习、观察和借鉴本行业政府采购行情的机会。

2.14　如何成为评审专家？

根据《政府采购评审专家管理办法》的规定，财政部门通过公开征集、单位推荐和自我推荐相结合的方式选聘评审专家。

在实践中，一般每年省级财政部门会在相对固定的时间发布征集专家的通知（部分省份是由发展改革部门发布或财政部门会同发展改革部门发布），有意愿入库的专家根据通知要求在线填报资料，经财政部门审核后办理入库手续。一些省份的评审专家申报页面是常年开放的，但实际上有关部门也是在相对固定的时间集中审核。各地申请评审专家的流程在细节上有所不同，但大体如下。

① 登录省级政府采购官网（或省级公共资源交易官网）。

② 进入评审专家账号注册界面，这里一般要求填写身份证号和手机号码，手机是评审专家语音通知、短信通知、身份验证等事项的重要工具，手机号码务必准确填报。

③ 注册账号后，用本人账号登录，开始填报资料，资料一般包括工作单位、工作履历、职称、学历、学位、执业资格以及回避信息等，并上传相关证书材料。目前为了方便评审专家申请，几乎所有的地区都是线上审核相关资料，不过如果出现无法在线上审核职称、学历学位、执业资格等情况，有的地区会要求专家持原件到现场审核。

④ 选择评审专业。评审专业，就是确定专家入库以后可以评哪个专业、哪个品目的采购项目，需要根据专家所学专业、工作履历和执业资格等填报。这里的评审专业，有的地区是根据《政府采购品目分类目录》填报，有的地区是根据《公共资源交易评标专家专业分类标准》（发改法规规〔2018〕316号）填报，读者朋友在填报时，在填报的界面一般就可以看到具体的分类明细。关于每位专家可以填报几个专业，各地要求不一，多数为 3 ~ 10 个专业。

⑤ 提交申请表。这里的申请表是系统自动生成的，需要打印出纸质件后签字、盖章再扫描上传。有些地区还需要上传承诺书，也是先打印再签字然后上传，承诺书在专家申请界面都有模板。

⑥ 入库考试。有的地区在专家的资料审核通过后，还要求其参加入库考试。考试形式基本为客观题，包括单项选择题、多项选择题和判断题等。

2.15　评审专家的权利和义务

《政府采购评审专家管理办法》（财库〔2016〕198号）第十八条规定：
"评审专家应当严格遵守评审工作纪律，按照客观、公正、审慎的原则，根据
采购文件规定的评审程序、评审方法和评审标准进行独立评审。评审专家发现
采购文件内容违反国家有关强制性规定或者采购文件存在歧义、重大缺陷导致
评审工作无法进行时，应当停止评审并向采购人或者采购代理机构书面说明情
况。评审专家应当配合答复供应商的询问、质疑和投诉等事项，不得泄露评审
文件、评审情况和在评审过程中获悉的商业秘密。评审专家发现供应商具有行
贿、提供虚假材料或者串通等违法行为的，应当及时向财政部门报告。评审专
家在评审过程中受到非法干预的，应当及时向财政、监察等部门举报。"

对于评审专家最为关心的评审报酬问题，《政府采购评审专家管理办
法》（财库〔2016〕198号）第二十四条规定："省级人民政府财政部门应当
根据实际情况，制定本地区评审专家劳务报酬标准。中央预算单位参照本单位
所在地或评审活动所在地标准支付评审专家劳务报酬。"财政部在中国政府采
购网公布了各省市的评审专家报酬标准，目前参与一次评审活动，工作时长在
半天以内的，报酬一般在400元至500元之间。

2.16　参与评审的评审专家是如何确定的？

《政府采购评审专家管理办法》（财库〔2016〕198号）第十二条第一款
规定："采购人或者采购代理机构应当从省级以上人民政府财政部门设立的评
审专家库中随机抽取评审专家。"在实践中，各地基本使用专家库抽取终端进

行抽取，这个抽取终端实际上就是一个计算机软件，一般带有 U-key 装置的 CA（Certificate Authority）认证系统，在通过 CA 安全认证后，即可进入项目需求填报界面。通常需要填报的信息包括：采购人单位、采购项目名称、采购项目所属区域、采购项目分包、采购项目编号、采购项目金额、采购方式、抽取评审专家人数、评审开始时间、预计评审持续时长、采购单位联系人、采购单位联系人手机、代理机构联系人、代理机构联系人手机、评审地址、评审室、采购人代表、回避单位、回避专家等。上述信息有些是必填项，有些是选填项。这里说明一下，回避单位包括供应商、采购单位、采购代理机构三类，填写后抽取时会自动回避专家库中所在单位是上述单位的专家；回避专家需填写专家的身份证号，抽取时会自动回避这些专家。

填写完成后，就可以开始抽取。所谓抽取，就是终端自动拨打符合条件的专家手机号码，专家接到电话后，电话内容是一段语音，告知专家评审项目的时间、地点、预计时长、预计评审报酬等，专家可以根据自身时间情况选择是否参加，如果参加，终端会自动给专家发送短信，再次通知专家参加评审的时间、地点等。现在有些地方的短信还包括专家的确认码，专家必须凭确认码才可以进入评审现场。需要注意的是，为了项目的保密和公平，这里的地点只能写具体的街道地址和评审场所门号，禁止出现采购人或采购代理机构的名称，更不允许夹带采购人或采购代理机构的联系电话。同理，在抽取终端也无法看到被抽取专家的具体信息，只能知道是否抽取成功。待项目需要的所有专家抽取完毕，终端会自动保存抽取结果，且此时的专家信息依然处于保密状态。

一般来说，抽取专家是在项目开始前的 24 小时内进行。到项目评审时间时，终端会自动允许专家信息解密。此时使用 CA 认证通过后，可以查询和打印专家信息，以便在现场进行签字、核对和确认。

第 3 章　政府采购方式

本章主要介绍公开招标、邀请招标、竞争性谈判、竞争性磋商、询价、单一来源采购和框架协议采购等政府采购方式。通过阅读本章，读者朋友可以了解上述政府采购方式的适用范围、基本流程和操作特点，同时知晓采购人是如何确定采购方式的，以更好地为参与政府采购活动做好准备。

3.1　政府采购方式包括哪些?

《政府采购法》第二十六条第一款规定：政府采购采用以下方式：

（一）公开招标；

（二）邀请招标；

（三）竞争性谈判；

（四）单一来源采购；

（五）询价；

（六）国务院政府采购监督管理部门认定的其他采购方式。

上文第一至五项列举了 2003 年《政府采购法》颁布时的 5 种主要政府采购方式，之后，国务院政府采购监督管理部门（财政部）又认定了两种新的政府采购方式，分别为 2014 年开始施行的竞争性磋商和 2022 年开始施行的框架协议采购。也就是说，我国目前共有7种法定的政府采购方式，分别对应不同的应用场景。本章后文将逐一为读者朋友进行介绍。

3.2 什么是公开招标？

《招标投标法》第十条第二款规定：

公开招标，是指招标人以招标公告的方式邀请不特定的法人或者其他组织投标。

对比《政府采购法》第二十一条"供应商是指向采购人提供货物、工程或者服务的法人、其他组织或者自然人。"的规定，可以看到自然人没有被列举在招标公告的邀请范围之内。那么，自然人究竟是否可以参与招标呢？答案是不可以。

《招标投标法》第二十五条规定：

投标人是响应招标、参加投标竞争的法人或者其他组织。

依法招标的科研项目允许个人参加投标的，投标的个人适用本法有关投标人的规定。

可见，除了特定的科研项目，自然人是没有资格参与招标投标的，这是《招标投标法》与《政府采购法》在参与主体资格上的一个显著区别。

那么，哪些项目必须公开招标呢？《招标投标法》第三条第一款规定：

在中华人民共和国境内进行下列工程建设项目包括项目的勘察、设计、施工、监理以及与工程建设有关的重要设备、材料等的采购，必须进行招标：

（一）大型基础设施、公用事业等关系社会公共利益、公众安全的项目；

（二）全部或者部分使用国有资金投资或者国家融资的项目；

（三）使用国际组织或者外国政府贷款、援助资金的项目。

关于上述规定的第一项，《必须招标的基础设施和公用事业项目范围规定》（发改法规规〔2018〕843号）规定，具体范围包括：煤炭、石油、天然气、电力、新能源等能源基础设施项目；铁路、公路、管道、水运，以及公共航空和 A1 级通用机场等交通运输基础设施项目；电信枢纽、通信信息网络等通信基础设施项目；防洪、灌溉、排涝、引（供）水等水利基础设施项目；城市轨道交通等城建项目。

关于上述规定的第二项，《必须招标的工程项目规定》（国家发展和改革委员会令第16号）规定， 全部或者部分使用国有资金投资或者国家融资的项目包括：使用预算资金 200 万元人民币以上，并且该资金占投资额10%以上的项目；使用国有企业事业单位资金，并且该资金占控股或者主导地位的项目。

关于上述规定的第三项，《必须招标的工程项目规定》（国家发展和改革委员会令第16号）规定，使用国际组织或者外国政府贷款、援助资金的项目包括：使用世界银行、亚洲开发银行等国际组织贷款、援助资金的项目；使用外国政府及其机构贷款、援助资金的项目。

同时，《政府采购法》第二十六条第二款载明："公开招标应作为政府采购的主要采购方式。"在目前各地制定的政府采购限额标准中，一般都将单项或批量金额 400 万元以上的货物和服务项目，纳入公开招标范围。

也就是说，公开招标是政府采购中最重要的采购方式。读者朋友如果想把事业做大、想承接大项目，就必须了解公开招标。

3.3　公开招标的基本程序

公开招标是各种政府采购方式中程序要求最严格、相对最复杂的采购方式。弄懂公开招标的程序要求，不仅有助于参与公开招标项目，而且有助于理解和掌握其他采购方式。公开招标流程图如图 3-1 所示。

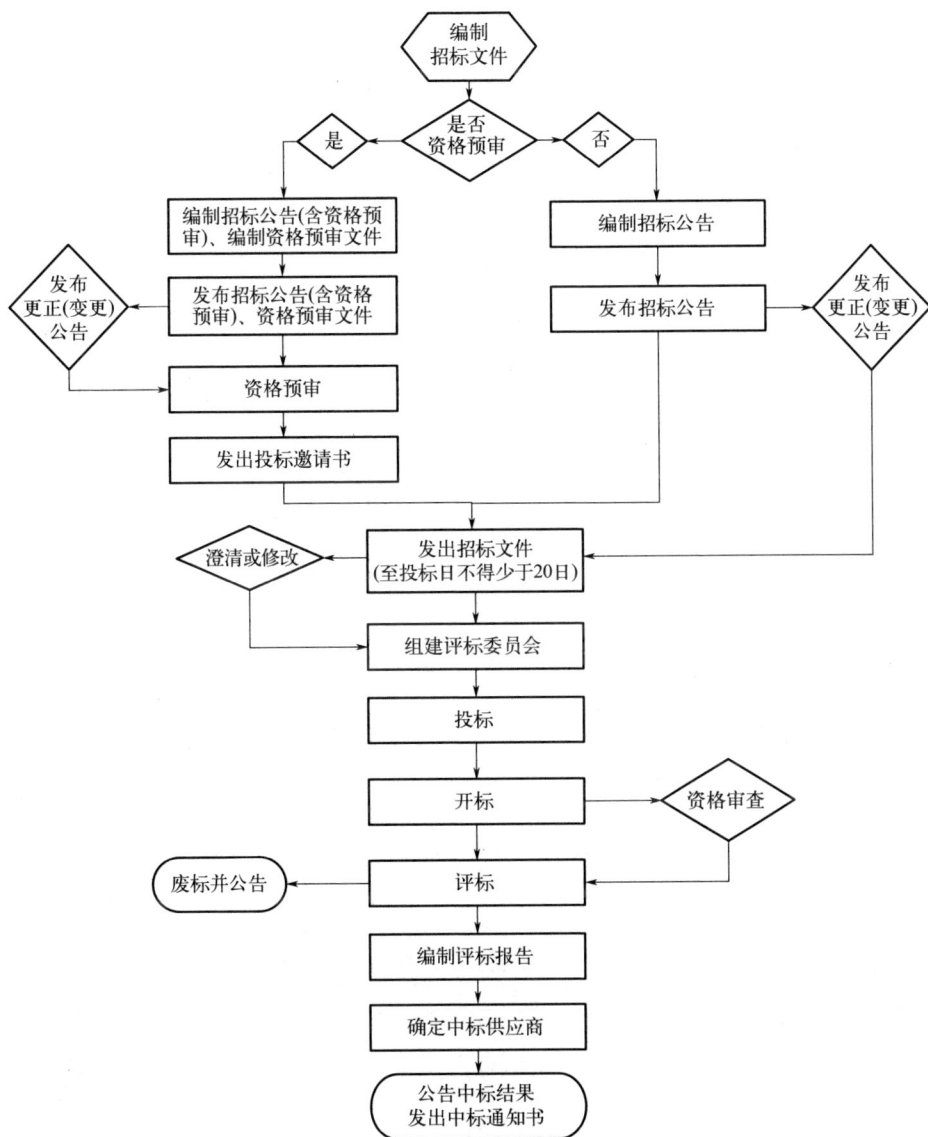

图 3-1 公开招标流程图

① 编制招标文件。编制招标文件，类似于考试出卷子，形象地说，当供应商看到招标公告这个"考试通知"时，实际上招标文件这个"卷子"已经出好了。一般情况下，招标文件是由采购人和采购代理机构共同完成的，采购人负责提供整体采购需求，采购代理机构负责对个性化的条款进行明确，然后

基于模板转化为规范的招标文件。招标文件包括十几项要素，这个会在后面相关的部分给读者朋友做详细的介绍。这里概括地介绍一下采购人和采购代理机构依据什么来编制招标文件。

一是采购需求，就是究竟要买什么东西，对这个东西有什么要求。《招标投标法》第十九条规定："招标人应当根据招标项目的特点和需要编制招标文件。招标文件应当包括招标项目的技术要求、对投标人资格审查的标准、投标报价要求和评标标准等所有实质性要求和条件以及拟签订合同的主要条款。国家对招标项目的技术、标准有规定的，招标人应当按照其规定在招标文件中提出相应要求。招标项目需要划分标段、确定工期的，招标人应当合理划分标段、确定工期，并在招标文件中载明。"该条主要表述的就是采购需求。

二是采购预算，就是究竟准备花多少钱。《政府采购法实施条例》第三十条规定："采购人或者采购代理机构应当在招标文件、谈判文件、询价通知书中公开采购项目预算金额。"《招标投标法实施条例》第二十七条规定："招标人可以自行决定是否编制标底。一个招标项目只能有一个标底。标底必须保密……招标人设有最高投标限价的，应当在招标文件中明确最高投标限价或者最高投标限价的计算方法。招标人不得规定最低投标限价。"上述条款主要涉及的就是预算问题。这里解释一下标底和最高限价。所谓标底，是指采购人招标时作参考用的"工程造价"，是招标项目的预期价格。以往，为了防止招标价太低而损害质量，招标文件一般将靠近标底的报价评为最高分，高于或低于标底的报价均递减评分。不过，目前使用标底的已经不多，主流是使用工程量清单报价，然后规定最高限价。最高限价就是在采购预算内的最高价格，高于该价格的投标文件将被否决。

三是政府采购政策功能，就是本书第1章提及的支持中小企业发展、支持自主创新、支持节能环保等政策，这些会在招标文件的评审方法中有所体现。

② 资格预审。资格预审是可选程序，一般用于潜在供应商较多的工程项

目或 PPP 项目中。《政府采购法实施条例》第二十一条规定："已进行资格预审的，评审阶段可以不再对供应商资格进行审查"。那么，没有进行资格预审的，就需要进行资格后审，就是在开标后的初步评审阶段，评标委员会根据招标文件规定的资格条件对投标人进行评审。

③ 编制和发布招标公告。在编制招标文件时，实际上招标公告的内容已经确定。招标公告属于要约邀请，是请别人向自己发出要约（投标），是事实行为。招标公告，一般会说明要买什么、准备花多少钱、谁有资格参与、什么时间开标、如何获得招标文件等。《政府采购法实施条例》第三十一条第一款规定："招标文件的提供期限自招标文件开始发出之日起不得少于 5 个工作日。"《招标投标法实施条例》第十六条也有类似的规定。所以招标文件的获取时间一般为 5 个工作日。招标公告发出后，如果有误或有需要更改的地方，可以发布变更（更正）公告，相关内容以变更后的为准。为让读者朋友对招标公告有一个直观认识，案例 3-1 提供了一个带有更正公告的招标公告实例。

案例 3-1

××市××区医院保洁服务采购项目招标公告

一、项目基本情况

项目编号：SCZA2022-ZB-××××-001

项目名称：保洁服务采购项目

采购方式：公开招标

预算金额：4,900,000.00 元

采购需求：

合同包1（××市××区医院保洁服务采购项目）：

合同包预算金额：4,900,000.00元

本合同包不接受联合体投标。

合同履行期限：招标结果有效期三年，合同每年一签，续签次数不得超过两次，总服务期限不得超过三年，续签合同价格不予调整。

二、申请人的资格要求

1. 满足《中华人民共和国政府采购法》第二十二条的规定。

2. 落实政府采购政策需满足的资格要求：

本项目为（非专门）面向中小企业的项目。

3. 本项目的特定资格要求：

3.1 供应商在递交投标文件截止时间前在"信用中国"网站（https：//www.creditchina.gov.cn）和中国政府采购网（http：//www.ccgp.gov.cn）上被列入失信被执行人、重大税收违法失信主体、政府采购严重违法失信行为记录名单的，不得参加投标。

3.2 供应商应授权合法的人员参加投标，其中法定代表人直接参加，须出具法人身份证，并与营业执照上信息一致。法定代表人授权代表参加，须出具法定代表人授权书及授权代表身份证。

3.3 供应商不得存在下列情形之一：

（1）单位负责人为同一人或者存在直接控股、管理关系的不同供应商，不得参加本次采购活动；

（2）为本项目提供整体设计、规范编制或者项目管理、监理、检测等服务的供应商，不得再参加该采购项目的其他采购活动。

三、获取招标文件

时间：202×年01月17日至202×年01月23日，每天00：00：00至23：59：59。（北京时间）

途径：××市公共资源交易平台（http：//×××××.××.gov.cn/）

方式：在线获取

售价：0 元

四、提交投标文件截止时间、开标时间和地点

时间：202×年02月09日09时00分00秒（北京时间）

提交投标文件地点：××市公共资源交易中心不见面开标大厅

开标地点：××市公共资源交易中心不见面开标大厅

五、公告期限

自本公告发布之日起5个工作日。

六、其他补充事宜

略

XX 省采购招标有限责任公司

202X 年 01 月 13 日

在招标公告发出后，采购人和采购代理机构发现由于春节假期，招标文件的实际提供时间不足5个工作日，为纠正这一问题，又发布了更正公告。

案例 3-1 续

××市××区医院保洁服务采购项目采购更正公告

一、项目基本情况

原公告的采购项目编号：SCZA2022-ZB-××××-001

原公告的采购项目名称：保洁服务采购项目

首次公告日期：202×年01月13日

二、更正信息

更正事项：采购公告

更正原因：文件获取时间变更

更正内容：原公告的获取招标文件结束日期：202×-01-23，更正为：202×-01-28。

其他内容不变。

更正日期：202×年01月16日

三、其他补充事项

无

四、凡对本次公告内容提出询问，请按以下方式联系

1. 采购人信息

名称：××市××区医院

地址：××市××区××街道××中路120号

联系方式：0××-××××××××

2. 采购代理机构信息

名称：××省采购招标有限责任公司

地址：××市××××路××××大厦21楼

联系方式：0××-××××××××

3. 项目联系方式

项目联系人：×××、×××

电话：0××-××××××××

XX省采购招标有限责任公司

202X年01月16日

④ 发出招标文件。目前由于普遍采用网络提供招标文件，一般在招标公告发布的当日或很快的时间里就可以获取招标文件。前文提到，招标文件相当于"考卷"，是供应商要关注的重中之重，我们将在本书的第5章会给读者朋友详细讲解。这里先介绍一些程序上的规则。《招标投标法》第二十四条规定："招标人应当确定投标人编制投标文件所需要的合理时间；但是，依法必须进行招标的项目，自招标文件开始发出之日起至投标人提交投标文件截止之日止，最短不得少于二十日。"《政府采购法》第三十五条规定："货物和服务项目实行招标方式采购的，自招标文件开始发出之日起至投标人提交投标文件截止之日止，不得少于二十日。"

因此，从发出招标文件的第一天算起，到提交投标文件至少要20天，这里是指自然日。与招标公告类似，招标文件在发出后也可能存在需要修改或说明的情况。这时就需要澄清或修改。《招标投标法》第二十三条规定："招标人对已发出的招标文件进行必要的澄清或者修改的，应当在招标文件要求提交投标文件截止时间至少十五日前，以书面形式通知所有招标文件收受人。该澄清或者修改的内容为招标文件的组成部分。"《政府采购法实施条例》第三十一条第二款规定："采购人或者采购代理机构可以对已发出的招标文件进行必要的澄清或者修改。澄清或者修改的内容可能影响投标文件编制的，采购人或者采购代理机构应当在投标截止时间至少15日前，以书面形式通知所有获取招标文件的潜在投标人；不足15日的，采购人或者采购代理机构应当顺延提交投标文件的截止时间。"也就是说，澄清或修改的内容作为招标文件的一部分，同时在时间上，需要留出距投标截止时间至少15日。这里的书面形式，在实践中，一般还是指发布变更公告或更正公告，同时会视情况以电话、短信、邮件等方式提醒供应商。

⑤ 组建评标委员会。《招标投标法》第三十七条规定："评标由招标人依法组建的评标委员会负责。依法必须进行招标的项目，其评标委员会由招标人的代表和有关技术、经济等方面的专家组成，成员人数为五人以上单数，其中技术、经济等方面的专家不得少于成员总数的三分之二。前款专家应当从事相关领域工作满八年并具有高级职称或者具有同等专业水平，由招标人从国务院有关部门或者省、自治区、直辖市人民政府有关部门提供的专家名册或者招标代理机构的专家库内的相关专业的专家名单中确定；一般招标项目可以采取随机抽取方式，特殊招标项目可以由招标人直接确定。与投标人有利害关系的人不得进入相关项目的评标委员会；已经进入的应当更换。评标委员会成员的名单在中标结果确定前应当保密。"

⑥ 投标、开标、评标。这是公开招标流程中的核心内容。本书会在第3篇竞标篇为读者朋友详细讲解。

⑦ 编制评标报告，确定中标供应商，公告中标结果并发出中标通知书。评标结束后，评标委员会应当向采购人提交书面评标报告和中标候选人名单。中标候选人应当不超过3个，并标明排序。采购人应当自收到评标报告之日起3日内公示中标候选人，公示期不得少于3日。如果有未中标的供应商或其他利害关系人对评标结果有异议，应当在中标候选人公示期间提出。采购人应当自收到异议之日起3日内作出答复。这个环节，本书会在第11章做进一步详细的解读。公示之后，就是发出中标通知书。《政府采购法实施条例》第四十三条第二款规定，"采购人或者采购代理机构应当自中标、成交供应商确定之日起2个工作日内，发出中标、成交通知书，并在省级以上人民政府财政部门指定的媒体上公告中标、成交结果……"。这里解释一下，公示与发出中标通知书的时间是可以重叠的，也就是说，在公示的第

二天即可以发出中标通知书。如果公示期间未满之日有异议，再按照相应程序处理。

《招标投标法》第四十五条规定："中标人确定后，招标人应当向中标人发出中标通知书，并同时将中标结果通知所有未中标的投标人。中标通知书对招标人和中标人具有法律效力。中标通知书发出后，招标人改变中标结果的，或者中标人放弃中标项目的，应当依法承担法律责任。"这份中标通知书相当于承诺。至此，公开招标流程基本完毕。

3.4　什么情况属于规避公开招标？

公开招标是所有政府采购方式中程序要求最严谨的方式。在实际工作中，部分采购人出于逃避监管等各种目的，会有规避公开招标的企图。按照现行规定，是否需要采用公开招标方式的一个核心指标是采购预算的规模。目前中央级政府采购货物和服务类预算达到200万元以上必须公开招标，地方级一般在200万元至400万元之间须进行公开招标。那么，读者朋友可能有疑问，即如何计算项目采购预算，如果每次采购都把项目预算安排到200万元以下，是否就可以不用公开招标的方式。对此，法律法规有预防性的规定。《政府采购法》第二十八条规定：

采购人不得将应当以公开招标方式采购的货物或者服务化整为零或者以其他任何方式规避公开招标采购。

《招标投标法》第四十九条也有类似的规定。那么，如何界定化整为零呢？《政府采购法实施条例》第二十八条规定："在一个财政年度内，采购人将一个预算项目下的同一品目或者类别的货物、服务采用公开招标以外的方式多次采购，累计资金数额超过公开招标数额标准的，属于以化整为零方式规避公开招标，但项目预算调整或者经批准采用公开招标以外方式采购除外。"

举例来说，如果一家中央级单位在一年之内计划买两批计算机，上半年买一次，下半年买一次，每次预算都是 120 万元，在同一个预算科目下做账，那么尽管单次预算未达到公开招标标准，但全年累计达到了公开招标标准，每次均需要采用公开招标的方式。

那么，什么是以其他任何方式规避公开招标采购？《招标投标法实施条例》第九条对此进行了说明：

除招标投标法第六十六条规定的可以不进行招标的特殊情况外，有下列情形之一的，可以不进行招标：

（一）需要采用不可替代的专利或者专有技术；

（二）采购人依法能够自行建设、生产或者提供；

（三）已通过招标方式选定的特许经营项目投资人依法能够自行建设、生产或者提供；

（四）需要向原中标人采购工程、货物或者服务，否则将影响施工或者功能配套要求；

（五）国家规定的其他特殊情形。

招标人为适用前款规定弄虚作假的，属于招标投标法第四条规定的规避招标。

上述条款以反向规定的形式明确了如何界定以其他任何方式规避公开招标。

3.5　什么是邀请招标？

《招标投标法》第十条第三款规定：

邀请招标，是指招标人以投标邀请书的方式邀请特定的法人或者其他组织投标。

对比公开招标的定义，可以看到邀请招标的两个特点：一是邀请方式是"投标邀请书"；二是邀请对象是"特定"的法人或其他组织。下文将分别予以解释。

案例3-2为邀请招标的投标邀请书实例。

案例 3-2

××××××项目投标邀请书

被邀请供应商名称：

××××招标代理有限公司受（采购人名称）的委托，对××××××项目进行邀请招标采购，现诚邀你单位参加该项目招标活动。

一、项目基本情况

1. 招标编号：××××××

2. 项目名称：××××××项目

3. 采购需求：……

4. 采购方式：邀请招标

5. 招标范围：本项目采购需求范围内的全部内容。

6. 服务期限：……

7. 服务标准：符合国家、行业和地方相关法规、规范、标准及招标文件的规定。

8. 本项目是否接受联合体投标：否

二、投标人资格要求

略

三、投标邀请书的确认

贵单位收到本投标邀请书后，请于××××年××月××日××：××前以书面或电子邮件方式予以确认，在本邀请书规定的时间内未表示是否参加投标或明确表示不参加投标的，不得再参加投标。

四、获取邀请招标文件

1. 时间：××××年××月××日至××××年××月××日（法定公休日、法定节假日除外），每天08：30至12：00，15：00至18：30。（北京时间，下同）

2. 地点：××市××路××大厦××××室获取招标文件。

3. 获取文件时须携带的资料：法人代表或负责人身份证复印件（如投标人代表非法人代表或负责人时则须提供法人代表或负责人授权书复印件、授权代表身份证复印件）、营业执照；注：上述所有证件要求留加盖单位公章的复印件一套（法人授权委托书留原件）。

4. 售价：×××元/份，售后不退。

五、投标截止时间及地点

1. 时间：××××年××月××日上午××时××分

2. 地点：××市××路××大厦××楼××××开标室

六、开标时间及地点

1. 时间：××××年××月××日上午××时××分

2. 地点：××市××路××大厦××楼××××开标室

七、凡是对本次招标提出询问，请按照以下方式联系

1. 招标人信息：略

2.招标代理机构信息：略

XXXX 年 XX 月 XX 日

确　认　函

致：采购人名称；采购代理机构名称

本公司已于 ×××× 年 ×× 月 ×× 日收到贵单位发出的 ××××××项目投标邀请书，并确认（参加／不参加）该邀请招标项目。

特此确认。

单位名称（盖单位章）：

法定代表人或负责人（签字或盖章）：

日期：XXXX 年 XX 月 XX 日

对于邀请"特定"的法人或组织，《政府采购货物和服务招标投标管理办法》（财政部令第87号）第十四条规定：采用邀请招标方式的，采购人或者采购代理机构应当通过以下方式产生符合资格条件的供应商名单，并从中随机抽取3家以上供应商向其发出投标邀请书：

（一）发布资格预审公告征集；

（二）从省级以上人民政府财政部门（以下简称财政部门）建立的供应商库中选取；

（三）采购人书面推荐。

采用前款第一项方式产生符合资格条件供应商名单的，采购人或者采购代理机构应当按照资格预审文件载明的标准和方法，对潜在投标人进行资格预审。

采用第一款第二项或者第三项方式产生符合资格条件供应商名单的，备选的符合资格条件供应商总数不得少于拟随机抽取供应商总数的2倍。

随机抽取是指通过抽签等能够保证所有符合资格条件供应商机会均等的方式选定供应商。随机抽取供应商时，应当有不少于2名采购人工作人员在场监督，并形成书面记录，随采购文件一并存档。

投标邀请书应当同时向所有受邀请的供应商发出。

由上述规定可知，所谓"特定"，不是"指定"，并不是采购人可以根据自身想法自行选择供应商参加投标，而是仍要符合一定的规则。重点有3个：一是在数量上必须为3家以上；二是在来源上必须是来自3个规定来源之一；三是在选择方式上必须是随机选择或通过资格预审。

3.6　什么情况适用邀请招标？

《政府采购法》第二十九条规定：

符合下列情形之一的货物或者服务，可以依照本法采用邀请招标方式采购：

（一）具有特殊性，只能从有限范围的供应商处采购的；

（二）采用公开招标方式的费用占政府采购项目总价值的比例过大的。

《招标投标法》第十一条规定：

国务院发展计划部门确定的国家重点项目和省、自治区、直辖市人民政府确定的地方重点项目不适宜公开招标的，经国务院发展计划部门或者省、自治区、直辖市人民政府批准，可以进行邀请招标。

同时，相关法规对邀请招标的适用条件进行了进一步明确。《政府采购法实施条例》第二十三条规定："采购人采购公开招标数额标准以上的货物或者服务，符合政府采购法第二十九条、第三十条、第三十一条、第三十二条规定情形或者有需要执行政府采购政策等特殊情况的，经设区的市级以上人民政府财政部门批准，可以依法采用公开招标以外的采购方式。"《招标投标法实施条例》第八条规定："国有资金占控股或者主导地位的依法必须进行招标的项目，应当公开招标；但有下列情形之一的，可以邀请招标：（一）技术复杂、有特殊要求或者受自然环境限制，只有少量潜在投标人可供选择；（二）采用公开招标方式的费用占项目合同金额的比例过大。有前款第二项所列情形，属于本条例第七条规定的项目，由项目审批、核准部门在审批、核准项目时作出认定；其他项目由招标人申请有关行政监督部门作出认定。"

综合上述法律法规，可以看出邀请招标的使用有着较严格的限制：一是必须是由于客观原因仅少量供应商可供选择；二是必须由相关政府部门进行认定或审批，一般是市级财政部门、发展改革部门或公共资源交易监管部门。

3.7　邀请招标的基本程序

图3-2为邀请招标流程图。

对于邀请招标流程中与公开招标类似的程序就不做重复介绍了。这里请读者朋友注意邀请招标中3处个性化的地方：一是采用邀请招标需要经过审批；二是被邀请的供应商要通过规定的3种渠道之一来确定；三是邀请招标是使用投标邀请书来邀请供应商参与投标。

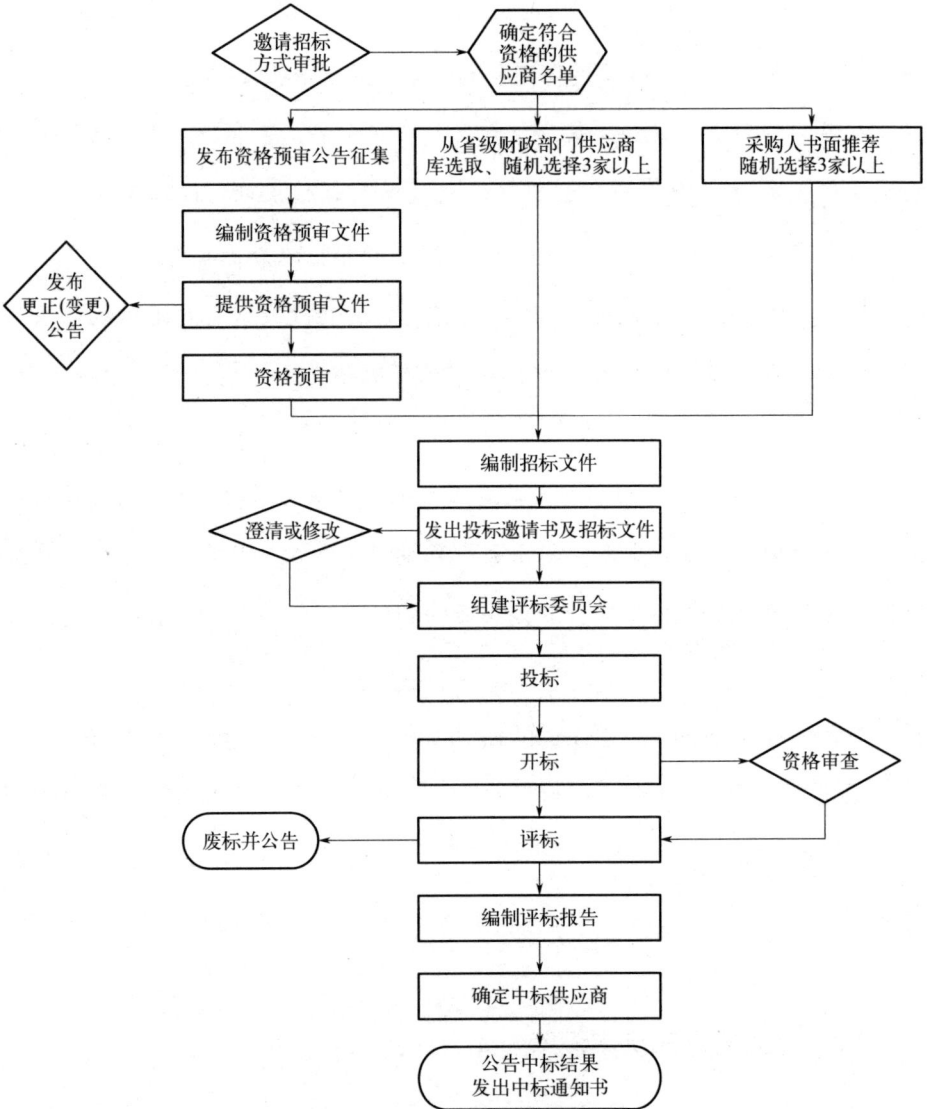

图 3-2 邀请招标流程图

3.8 什么是竞争性谈判?

《政府采购非招标采购方式管理办法》(财政部令 74 号)第二条:

竞争性谈判是指谈判小组与符合资格条件的供应商就采购货物、工程和服务事宜进行谈判，供应商按照谈判文件的要求提交响应文件和最后报价，采购人从谈判小组提出的成交候选人中确定成交供应商的采购方式。

竞争性谈判有些类似于其他国家或地区的两阶段招标法，即第一阶段通过招标征集方案，第二阶段按照确定的方案通过招标确定供应商。竞争性谈判是先就有关事项进行谈判，然后就谈判的事项要求供应商限时报价，最后按照符合采购需求、质量和服务相等且报价最低的原则确定供应商。

案例3-3提供了一个竞争性谈判公告的实例。

案例 3-3

××××202×年度法律顾问服务竞争性谈判公告

一、项目基本情况

项目编号：202×-××××-××××

项目名称：某单位202×年度法律顾问服务

采购方式：竞争性谈判

预算金额：4万元（人民币）

最高限价（如有）：4万元（人民币）

采购需求：202×年度法律顾问服务，具体要求及服务内容详见谈判文件。

合同履行期限：202×年2月1日至202×年2月1日（视签署合同具体时间确定）

本项目（不接受）联合体投标。

二、申请人的资格要求

1. 满足《中华人民共和国政府采购法》第二十二条的规定；

2. 落实政府采购政策需满足的资格要求；

3. 本项目的特定资格要求：略。

三、获取采购文件

时间：202×年××月××日　至202×年××月××日，每天9：30
至12：00，13：30至17：00。（北京时间，法定节假日除外）

地点：××市××区××道×××号×××室招标三部

方式：略

四、响应文件提交

截止时间：202×年××月××日14点00分（北京时间）

地点：××市××区××道×××号××××招标有限公司×××
室开标室

五、开启

时间：202×年××月××日14点00分（北京时间）

地点：××市××区××道×××号××××招标有限公司×××
室开标室

六、公告期限

自本公告发布之日起3个工作日。

七、其他补充事宜

无

3.9　什么情况适用竞争性谈判?

《政府采购法》第三十条规定：

符合下列情形之一的货物或者服务，可以依照本法采用竞争性谈判方式采购：

（一）招标后没有供应商投标或者没有合格标的或者重新招标未能成立的；

（二）技术复杂或者性质特殊，不能确定详细规格或者具体要求的；

（三）采用招标所需时间不能满足用户紧急需要的；

（四）不能事先计算出价格总额的。

上述条款对竞争性谈判的适用范围进行了原则性的规定。之后，有关法规和规章又对竞争性谈判的适用范围进行了进一步明确。

《政府采购法实施条例》第二十五条规定："政府采购工程依法不进行招标的，应当依照政府采购法和本条例规定的竞争性谈判或者单一来源采购方式采购。"因此，竞争性谈判不仅可以用于货物和服务采购，也可以用于特定范围的工程采购。

《政府采购法实施条例》第二十六条规定，"政府采购法第三十条第三项规定的情形，应当是采购人不可预见的或者非因采购人拖延导致的；第四项规定的情形，是指因采购艺术品或者因专利、专有技术或者因服务的时间、数量事先不能确定等导致不能事先计算出价格总额。"

《政府采购非招标采购方式管理办法》（财政部令第74号）第二十七条对《政府采购法》第三十条的内容进行了重申，同时规定："公开招标的货物、服务采购项目，招标过程中提交投标文件或者经评审实质性响应招标文件要求的供应商只有两家时，采购人、采购代理机构按照本办法第四条经本级财政部门批准后可以与该两家供应商进行竞争性谈判采购，采购人、采购代理机构应当根据招标文件中的采购需求编制谈判文件，成立谈判小组，由谈判小组对谈判文件进行确认。符合本款情形的，本办法第三十三条、第三十五条中规定的供应商最低数量可以为两家。"本办法第四条规定："达到公开招标数额标准的货物、服务采购项目，拟采用非招标采购方式的，采购人应当在采购活动开始前，报经主管预算单位同意后，向设区的市、自治州以上人民政府财政部门申请批准。"

上述规定是对竞争性谈判适用范围的重大突破。通俗地说，就是公开招标的项目，如果经评审符合要求的供应商只有两家，可以在报市级财政部门同意的前提下以竞争性谈判的形式继续进行采购，而在没有该规定之前，项目只能宣布流标，然后重新走程序招标。这有效降低了项目招标失败的概率，极大地提高了采购效率。

3.10　竞争性谈判的基本程序

竞争性谈判流程图如图3-3所示。

《政府采购法》第三十八条和《政府采购非招标采购方式管理办法》（财政部令第74号）第三章对竞争性谈判的程序进行了规定，下面结合流程图为读者朋友进行详细说明。

① 采购方式审批。对于公开招标标准以下的项目，可以自主使用竞争性谈判；对于达到公开招标标准的货物、服务项目，需要报市级财政部门审批。

② 成立谈判小组。《政府采购非招标采购方式管理办法》（财政部令第74号）第七条规定："竞争性谈判小组或者询价小组由采购人代表和评审专家共3人以上单数组成，其中评审专家人数不得少于竞争性谈判小组或者询价小组成员总数的2/3。"从谈判小组的最低人数看，少于公开招标的评标委员会，也是竞争性谈判简便性的体现之一。根据《政府采购法》第三十八条第一项、第二项的规定，应该是先成立谈判小组，然后制定谈判文件，但由于谈判小组中评审专家需要抽取，因此实践中一般是采购人和采购代理机构先制定好谈判文件的文本。根据《政府采购非招标采购方式管理办法》（财政部令第74号）

第二十九条的规定："从谈判文件发出之日起至供应商提交首次响应文件截止之日止不得少于3个工作日。"也就是说，从时间要求上竞争性谈判也较公开招标较少，有助于提高采购效率。

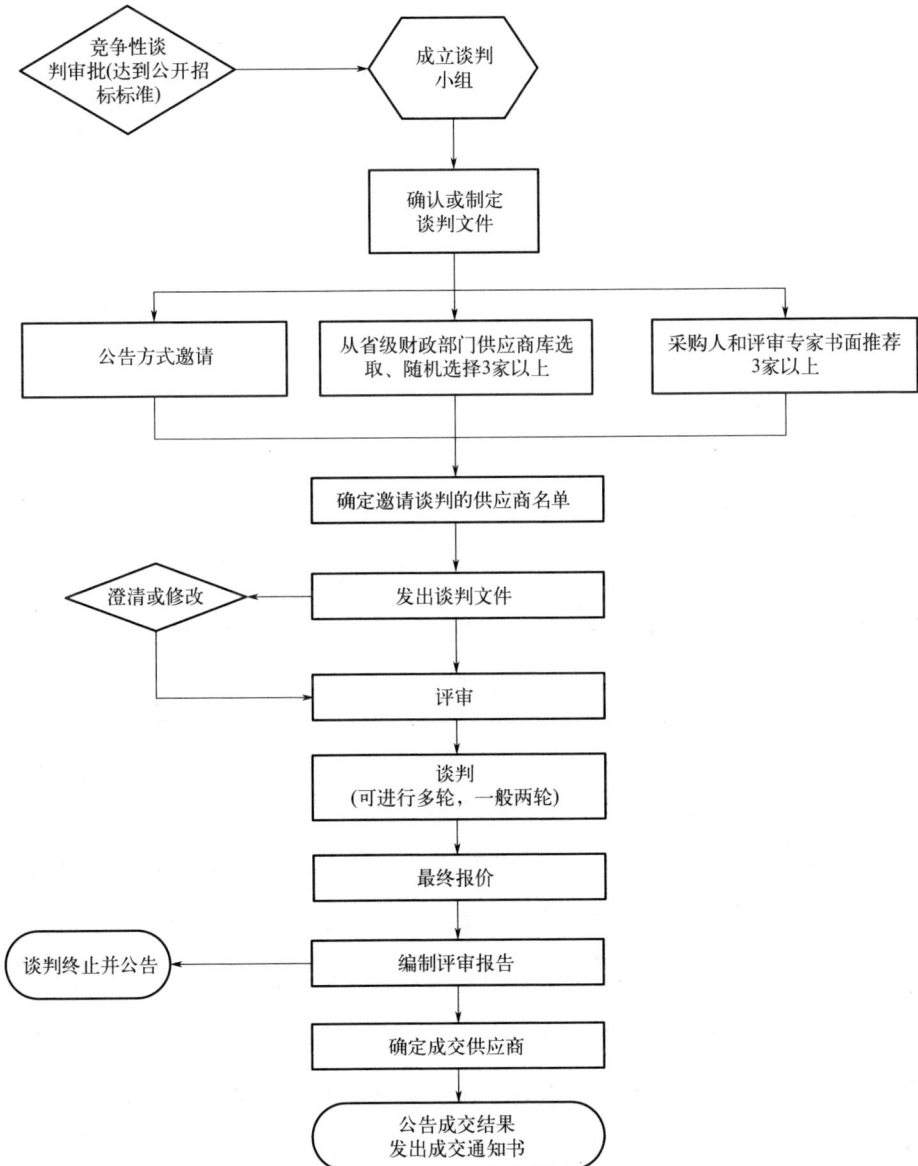

图 3-3 竞争性谈判流程图

③ 确定参与谈判的供应商。根据《政府采购非招标采购方式管理办法》(财政部令第74号)的规定，目前有三种供应商确定方式，但在实践中采购人出于各种考虑，一般是采取公告邀请的方式，所以供应商朋友不用担心，只要注意关注采购公告，一般均有机会平等地参与竞争性谈判。供应商的数量要求是不低于3家。上文提到，在公开招标项目经评审只有两家合格供应商时，经批准可以变更为竞争性谈判方式继续采购。这是特例规定，与本条不矛盾。

④ 评审。《政府采购非招标采购方式管理办法》(财政部令第74号)第三十条规定："谈判小组应当对响应文件进行评审，并根据谈判文件规定的程序、评定成交的标准等事项与实质性响应谈判文件要求的供应商进行谈判。未实质性响应谈判文件的响应文件按无效处理，谈判小组应当告知有关供应商。"读者朋友请注意，响应文件必须对谈判文件进行实质性响应。只有通过评审，才有资格进入谈判环节。

⑤ 谈判。《政府采购法》第三十八条第四项规定："谈判小组所有成员集中与单一供应商分别进行谈判。在谈判中，谈判的任何一方不得透露与谈判有关的其他供应商的技术资料、价格和其他信息。谈判文件有实质性变动的，谈判小组应当以书面形式通知所有参加谈判的供应商。"也就是说，在谈判环节，是允许谈判文件有实质性变动的，这是与公开招标的一个显著不同之处。《政府采购非招标采购方式管理办法》(财政部令第74号)第三十二条规定："在谈判过程中，谈判小组可以根据谈判文件和谈判情况实质性变动采购需求中的技术、服务要求以及合同草案条款，但不得变动谈判文件中的其他内容。实质性变动的内容，须经采购人代表确认。对谈判文件作出的实质性变动是谈判文件的有效组成部分，谈判小组应当及时以书面形式同时通知所有参加谈判的供应商。供应商应当按照谈判文件的变动情况和谈判小组的要求重新提交响应文件，并由其法定代表人或授权代表签字或者加盖公章。由授权代表签字的，应当附法定代表人授权书。供应商为自然人

的，应当由本人签字并附身份证明。"由此可知，谈判中可以变动的是谈判技术、服务要求以及合同草案条款。谈判可以进行多轮，但在实践中一般是两轮。

⑥ 最后报价。《政府采购法》第三十八条第五项规定："谈判结束后，谈判小组应当要求所有参加谈判的供应商在规定时间内进行最后报价，采购人从谈判小组提出的成交候选人中根据符合采购需求、质量和服务相等且报价最低的原则确定成交供应商。"最后报价是竞争性谈判中非常有特色的环节。这里请读者朋友注意两点：一是在响应文件中也必须报价，而且由于响应文件必须通过评审才可以参与后面的谈判和最后报价，因此在响应文件中的报价不能高于项目预算或最高限价。二是决定项目成交供应商的关键是最终报价，而且必须是最低价格。所以，有经验的供应商会在最后报价环节根据谈判的情形，在现场报出一个合理且自身能够承受的最低价格，以提高成交概率。

⑦ 编制评审文件、确定供应商、公告等环节。这与公开招标类似，本书会在后面有关章节详细说明。

3.11　什么是竞争性磋商？

在2003年《政府采购法》施行之时，并没有竞争性磋商这种采购方式。后来，随着我国政府采购规模的不断扩大，政府采购需求也逐步多样化。为了适应新的采购需要，特别是实现政府采购的物有所值，我国在借鉴欧盟竞争性对话（competitive dialogue）这种采购方式的基础上，创设了竞争性磋商这一新的采购方式，这也是《政府采购法》施行后的第一种国务院政府采购监督管理部门认定的其他采购方式。

我国的官方文件第一次提出竞争性磋商，是2014年11月财政部发布的《政府和社会资本合作模式操作指南（试行）》（财金〔2014〕113号）。该文件第十一条第七项提出政府和社会资本合作项目的采购方式包括公开招标、竞争性谈判、邀请招标、竞争性磋商和单一来源采购。之后，在2014年12月，财政部发布了《政府采购竞争性磋商采购方式管理暂行办法》（财库〔2014〕214号），明确了竞争性磋商的法律地位。该文件第二条指出：

　　本办法所称竞争性磋商采购方式，是指采购人、政府采购代理机构通过组建竞争性磋商小组（以下简称磋商小组）与符合条件的供应商就采购货物、工程和服务事宜进行磋商，供应商按照磋商文件的要求提交响应文件和报价，采购人从磋商小组评审后提出的候选供应商名单中确定成交供应商的采购方式。

　　案例3-4提供了一个竞争性磋商公告的实例。

案例 3-4

××××国有资产管理系统建设采购项目竞争性磋商公告

一、项目基本情况

项目编号：××××-202×-×××××××

项目名称：某单位国有资产管理系统建设采购项目

采购方式：竞争性磋商

预算金额：180万元（人民币）

最高限价（如有）：180万元（人民币）

采购需求：国有资产管理系统建设服务

合同履行期限：5 个月

本项目（不接受）联合体投标。

二、申请人的资格要求

1. 满足《中华人民共和国政府采购法》第二十二条的规定；

2. 落实政府采购政策需满足的资格要求：略；

3. 本项目的特定资格要求：略。

三、获取采购文件

时间：202×年××月××日至202×年××月××日，每天9：00 至12：00，13：00 至16：00。（北京时间，法定节假日除外）

地点：××市××区××路××号×××号楼×××室

方式：购买竞争性磋商文件需提供以下材料

法定代表人授权书（原件）、营业执照复印件、被授权本人身份证原件及复印件（复印件须加盖供应商公章）。可通过线上领取，领取资料发送至×××××@163.com 邮箱。经审核通过后发送竞争性磋商文件。

售价：×××元（人民币）

四、响应文件提交

截止时间：202×年××月××日09点30分（北京时间）

地点：××市××区××路××号×××号楼×××室

五、开启

时间：202×年××月××日09点30分（北京时间）

地点：××市××区××路××号×××号楼×××室

六、公告期限

自本公告发布之日起3个工作日。

七、其他补充事宜

略

3.12　什么情况适用竞争性磋商?

《政府采购竞争性磋商采购方式管理暂行办法》(财库〔2014〕214号)第三条规定：

符合下列情形的项目，可以采用竞争性磋商方式开展采购：

(一)政府购买服务项目；

(二)技术复杂或者性质特殊，不能确定详细规格或者具体要求的；

(三)因艺术品采购、专利、专有技术或者服务的时间、数量事先不能确定等原因不能事先计算出价格总额的；

(四)市场竞争不充分的科研项目，以及需要扶持的科技成果转化项目；

(五)按照招标投标法及其实施条例必须进行招标的工程建设项目以外的工程建设项目。

从上述规定可知，竞争性磋商可以用于工程、货物和服务项目，但主要是用于服务项目(含政府和社会资本合作项目)，货物和工程项目主要是一些特定类型的项目。

3.13　竞争性磋商的基本程序

竞争性磋商流程图如图3-4所示。

大体上，竞争性磋商的流程与竞争性谈判类似，但是在一些关键环节也有不同。这里重点讲解不同之处。

一是成立磋商小组的时间放在了制定竞争性磋商文件之后。这样更合理，也更符合目前抽取专家后成立磋商小组的实际情况。

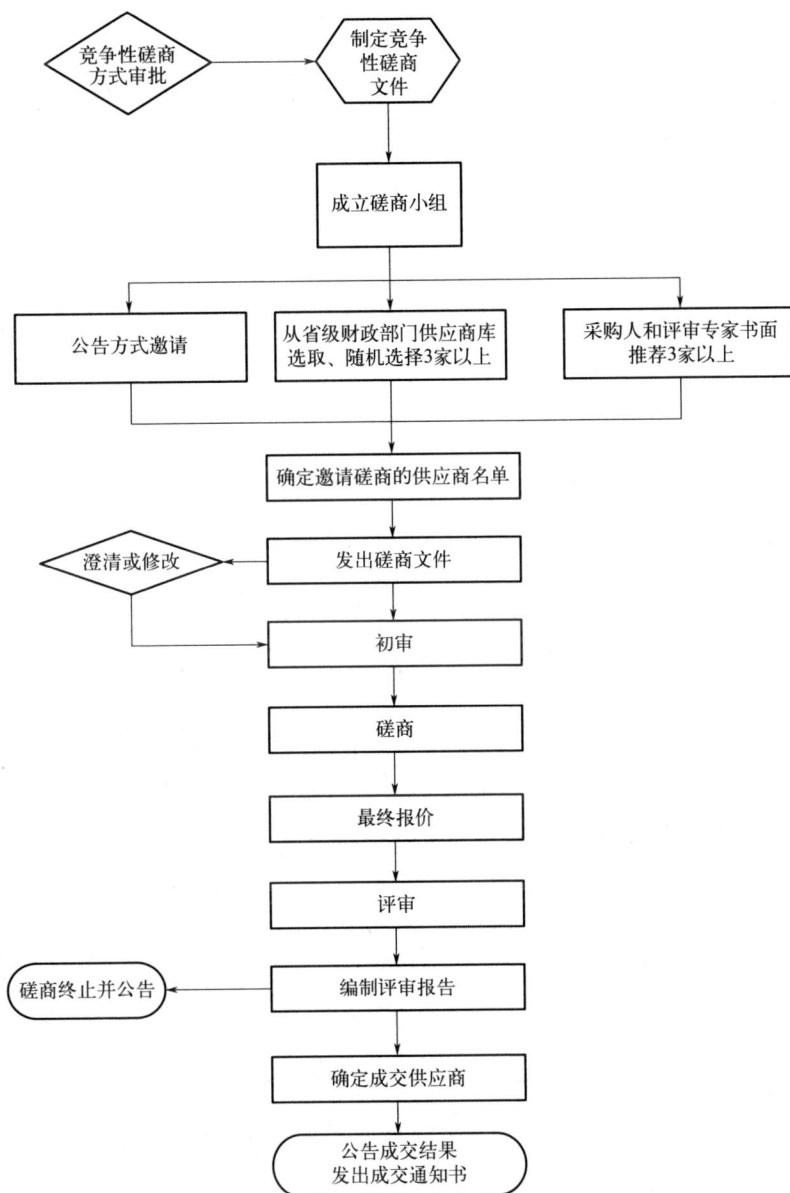

图 3-4　竞争性磋商流程图

二是磋商文件的响应时间有所不同。《政府采购竞争性磋商采购方式管理暂行办法》（财库〔2014〕214 号）第十条规定："从磋商文件发出之日起至供应商提交首次响应文件截止之日止不得少于 10 日……磋商文件的发售期限自开始之日起不得少于5个工作日。"根据该规定，磋商文件的发售时长与招标文件相同，响应时长少于公开招标，但多于竞争性谈判，兼顾了严谨性和高效性。

三是增加了一轮审核程序。竞争性磋商的初审相当于竞争性谈判的审核，根据《政府采购竞争性磋商采购方式管理暂行办法》（财库〔2014〕214号）第十六条的规定："未实质性响应磋商文件的响应文件按无效响应处理。"同时，在磋商中依然允许实质性变动采购需求中的技术、服务要求以及合同草案条款。在最终报价之后，多了一轮评审环节。这个评审类似于公开招标的评标环节，是通过综合评分法而不是根据评审价格的最低来确定供应商排名。这是竞争性磋商与竞争性谈判最大的不同，也是竞争性磋商更受到采购人欢迎的最重要因素之一。

《政府采购竞争性磋商采购方式管理暂行办法》（财库〔2014〕214号）第二十三条规定："经磋商确定最终采购需求和提交最后报价的供应商后，由磋商小组采用综合评分法对提交最后报价的供应商的响应文件和最后报价进行综合评分。综合评分法，是指响应文件满足磋商文件全部实质性要求且按评审因素的量化指标评审得分最高的供应商为成交候选供应商的评审方法。"同时，为了防止价格分占比过高影响最终评审的合理性，充分体现物有所值的现代采购理念，该办法对价格分的比例也进行了规定。

《政府采购竞争性磋商采购方式管理暂行办法》（财库〔2014〕214号）第二十四条规定："综合评分法货物项目的价格分值占总分值的比重（即权值）为30%至60%，服务项目的价格分值占总分值的比重（即权值）为10%至30%。"进一步地，自2018年1月1日起施行的《政务信息系统政府采购管理暂行办法》（财库〔2017〕210号）第九条规定，"政务信息系统采购货物的，价格分值占总分值比重应当为30%；采购服务的，价格分值占总分值比重应当为10%。"也就是说，在政府采购中占有相当大份额的信息化采购中，货物类项目的价格分最高占30%，服务类项目的价格分最高占10%，这种机制上的设计有利于让产品更好、方案更优、技术更精的供应商脱颖而出。

四是对提交最后报价的供应商数量要求不同。竞争性磋商原本和竞争性谈判一样，要求提交最后报价的供应商不得少于3家，市场竞争不充分的科研项目以及需要扶持的科技成果转化项目可以宽松为2家，但在2015年6月30日，财政部下发《财政部关于政府采购竞争性磋商采购方式管理暂行办法有关问题的补充通知》（财库〔2015〕124号）中规定："采用竞争性磋商采购方式采购的政府购买服务项目（含政府和社会资本合作项目），在采购过程中符合要求的供应商（社会资本）只有2家的，竞争性磋商采购活动可以继续进行。"也就是说，竞争性磋商购买货物的，仍必须是3家供应商；购买服务的，可以为2家供应商。

这里需要补充一下，在财政部2022年7月发布的《中华人民共和国政府采购法（修订草案征求意见稿）》中，取消了竞争性磋商，保留了竞争性谈判。但拟制中的新采购法所指的竞争性谈判，实际上融合了目前竞争性谈判和竞争性磋商的特点，而且更类似于竞争性磋商。由于新的竞争性谈判尚处于征求意见阶段，不是正式施行的采购方式，因此本书没有做介绍，欢迎感兴趣的读者朋友通过其他渠道与作者交流。

3.14 什么是询价？

《政府采购非招标采购方式管理办法》（财政部令第74号）第二条第五款规定：

询价是指询价小组向符合资格条件的供应商发出采购货物询价通知书，要求供应商一次报出不得更改的价格，采购人从询价小组提出的成交候选人中确定成交供应商的采购方式。

从上述规定可知，目前询价的适用范围较窄，仅用于货物；同时评审标准也较单一，仅依据一次不得更改的价格评审。所以，询价采购基本用于一些功能、标准较统一，仅需要比较价格的货物。根据《政府采购非招标采购方式管理办法》(财政部令第74号) 第三条的规定，询价主要用于以下三类货物采购：集中采购目录以内，且未达到公开招标数额标准的货物；集中采购目录以外、采购限额标准以上，且未达到公开招标数额标准的货物；达到公开招标数额标准、经批准采用非公开招标方式的货物。目前随着批量集中采购、框架协议采购的推行，询价采购在实践中运用的频率不多。案例 3-5 提供了一个询价采购的实例。

案例 3-5

××××××专用通信系统项目询价公告

一、项目基本情况

项目编号：202×-××××××-××××

项目名称：专用通信系统项目

采购方式：询价

预算金额：50 万元（人民币）

最高限价（如有）：50 万元（人民币）

采购需求：详见采购需求附件。

合同履行期限：202× 年 4 月 15 日前完成调试、交付使用。

本项目（不接受）联合体投标。

二、申请人的资格要求

1. 满足《中华人民共和国政府采购法》第二十二条的规定

2. 落实政府采购政策需满足的资格要求：无

3. 本项目的特定资格要求：略

三、获取采购文件

时间：202×年××月××日至202×年××月××日，每天9：30至12：00，13：30至17：00。（北京时间，法定节假日除外）

地点：网上发售（https：//www.××××××.com.cn）

方式：线上售卖

售价：×××元（人民币）

四、响应文件提交

截止时间：202×年××月××日09点30分（北京时间）

地点：××市××××路×××号××××××大厦××××房大会议室

五、公告期限

自本公告发布之日起3个工作日。

六、其他补充事宜

无

七、凡对本次采购提出询问，请按以下方式联系

略

3.15　询价的基本程序

询价的程序相对简单，所以就不画流程图了。这里结合《政府采购非

招标采购方式管理办法》（财政部令第 74 号）第五章的内容给读者朋友讲解一下。

一是成立询价小组。要求由采购人代表和评审专家共 3 人以上单数组成，其中评审专家人数不得少于询价小组成员总数的 2/3。

二是编制询价通知书。这类似于招标文件、磋商文件等。

三是确定参加询价的供应商。有 3 种方式，与竞争性谈判和竞争性磋商相同。在实践中一般是公共邀请。

四是发出询价通知书。要求从询价通知书发出之日起至供应商提交响应文件截止之日止不得少于 3 个工作日。从这里也可以看出询价是相对比较简单的采购方式。

五是询价。要求参加询价采购活动的供应商应当按照询价通知书的规定一次报出不得更改的价格。询价小组应当从质量和服务均能满足采购文件实质性响应要求的供应商中，按照报价由低到高的顺序提出 3 名以上成交候选人，并编写评审报告。

六是确定成交供应商。根据质量和服务均能满足采购文件实质性响应要求且报价最低的原则确定成交供应商。

七是公告、发出成交通知书等环节。这与竞争性谈判、竞争性磋商类似。

3.16　什么是单一来源采购？

《政府采购非招标采购方式管理办法》（财政部令第 74 号）第二条第四款规定：

单一来源采购是指采购人从某一特定供应商处采购货物、工程和服务的采购方式。

从名称就可以得知，单一来源采购是目前采购方式中唯一不具有竞争性的方式。因此，单一来源采购的使用范围具有较严格的规定。《政府采购法》第三十一条规定：

符合下列情形之一的货物或者服务，可以依照本法采用单一来源方式采购：

（一）只能从唯一供应商处采购的；

（二）发生了不可预见的紧急情况不能从其他供应商处采购的；

（三）必须保证原有采购项目一致性或者服务配套的要求，需要继续从原供应商处添购，且添购资金总额不超过原合同采购金额百分之十的。

3.17　单一来源采购公示的特殊要求

为保证公平性，单一来源采购实行采购前的公示制度。《政府采购非招标采购方式管理办法》（财政部令第74号）第三十八条规定，对于只能从唯一供应商处采购，且达到公开招标数额的货物、服务项目，拟采用单一来源采购方式的，采购人、采购代理机构在报财政部门批准之前，应当在省级以上财政部门指定媒体上公示，并将公示情况一并报财政部门。公示期不得少于5个工作日，公示内容应当包括：

（一）采购人、采购项目名称和内容；

（二）拟采购的货物或者服务的说明；

（三）采用单一来源采购方式的原因及相关说明；

（四）拟定的唯一供应商名称、地址；

（五）专业人员对相关供应商因专利、专有技术等原因具有唯一性的具体论证意见，以及专业人员的姓名、工作单位和职称；

（六）公示的期限；

（七）采购人、采购代理机构、财政部门的联系地址、联系人和联系电话。

案例3-6提供了一个单一来源采购公示的实例。

案例 3-6

××市人工智能××建设项目单一来源采购公示

一、项目信息

采购人：××××××

项目名称：××市人工智能××建设项目

拟采购的货物或服务的说明：

标的名称：××市人工智能××建设项目

数量：1

预算金额：××××万元

单位：项

货物或服务的说明：××市人工智能××建设1项。××市人工智能教育项目整体规划建设共计××余所中小学校。规划每所试点学校建设1个人工智能实验室，小、初、高均提供可满足××人/班开课的条件，支持全校中小学生常态化人工智能机器人教育，通过全方位、立体式教学支撑保证人工智能教育项目顺利开展和深化实施。

拟采购的货物或服务的预算总金额：××××万元

采用单一来源采购方式的原因及说明：××××××××有限公司的产品是中央××××××指定赛项使用产品，同时是××××××指定赛项使用产品。考虑到人形机器人作为人工智能技术的典型应用呈现，是最佳的人工智能教育载体，××××××××是国内唯一实现人形机器人核心技术自主化、核心部件国产化的企业，拥有众多核心专利，同时也是国内唯一具有从机器人核心零部件（伺服舵机）到人形机器人整机及相关 AI、运动等控制算法自研，且以此为基础打造小学、初中、高中、高职院校贯通性课程体系的企业，供应商符合《中华人民共和国政府采购法》第三十一条第一款的"只能从唯一供应商处采购"的情形，建议采用单一来源采购。

二、拟定供应商信息

名称：×××××××

地址：××市××区××大道××××号××栋××楼

三、公示期限

202×年××月15日至202×年××月22日

四、其他补充事宜

无

五、联系方式

略

六、附件

附件1：单一来源采购方式专业人员论证意见

附件1

单一来源采购方式专业人员论证意见

专业人员信息	姓名：	
	职称：高级工程师	
	工作单位：〔……科学研究院〕	
项目信息	项目名称：〔……市人工智能扩广〕项目	
	项目预算金额：人民币〔……〕万元	
	供应商名称：〔深圳市……〕〔……〕有限公司	
专业人员论证意见	（一）集群性人工智能教育项目需要解决唯一性。〔……〕	

3.18　单一来源采购的基本程序

《政府采购非招标采购方式管理办法》(财政部令第74号)第四章对单一来源的程序进行了规定。

一是公示。达到公开招标数额的货物、服务项目,拟采用单一来源采购方式的,采购人、采购代理机构应当在省级以上财政部门指定媒体上公示,并将公示情况一并报财政部门。公示期不得少于5个工作日。这在上文已有详细解释。

二是异议的处理。由于单一来源采购的特殊性,为保障采购的公平性,单一来源公示期间可以提出异议的主体非常宽泛。任何供应商、单位或者个人对采用单一来源采购方式公示有异议的,均可以在公示期内将书面意见反馈给采购人、采购代理机构,并同时抄送相关财政部门。采购人、采购代理机构收到对采用单一来源采购方式公示的异议后,应当在公示期满后5个工作日内,组织补充论证,论证后认为异议成立的,应当依法采取其他采购方式;论证后认为异议不成立的,应当将异议意见、论证意见与公示情况一并报相关财政部门。

三是编制单一来源协商文件。根据拟采购的货物或服务,拟制详细技术参数及性能要求、付款方式、服务期限、售后服务要求等,向单一供应商发出协商邀请,供应商在规定时间内制作响应文件。

四是组织协商小组。《政府采购非招标采购方式管理办法》(财政部令第74号)第四十一条规定:"采用单一来源采购方式采购的,采购人、采购代理机构应当组织具有相关经验的专业人员与供应商商定合理的成交价格并保证采购项目质量。"所以,单一来源采购并不必然要求抽取专家,但在实践中一般采购人还是会比照其他非招标采购方式，由采购人代表和评审专家组合为 3 人以上单数的协商小组，其中评审专家人数不少于成员总数的 2/3。

五是协商。由于单一来源的非竞争性，为防止国家利益受损，《政府采购法》第三十九条规定："采取单一来源方式采购的，采购人与供应商应当遵循本法规定的原则，在保证采购项目质量和双方商定合理价格的基础上进行采购。"也就是说，尽管是从唯一的供应商处采购，但价格、商务、服务等条款依然可以而且应该进行协商。

六是编写协商情况记录。其主要内容包括：公示情况说明；协商日期和地点，采购人员名单；供应商提供的采购标的成本、同类项目合同价格以及相关专利、专有技术等情况说明；合同主要条款及价格商定情况。

七是公告、发出成交通知书等环节。这与其他非招标采购方式类似。

3.19　什么是框架协议采购？

框架协议采购是我国目前第七种法定政府采购方式，也是第二种国务院政府采购监督管理部门认定的其他采购方式，于 2022 年 3 月 1 日正式开始推行。《政府采购框架协议采购方式管理暂行办法》（财政部令第 110 号）第二条第一款规定：

本办法所称框架协议采购，是指集中采购机构或者主管预算单位对技术、服务等标准明确、统一，需要多次重复采购的货物和服务，通过公开征集程序，确定第一阶段入围供应商并订立框架协议，采购人或者服务对象按照框架协议约定规则，在入围供应商范围内确定第二阶段成交供应商并订立采购合同的采购方式。

站在供应商的角度，可以看出框架协议采购将交易分为两步：第一步是征集入围供应商，这个阶段是获得框架协议交易的资格；第二步是确定成交供应商，这时才真正能够获得采购合同。

那么，在《政府采购法》已经推出 20 余年，财政部门设立框架协议采购方式的目的是规范多频次、小额度采购活动，提高政府采购项目绩效。《政府采购框架协议采购方式管理暂行办法》（财政部令第 110 号）第三条第一款规定：

符合下列情形之一的，可以采用框架协议采购方式采购：

（一）集中采购目录以内品目，以及与之配套的必要耗材、配件等，属于小额零星采购的；

（二）集中采购目录以外，采购限额标准以上，本部门、本系统行政管理所需的法律、评估、会计、审计等鉴证咨询服务，属于小额零星采购的；

（三）集中采购目录以外，采购限额标准以上，为本部门、本系统以外的服务对象提供服务的政府购买服务项目，需要确定 2 家以上供应商由服务对象自主选择的；

（四）国务院财政部门规定的其他情形。

框架协议采购分为封闭式框架协议采购和开放式框架协议采购。通俗地解释，封闭式框架协议采购是框架协议订立后不得随意增加协议供货商；开放式框架协议采购是愿意接受协议条件的供应商可以随时申请加入。目前，封闭式框架协议采购是框架协议采购的主要形式。而封闭式框架协议的公开征集程序按照政府采购公开招标的规定执行。也就是说，框架协议采购这种法定采购方式，其第一阶段的实现形式是依托于另一种法定采购方式的，这是框架协议采购不同于其他采购方式的一个特殊性。

案例 3-7 提供了一个框架协议采购项目的征集公告实例。

案例 3-7

××市行政事业单位公务用车维修和保养服务
框架协议采购项目的征集公告

一、项目基本情况

1. 项目编号：××××2023××××

2. 项目名称：××市行政事业单位公务用车维修和保养服务框架协议采购项目

3. 预算金额：×××万元

最高限价：工时单价：××元／工时，材料进销差价率：××%

4. 采购需求：详见采购文件。

5. 合同履行期限：两年（具体起止时间在合同中约定）

6. 本项目不接受联合体投标。

7. 本项目是否专门面向中小企业：是

二、申请人的资格要求

1. 满足《中华人民共和国政府采购法》第二十二条的规定

2. 未被"信用中国"网站、"中国政府采购网"列入失信被执行人、重大税收违法失信主体、政府采购严重违法失信行为信息记录名单

3. 落实政府采购政策需满足的资格要求：供应商须为中小微企业（残疾人福利性单位、监狱企业视同小型、微型企业）

4. 本项目的特定资格要求：供应商须为经行业管理部门核准的一类汽车

维修企业（须提供有效期内的道路运输经营许可证或机动车维修经营备案表扫描件）

三、获取征集文件

供应商可于开标时间前至××市公共资源交易中心网站政府采购专栏中免费下载征集文件。

四、提交响应文件截止时间、开标时间和地点

1.提交响应文件截止时间：202×年××月××日上午9：30（北京时间）

2.开标时间：202×年××月××日上午9：30（北京时间）

3.开标地点：××市××路×××号××市政务服务中心×楼第二开标室

五、公告期限

自本公告发布之日起5个工作日。

六、其他补充事宜

略

XX市政府采购中心

202X年XX月XX日

上述征集活动实际上就是一个公开招标项目，但有两点与公开招标不同：一是评审方式。框架协议采购的评审方法包括价格优先法和质量优先法。所谓价格优先法，是指对满足采购需求且响应报价不超过最高限制单价的货物、服务，按照响应报价从低到高排序；所谓质量优先法，是指对满足采购需求且响应报价不超过最高限制单价的货物、服务，按照质量评分从高到低

排序。二是入围方式。框架协议采购采取淘汰制。一般价格优先法会淘汰 20%、质量优先法再淘汰 40%。

整体而言，框架协议采购整合了以往类似采购方式的优点，又在相当程度上消除了以往类似采购方式的缺点，是一种较能适应目前小额采购活动的采购方式。为了方便读者朋友理解框架协议采购，下文简单介绍下与框架协议采购相关的几种采购形式。

3.20 协议供货、批量集中采购、跟标采购、定点采购、电子卖场概念解释

首先需要说明的是，协议供货、批量集中采购、跟标采购、定点采购、电子卖场都不是法定的采购方式，而是为了提高采购效率，基于公开招标、竞争性谈判、竞争性磋商、询价等采购方式而创设的采购实现形式。由于这些采购形式都与框架协议采购有联系，可以说是框架协议采购的前身与雏形，因此在此一并为读者朋友做介绍。

1. 协议供货

协议供货是对于政府集中采购目录内采购较频繁的产品，事先通过公开招标等政府采购方式确定供应商及供货要求，用协议的形式固定下来，在协议期限内采购人在协议范围内通过二次竞价采购。

协议供货的特点包括：一是协议供货供应商的选择需要通过政府采购方式进行，一般是公开招标；二是协议供货中的价格为最高限价，优惠幅度为最低优惠幅度，允许采购人竞价和比价；三是协议供货中同类产品一般会有 3 家以上供应商，互相之间存在竞争；四是协议供货的供应商是动态管理，一般调整的期限是 1 年到 3 年。归纳起来，定产品、定价格、定服务、定期限，这"四

定"是协议供货制度的核心要素。"四定"和协议供货承诺书形成的"四定一协议"是协议供货的主要特征。

在 2003 年《政府采购法》施行之前，有关部门就对协议供货进行了有益探索。2002 年 3 月 19 日，财政部发布《财政部关于中央单位 2002 年计算机和打印机采购有关事宜的通知》（财库〔2002〕13 号），指出了推行协议供货的目的、缘由及具体内容。在框架协议采购施行前，协议供货一直是购置采购较频繁的货物的方式之一。2017 年，中央国家机关政府采购中心修订了《中央国家机关政府集中采购信息类产品协议供货管理办法》（国机采〔2017〕17 号），对中央级单位的信息类协议供货进行规范。整体而言，协议供货在提高采购效率、方便采购人方面发挥了重要作用，但在实施中也出现了部分品目协议价格高于市场价、采购人任意选择高配产品、化整为零规避公开招标等现象。为解决上述问题，财政部门开始探索批量集中采购。

2. 批量集中采购

2009 年 7 月 20 日，财政部下发《财政部关于进一步做好中央单位政府集中采购工作有关问题的通知》（财库〔2009〕101 号），提出实行项目归集，积极开展批量集中采购试点工作。根据方案，批量集中采购是对台式计算机、打印机、网络设备等部分采购规模需求大、次数频繁、技术规格较为标准的采购项目，按月汇总批量采购计划，整合打包，统一组织招标，以实现价格最佳，体现集中采购规模优势。2013 年，财政部印发《中央预算单位批量集中采购管理暂行办法》（财库〔2013〕109 号），对中央单位批量集中采购进行规范。各地区、各部门也分别出台了批量集中采购管理措施。直到目前，批量集中采购依然是购置通用配置货物的重要采购形式。例如，《中央国家机关政府集中采购目录实施方案（2020 年版）》（国机采〔2020〕7 号）规定："符合批量集中采购配置标准的，应执行批量集中采购。"

案例 3-8 提供了一个批量集中采购项目招标公告的实例。

案例 3-8

××××机关 202×年第 × 期批量集中采购项目招标公告

一、项目基本情况

项目编号：××-×××××××

项目名称：××××机关 202×年第 × 期批量集中采购项目

采购需求：××××机关办公使用台式计算机、便携式计算机、打印机、空调机。本项目第一包核心产品：台式计算机配置三；第二包核心产品：便携式计算机配置三；第三包核心产品：打印机配置一（A4 激光黑白双面）；第四包核心产品：空调机分体变频壁挂机 1.5P。在各单一包的投标中，多家投标人提供的核心产品品牌相同的，按一家投标人计算，本项目品牌相同是指同一制造商生产。采购标的、数量以及技术要求等详见招标文件技术要求部分。

合同履行期限：合同履行期限以双方签订的具体合同为准，双方合同未明确约定的，适用《民法典》关于合同的履行有关规定。

本次招标分 4 包。第一包：台式计算机；第二包：便携式计算机；第三包：打印机；第四包：空调机。

二、申请人的资格要求

1. 满足《中华人民共和国政府采购法》第二十二条的规定。

2. 落实政府采购政策需满足的资格要求：

（1）是否接受联合体投标：各包均不接受联合体投标。

（2）中小企业政策：各包均为未预留份额专门面向中小企业采购。

（3）节能强制采购产品：本项目采购台式计算机、便携式计算机、激光打印机、空调机产品属于节能产品政府采购品目清单内的政府强制采购产品，投标人应提供国家确定的认证机构出具的、处于有效期之内的节能产品认证证书。

（4）进口产品：本项目不接受进口产品的投标，进口产品是指"通过中国海关报关验放进入中国境内且产自关境外的产品"。

3.本项目的特定资格要求：

依据规定享受扶持政策获得政府采购合同的，小微企业不得将合同分包给大中型企业，中型企业不得将合同分包给大型企业。

三、获取招标文件

时间：202×年××月××日至202×年××月××日

方式：通过互联网访问"×××××××采购中心网站"（网址：http：//www.××××.×××.cn）登录电子化平台，免费下载招标文件。未通过上述网站下载招标文件的投标人，其提交的投标文件将被作为无效投标处理。

售价：免费下载。

四、提交投标文件截止时间、开标时间和地点

略

五、招标公告期限

自招标公告发布之日起5个工作日。

六、其他补充事宜

略

XXXXXX采购中心

202X年XX月XX日

批量集中采购较好地发挥了集中采购的规模效应，但由于汇总集中采购计划需要一定周期，因此遇到时间要求较紧急的采购需求时，依然允许使用协议供货、电子卖场等采购形式作为补充。这种应急采购的数量目前一般控制在同类品目上年购买总数的 10% ～ 30%。

3. 跟标采购

跟标采购是上级预算单位或集中采购机构已经通过公开招标等采购方式确定采购结果的前提下，下级预算单位或相关单位为满足紧急采购需求，根据已有采购结果确定成交供应商的采购形式。目前跟标采购在部分部门、地区有所应用。例如，《深圳经济特区政府采购条例》第二十四条第一款规定："符合下列条件的政府采购项目，可以适用跟标采购方式采购：（一）情况紧急；（二）采购需求与被跟标项目一致；（三）被跟标项目签订合同日期在跟标采购公告发布之日前一年内，且市场价格波动不大；（四）公开招标成本较高。"

4. 定点采购

《中央单位政府集中采购管理实施办法》（财库〔2007〕3号）第三十一条规定："政府集中采购目录中规格及标准相对统一，品牌较多，日常采购频繁的通用类产品和通用的服务类项目，可以分别实行协议供货采购和定点采购。"可见，定点采购主要也是为了解决小额多频的采购需求问题。与协议供货相比，定点采购用于货物采购的主要是一些金额更小、没有统一配置的消耗品等；同时，定点采购还可以用于服务项目采购。在实践中，定点采购主要用于采购办公消耗用品，交通工具的保险、加油和维修，会议服务等。根据《中央国家机关政府采购中心货物和服务定点采购管理办法》（国机采办〔2018〕13号）第三条的规定，定点采购是指中央国家机关政府采购中心通过公开招标等法定采购方式，集中确定多家定点供应商，明确有关货物和服务的质量、价格等要求及采购程序，同定点供应商签订定点采购协议，由定点供应商根据协议在定点有效期内提供有关货物和服务的行为。可见，要成为定点采购的供应商，也要通过公开招标等采购方式。

5. 电子卖场

电子卖场是"互联网＋"背景下政府采购模式的重大创新，是一种小额零星采购的综合性交易平台。可以把电子卖场理解为政府采购领域的"天猫""淘宝"。实际上，我国首个省级电子卖场的试点——浙江省"政采云"网站的建设，就是由浙江省财政部门和阿里巴巴集团合作完成的。

最后介绍一下电子卖场的常用交易规则。一是直购，就是直接购买。这里注意，一般直购也是允许议价的，通俗地说，就是采购人可以直接问供应商能不能再便宜点，如果价格合适就在你们家买。而且，目前多数电子卖场是允许与电商比较价格的。比如，同一品牌同一型号的设备，如果京东上的价格低于电子卖场，是允许在京东上直接购买的，只要保留京东与电子卖场价格的截图即可。所以，对于供应商来说，至少要知晓国内主流电商同类产品的大致价格，否则就可能即使入围了，也没有生意可做。二是比价。比价相当于一个小规模的询价，就是采购人填报拟采购产品的核心参数、价格区间、供货周期、付款周期等相关要求，发起比价，在比价结束时，报价最低的供应商成为成交供应商。三是反拍，就是反向拍卖。一般拍卖是业主有物品出售，规定时间内出价最高者成交，反拍是业主希望购买物品，规定时间内出价最低者成交。反拍与比价的区别主要是，反拍多用于多个品牌的竞争，比价多用于单个品牌的竞争。

3.21　采购人是如何确定采购方式的?

本章的最后，向读者朋友介绍下采购人是如何确定采购方式的。从根本上说，采购方式的确定就是依据上述法律法规，对标对表，依据采购项目的预算和性质来确定。

这里再简单地为读者朋友梳理一下。公开招标是采购预算200万元以上的（各地规定有所不同）货物、服务采购以及依法必须招标的工程采购；邀请招标用于涉及安全、秘密或技术复杂项目，实际使用不多；竞争性谈判可用于货物、服务和工程项目采购，但因采用报价最低的原则确定成交供应商，实际应用不多；竞争性磋商可用于货物、工程和服务项目采购，由于采用综合评分法，是目前非招标采购方式的主流；询价只用于货物采购，由于采用报价最低原则，一般只用于简单货物的采购；单一来源采购用于从某一特定供应商处采购，一般需要事前公示，限制性很强，范围较窄；框架协议采购用于小额零星的货物、服务采购，目前一般基于电子卖场实现。

接着我们再一起看下采购人内部决定采购方式的流程。对此，可能多数读者朋友不容易知晓。《政府采购法实施条例》第二十九条规定："采购人应当根据集中采购目录、采购限额标准和已批复的部门预算编制政府采购实施计划，报本级人民政府财政部门备案。"一般财政部门会组织相关预算单位按季度在政府采购计划管理系统报送政府采购计划及执行情况，所以在采购项目实施的前1个月至3个月，项目的采购方式就已经初步确定。在项目实施前，一般还要由采购人内部的相关部门撰写项目实施方案（各单位可能名称不一），这个实施方案就是用来具体说明一个采购项目究竟如何采购，里面内容就包括了采用何种采购方式。采购方案一般需要采购人内部的政府采购领导小组审议，审议通过后项目的采购方式就最终确定了，直到项目完成或是流标，这中间一般不再改变采购方式。

那么，达到公开招标数额标准的项目，可不可以采用非招标方式采购呢？答案是可以。《政府采购法实施条例》第二十三条规定："采购人采购公开招标数额标准以上的货物或者服务，符合政府采购法第二十九条、第三十条、第三十一条、第三十二条规定情形或者有需要执行政府采购政策等特殊情况的，经设区的市级以上人民政府财政部门批准，可以依法采用公开招标以外的采购方式。"上述《政府采购法》第二十九条至第三十二条，就是分别对应邀请招标、竞争性谈判、单一来源和询价四种采购方式的适用情形。也就是说，如果项目有特殊原因，尽管预算金额达到了公开招标标准，依然可以向市财政局及以上的财政部门申请，变更为其他采购方式。《政府采购非招标采购方式管理办法》（财政部令第 74 号）和《政府采购竞争性磋商采购方式管理暂行办法》（财库〔2014〕214 号）也分别对申请变更每一种采购方式的程序和所需资料做了规定。

第 2 篇

准备篇

第 4 章　获得采购信息

本章站在供应商的角度介绍如何获得政府采购信息。对于大多数供应商来说，其提供的产品、服务都不仅仅是用于政府采购的，而是既可以在民间市场上销售，也可以在政府采购渠道销售，即兼顾"民用"和"官用"，政府采购是扩大其销售的重要渠道。也就是说，对于大多数供应商来说，在不需要过多地更新其生产、经营、技术条件的情况下，多知晓一些政府采购信息，就多一条扩大业务的途径。因此，广泛地获得政府采购信息，是其相对付出成本不多，潜在收益却可能较大的销售渠道。本章以获得政府采购信息为中心，介绍该环节供应商需要注意的事项。

4.1　如何查找政府采购信息？

《政府采购法》第十一条规定："政府采购的信息应当在政府采购监督管理部门指定的媒体上及时向社会公开发布，但涉及商业秘密的除外。"因此，政府采购信息的公开是法定原则。在实际中，政府采购也被称为"阳光下的交易"，主要就是因为政府采购活动的公开性、透明性较强。

那么，到哪里去查找这些政府采购信息呢？自 2020 年 3 月 1 日起施行的《政府采购信息发布管理办法》（财政部令第 101 号）第八条规定："中央预算单位政府采购信息应当在中国政府采购网发布，地方预算单位政府采购信息应当在所在行政区域的中国政府采购网省级分网发布。除中国政府采购网及其省级分网以外，政府采购信息可以在省级以上财政部门指定的其他媒体同步发布。"也就是说，中央单位的采购信息在中国政府采购网上一定可以找到，地方单位的采购信息在所在省的省级分网上一定可以找到，同时也可以在规定的指定媒体上找到。这里，向读者朋友介绍三种查找政府采购信息的渠道，供有不同需求的朋友参考。

一是在中国政府采购网及其省级分网上查找。这种方法的好处是较简便，通过搜索引擎直达网站即可。例如，我们登录中国政府采购网的采购信息查询界面，可以看到在界面上有简洁的查询框，可以按照采购类型、品目、时间等要素进行简单的查询。

二是在地方的公共资源交易中心网站上查找。本书第 2 章有所介绍，目前部分地区的政府采购中心是与公共资源交易中心合署办公的。这种方法的好处是既可以看到政府采购信息，又可以看到其他的政府交易信息，较适宜专注于区域市场的供应商。

三是在政府部门的官网上查找。根据《中华人民共和国政府信息公开条例》（以下简称《政府信息公开条例》）第二十条第九项，行政机关要主动公开本机关的政府集中采购项目的目录、标准及实施情况。这种方法的好处是较适宜专注于特定行业的供应商。例如，税务系统、海关系统等部门的政府采购规模都较大，直接上这些部门的网站查找，针对性更强。有些政府采购信息的查找要略微复杂一些（以天津市人民政府为例），需要在该单位的官网上首先找到"政府信息公开专栏"，然后点击"法定主动公开内容"，在里面点击"政府采购"，就可以看到采购信息了。

这里说明一下，查询政府采购信息是免费的。《政府采购信息发布管理办法》（财政部令第 101 号）第十五条规定："指定媒体应当向发布主体免费提供信息发布服务，不得向市场主体和社会公众收取信息查阅费用。"

4.2 从获得采购信息到提交标书，一般有多少天?

不同的采购方式，时间不同。

公开招标和邀请招标是最少 20 个自然日，依据是《招标投标法》第二十四条："招标人应当确定投标人编制投标文件所需要的合理时间；但是，依法必须进行招标的项目，自招标文件开始发出之日起至投标人提交投标文件截止之日止，最短不得少于二十日。"

竞争性谈判是最少 3 个工作日，依据是《政府采购非招标采购方式管理办法》（财政部令第 74 号）第二十九条第一款："从谈判文件发出之日起至供应商提交首次响应文件截止之日止不得少于 3 个工作日。"

竞争性磋商是最少 10 个自然日，依据是《政府采购竞争性磋商采购方式管理暂行办法》（财库〔2014〕214 号）第十条第一款："从磋商文件发出之日起至供应商提交首次响应文件截止之日止不得少于 10 日。"

询价是最少 3 个工作日，依据是《政府采购非招标采购方式管理办法》（财政部令第 74 号）第四十五条第一款："从询价通知书发出之日起至供应商提交响应文件截止之日止不得少于 3 个工作日。"

单一来源采购具有特殊性，没有规定最少期限。

框架协议采购的公开征集程序一般同公开招标，依据是《政府采购框架协议采购方式管理暂行办法》（财政部令第 110 号）第九条，即"封闭式框架协议的公开征集程序，按照政府采购公开招标的规定执行"。

其中，对采购文件进行澄清或修改的，公开招标要求距提交投标文件时间不得少于 15 个自然日；竞争性谈判和询价要求不得少于 3 个工作日；竞争性磋商要求不得少于 5 个自然日。上述时间如果不足的，均须顺延。

那么，如何尽可能早地知晓采购信息，打好有准备之仗呢？这里给供应商朋友推荐两个较可行的方法。

一是从以往的采购信息中捕捉未来的采购机会。政府部门的采购是为了满足其行政管理和公共管理的需要。由于政府部门本身的职能相对稳定性，很多采购项目也具有延续性。比如，一年前、两年前采购了物业管理、食堂管理，那么在合同到期后还会再采购类似服务；一年前、两年前采购了制服，到下一个换装周期还会采购。即使是像信息化采购这样的技术含量较高的项目也是有迹可循的。比如，采购了服务器、交换机等，后面就可能要更新或扩容；采购了信息系统后期就可能采购运维服务等。如果能够对某一单位、某一系统以往的采购信息进行汇总和归类，就可大致梳理出采购人在供应商所在行业的潜在需求，做到提前心中有数。

二是查看政府采购意向公告。根据《财政部关于开展政府采购意向公开工作的通知》（财库〔2020〕10号），中央级预算单位自2020年7月、省级预算单位自2021年1月、省级以下预算单位自2022年1月起应当按规定公开采购意向。中央预算单位的采购意向在中国政府采购网公开，地方预算单位的采购意向在中国政府采购网地方分网公开，采购意向公开时间原则上不得晚于采购活动开始前30日。在实践中，采购人一般均是按季度公开采购意向，也就是说，在采购活动开始前的1个月到3个月时间，就可以在公开的渠道上获知采购意向了。供应商提前获知采购意向，有助于做好参与采购活动的准备。

4.3　与发布采购信息的采购单位从来没有接触过，参与采购还有意义吗？

对于这个问题，任何政府采购法律法规都没有给出答案，但它是很多供应商尤其是没有参加过政府采购活动的供应商非常关心的问题。用更直白的话说，就是如果与采购人没有"关系"，参与政府采购活动还有意义吗？

公正地说，尽管现行政府采购制度和运行机制还有需要完善的地方和改进的空间，但其依然是一种在目前的环境下可行的有效制度。《政府采购法》第一条规定："为了规范政府采购行为，提高政府采购资金的使用效益，维护国家利益和社会公共利益，保护政府采购当事人的合法权益，促进廉政建设，制定本法。"这不是一句空话。这里的保护政府采购当事人的合法权益，既包括采购人的合法权益，也包括供应商的合法权益；既包括成交供应商的合法权益，也包括落选供应商的合法权益。自2019年9月1日起施行的《财政部关于促进政府采购公平竞争优化营商环境的通知》（财库〔2019〕38号）进一步消除了对供应商一些不合理的限制。也就是说，法律法规和规章制度尽最大可能让企业中标仅仅是因为其提供了最合适的产品、服务和最合理的价格；落选也仅仅是因为投标方案还不是最佳方案；让中标者理所应当，落选者心服口服。实际上每年都有成千上万的中小微企业、民营企业，在中标之前与采购人毫无关系，就是凭借优质的产品和适当的报价中标。

4.4 如何了解发布采购信息的采购人？

采购人，就是业主单位，是合同中的甲方，社会上甚至将其戏称为"甲方爸爸"，可见采购人地位的重要性。尽管从法律地位上讲招标方和投标方都是平等的，但在目前我国"买方市场"的环境下，采购人在采购活动中的主导地位是不言而喻的。

那么，了解采购人本身的情况对于参与采购活动有没有帮助呢？回答是肯定有。一是可以帮助供应商决定是否参与采购活动，如果说了解了采购人情况后觉得"不是我的菜"，就可以不参与这次采购活动，把精力和资源放到更有希望的项目上。二是有助于做好标书。试想一下，在目前政府采购的评审中，除价格分、商务分等所谓"硬分"之外，各类服务方案、技术方案等"软分"占了相当大的比例，如果不了解采购人单位的情况，就不容易做出一个最适宜于采购人的方案。有相当一部分供应商在方案部分会使用千篇一律的内容，仅仅是换个业主单位名称（在实践中我们屡屡发现还有供应商连名称都忘了换的，这种明显的粗心大意，就属于另外一个方面的问题了）。这确实是一种效率高、成本低的做法，但问题在于难以做出有针对性的方案，从而难以在评审中得到高分。而政府采购评审的特点或残酷性在于，仅仅合格是没有意义的，必须做到在竞争对手中最好，否则获得第二名和获得最后一名是没有区别的。

这里介绍几种了解采购人的方法，供读者朋友参考。

一是通过网络。这是目前最直接、最方便的方法。根据《政府信息公开条例》的规定，政府部门都会在官方网站上对自身职能有所介绍，这有助于供应商对采购人的了解。在该单位的官网上，不仅有该单位的职能介绍，还有工作动态、新闻报道等，可以大致判断出这个单位所需要的服务会涉及哪些内容，有助于供应商做好投标准备。

二是实地查看。大家知道，根据《招标投标法》第二十一条的规定："**招标人根据招标项目的具体情况，可以组织潜在投标人踏勘项目现场。**"现场查看不仅对准备招标投标领域的工程项目有帮助，而且对准备政府采购领域的货物、服务项目也有帮助。比如办公家具采购项目，去采购人办公场所看看，有助于确定什么样式、什么颜色的家具可能更适合采购人；又如物业管理项目、园区绿化项目等，去采购人办公楼和办公区看看，有助于设计出更适合的服务方案。在目前"放管服"的大趋势下，绝大多数政府部门都有接待群众办事的职能，所以实地查看也是一种既可行又不违反任何规定的了解采购人的方法。

三是同行信息。俗话说"同行是冤家"，说的是同行之间有同业竞争。不过，同行交流也是取得行业最新信息的最有效渠道之一。特别是对于一些有一定技术含量的采购项目，比如与信息化相关的项目，实践中普遍的情况是供应商比采购人更了解最新的前沿技术和市场行情。因此，与同行交流能够更好地捕捉有利信息。这里所说的通过同行去了解采购人，是指通过做过类似项目的同行去了解采购人对于这个项目的需求背景和应用场景，以便更有针对性地做好投标准备。由于同行之间确实存在或多或少的竞争关系，因此从同行交流中获得信息的方法因人而异、因事而异，无法一概而论。不过要提醒读者朋友的是，由于项目的区域不同、周期不同，同行业企业在产业中的定位和营销目标也不尽相同，供应商是有可能从同行处获得帮助的，在实践中也确实有相当数量的企业在行业交流中受益。

四是通过人脉进行交流。中国是一个"人情"社会、"关系"社会，通过熟人了解有关情况是人之常情。上个话题曾经谈到，供应商与采购单位从未接触过也没有关系，依然是有机会获得采购项目的。这个结论与现在所说的利用人脉尽可能地去与采购人交流并不矛盾。因为这是两个环节、两个层面的问题。本书想告诉读者朋友的是，即使你与采购人没有渊源，依然鼓励你立足自己的优势产品参与投标，在决定投标之后，要尽量利用各种渠道去了解采购人，以便提高标书质量、提高中标的胜算。有的朋友可能会说："我就是一个刚刚创业的职场小白，确实也不认识什么人，怎么办？"这也没有关系。这里想告诉一些年轻朋友："关系是处出来的"。有的朋友常会在实践中看到一些供应商与采购人很熟悉、沟通起来很通畅，就很羡慕，进而想到是不是别人有一些"先天关系"甚至是"暗箱操作"。本书并不否认在个别案例中会有"灰色地带"（每年曝光的大量腐败案件就侧面证实了这一点），但绝大多数供应商与采购人的关系都是在工作中建立起来的，都是在长期的合作中培养的。还有比较重要的一点，就是政府部门的采购一般都具有连续性，所以大家参与投标也要有韧性，一次、两次未中标没有关系。其实在参与投标的过程中，我们就已经与采购人的有关部门取得了联系，保持这种联系，在后面的采购活动中慢慢就会有信息优势。这种方式很多供应商都没有注意到，但在实践中它却是刚创业的朋友，尤其是白手创业的朋友建立社会基础的有效方法。

4.5 对采购信息有不清楚的地方怎么办?

对采购信息有不清楚的地方，可以电话咨询。一般在采购公告中，会留有项目联系方式，而且一般会留有两个电话号码。其中一个是采购人有关部门的电话号码，另一个是采购代理机构的电话号码。如果是和采购需求有关的问题，就电话咨询采购人；如果是获取采购文件、投递标书、电子注册等程序上的问题，就电话咨询采购代理机构。案例 4-1 提供了一个某单位基础软硬件采购项目招标公告的实例，请读者朋友注意公告的第八部分，一般采购人的联系电话在前，采购执行机构的联系电话在后。其他各类采购公告均会在类似部分公布联系方式。

案 例 4-1

××××××工业互联网通用平台基础软硬件采购项目招标公告

一、项目基本情况

1. 项目编号：GC-HG×××××××

2. 项目名称：××××××工业互联网通用平台基础软硬件采购项目

3. 预算金额：×××万元

4. 最高限价：×××万元

5. 采购需求：虚拟化，网络管理节点，日志审计软件，虚拟主机杀毒软件，计算节点，专线 Leaf，SDN 授权，接入交换，运维审计及漏洞管理软件，数据库审计，服务器，GPU 服务器，分布式对象／文件存储，云租户虚拟安全防护＋虚拟入侵防御＋网关杀毒，VPN，Spine 交换，漏洞扫描，千兆接入交换，集中式存储，公网接入交换，专线接入交换机，抗 DDOS，分布式存储内联交换，数据库审计软件，流量控制分析及网络审计，分布式块存储，云平台管理节点，专线防火墙，集成应用平台，虚拟负载均衡，Web 应用防护软件，云平台授权，云安全节点，集中式存储交换，万兆接入交换，分布式存储上联交换，堡垒机，云安全节点交换，下一代防火墙，Border，链路负载，Leaf 交换，日志审计。

6. 合同履行期限：合同签订后 30 天内交货及 60 天内完成安装调试并具备验收条件（具体服务起止日期可随合同签订时间相应顺延）。

7. 本项目是否接受联合体投标：否

二、投标人的资格要求

略

三、获取招标文件

1. 时间：5 个工作日

2. 地点：中央政府采购网（www.zycg.gov.cn）

3. 方式：在线下载

4. 售价：免费

四、提交投标文件

略

五、开标

略

六、公告期限

略

七、其他补充事宜

略

八、凡对本次招标提出询问，请按以下方式联系

1. 采购人信息

名称：×××××研究院

地址：××市××区×××街×号院×号楼

联系方式：×××-××××××××

2. 采购执行机构信息

名称：中央国家机关政府采购中心

地址：××市××区××××街××××号院

邮政编码：××××××

联系方式：详见 http：//www.××××.gov.cn/home/contactus

3. 项目联系方式

文件联系人及电话：王××××-5560××××侯×××× -8308××××

中央国家机关政府采购中心

202X 年 XX 月 XX 日

4.6　如何利用以往的采购信息挖掘有价值的内容？

这个问题不仅对刚参与采购活动的供应商很有价值，而且对经常参与采购

活动的供应商也很有价值。因为以往项目成交信息所揭示出的成交条件，会对供应商准备标书很有帮助。

根据《财政部关于做好政府采购信息公开工作的通知》（财库〔2015〕135号），各类采购公告、成交公告、采购文件、采购合同等均属于公开范围。从准备新项目标书的角度，建议重点关注以往相关项目的成交公告、采购文件和合同公告。

成交公告最大的作用是告诉我们以往项目的成交供应商和成交价格。知道了成交供应商，再配合一些企业信息查询工具，就可以知道采购人最终遴选出的供应商的大致情况。知道了成交价格，就大致知道了上一次类似项目同行供应商的报价策略和具有竞争力的价格范围。

获得了采购文件就相当于获得了上次考试的真题。一般情况下，对于正在进行的采购项目，除了直接参与采购活动的供应商，其他企业是无法获得采购文件的，但在采购活动结束后，采购文件需要与采购结果一起公示，这时就可以合法合规地获得采购文件了。获得上一次类似项目的采购文件后，最重要的事是将其与本次项目的采购文件进行对比，重点关注有更新和改变的地方，这可能就是本次采购人重视的地方。

采购合同最大的作用是告诉我们上一次类似项目的最终成交条件。大家知道，实际上采购文件已经包括了合同模板和需求条款，不过那是项目的最低条件，不是成交条件。

举例来说，在一个办公家具采购项目里，采购人在采购文件里要求免费质保期是3年，但最终合同可能是5年，这就说明成交供应商给出了更优惠的条件。这些采购合同与需求条款不一样的地方，一般就是在上次项目中竞争比较激烈的地方，值得在本次项目中也给予重点关注。

这里想说的是，供应商朋友在研读上述资料时，应该将它们汇集在一起进行综合研判。比如，如果上次类似项目的采购文件与本次采购文件几乎相同，那么上次的成交价格和成交条件就非常有参考意义，在编制标书时需要重点考虑；如果上次采购文件与本次采购文件有所不同，就要重点分析这些不同会对本次报价和相关方案产生什么影响。总之，采集和分析以往类似项目的采购信息，对于中小企业，特别是投标经验不足的初创企业来说，具有很大的参考价值。

在知道如何查找和收集采购信息之后，此处再为读者朋友梳理一下，究竟收集和分析哪些采购人的采购信息对新项目有帮助。这里依次推荐三类：一是采购人本身以往类似项目；二是与采购人属于同一系统的其他采购人近期完成的类似项目；三是与采购人属于同一系统的其他采购人的以往类似项目。

上述说法可能有些抽象，我们来举例说明。比如，新项目是某市海关部门的服务器维保采购。我们首先看看能否找到这个单位上一轮服务器维保采购的项目资料，这可以让我们了解现在这个供应商当时的成交条件；接下来就看看能否找到别的市、别的省海关部门在最近几个月内完成的服务器维保采购资料，这可以让我们了解在最新的市场行情下类似项目的成交条件；如果上述两类资料都没有，那就看看能否找到别的市、别的省以往年度服务器维保采购资料，看看当时的成交条件，以作为参考。

需要向读者朋友说明的是，本话题介绍的方法均是合理借助信息公开制度收集资料的方法，不存在违法违规的嫌疑和风险。

4.7　采购人内部是如何分工的？

介绍采购人内部是如何分工的，是为了更好地帮助供应商准备标书。前文提到，采购文件就像是一份试卷，那么，如果能够知道是哪些部门分别提供的哪些内容，就能够更好地、有针对性地去准备标书。

县处级及以上的政府部门一般会成立一个政府采购领导小组，小组的组长一般是分管财务工作的领导，小组的办公室一般设在财务部门。为什么是这样呢？因为大多数单位没有独立的政府采购部门，政府采购工作一般归集到财务部门。

这个领导小组有哪些部门呢？一是财务部门。财务部门是实施采购工作最主要的部门，其职责后文还会详细介绍。二是政策法规部门，主要负责审核采购文件、采购合同等。三是机关服务部门，主要负责固定资产管理、后勤管理等。四是技术部门，有些单位叫科技部门、有些单位叫信息中心等，主要负责提供技术方面的一些意见。五是监督部门，就是政府机关的纪检监察组、督查内审部门等，主要负责监督工作。在这个方面，也有一些单位是把监督职能单独拿出来，设立独立的政府采购监督小组。

除上述部门之外，还有一个很重要的部门，叫需求部门。这个需求部门不是一个特定的部门，而是对提出采购需求的各部门的总称，在具体项目中，哪个部门提出需求，哪个部门就是这个项目的需求部门。需求部门不是政府采购领导小组的常设成员单位，而是随项目而定，如果有该部门的项目，这个部门就作为需求部门参加该次政府采购领导小组会议。有些时候，政府采购领导小组成员单位本身就是需求部门，特别是技术部门、机关服务部门和财务部门，一般这三个部门需求规模能占到全单位整个采购需求规模的2/3以上。

那么，这个采购管理机制是如何运作的呢？

第一步是报预算。这里简单向读者朋友介绍下我国行政事业单位的预算编制规则。现行的预算编制环节分为"一上一下""二上二下"。"一上"，就是各基层预算单位根据预算建议数，编制初步的预算计划，这个时间在7月到8月；"一下"，就是预算主管部门下达预算控制数，这个大约是在10月；"二上"，就是基层预算单位根据预算控制数编制预算草案，这个大约是在11月；"二下"，就是批复预算，这个大约是在来年各级人大会议之后。而政府采购预算，一般在"一上"时就开始编制，也就是说在头一年的夏天，第二年要采购什么项目各单位已大致有个谱了。

第二步是政府采购意向公开。这一般是由财务部门汇集采购需求，按季度公开。

第三步是提交采购申请。这个环节标志着一个采购项目的正式开始。也就是说，一个项目头一年报过采购预算，也公开采购意向了，但什么时候开始买，是由需求部门确定的。对于这个环节各单位规定不一，一般是需求部门要提交一个议题，根据预算规模大小交本单位党组会或领导办公会审议，通过后以此为依据送相关部门立项。

第四步是编制采购实施计划。根据《政府采购需求管理办法》（财库〔2021〕22号）第十三条的规定，采购实施计划大致包括采购项目预（概）算、最高限价，开展采购活动的时间安排，采购组织形式和委托代理安排，采购包划分与合同分包，供应商资格条件，采购方式、竞争范围和评审规则等。这里要特别告诉读者朋友，评审规则通常就在这个环节确定下来了。评审规则一般分三块：技术和服务部分一般由需求部门确定；商务部分一般由财务部门确定；价格部分一般由财务部门确定；而各部分的分值，一般由财务部门确定。也就是说，如果对技术部分有意见建议，要与需求部门沟通；对商务部分有意见建议，要与财务部门沟通；对整体分值的划分有意见建议，也要与财务部门沟通。

第五步是审议采购实施计划。这个一般是由财务部门提交政府采购领导小组审议。

第六步是执行采购实施计划。这就是本书介绍的主体内容，根据不同的采购方式，按照程序一步一步向下走。

第七步是采购结果的审议。其实在评审结束后，各供应商的排名就已经出来了，但这时一般还要经过采购人内部的政府采购领导小组会议审议，才对外公布。

第八步是合同签订、合同履约管理和合同付款。这个在后面章节会有详细介绍。

上文是归纳出的常见采购人内部分工和运行机制，各单位具体的名称和做法可能在细节上还有不同。弄懂上述流程，基本就能知晓绝大多数行政事业单位政府采购的管理机制。

4.8　什么是申请人的资格条件？

在第2章，本书曾经站在解释法条的角度为读者朋友讲解供应商的资格条件，这里再站在准备投标的角度为读者朋友再次梳理一下申请人的资格条件。

申请人资格条件一般分为三部分。

第一部分是"满足《中华人民共和国政府采购法》第二十二条的规定"，这是基本条件，相关要求在本书第2章已详细讲解，这里不再重复讲述。

第二部分是"落实政府采购政策需满足的资格要求"。这里是指符合哪些资格要求的供应商可以享受评审上的优惠。供应商需要注意的是，第二部分的资格条件分为两种：一种是必须满足资格条件才可以参与采购；另一种是满足资格条件的可以享受优惠，不满足资格条件的也可以参与，但不能享受优惠。下面举例说明。

某项目的"落实政府采购政策需满足的资格要求"内容为：

本项目专门面向中小企业采购，供应商应为符合《政府采购促进中小企业发展管理办法》（财库〔2020〕46号）规定的中小企业（监狱企业、残疾人福利性单位均视同小型、微型企业）。

也就是说，这个项目的优惠措施表现在专门面向中小企业采购，排除大企业参与，这是中小企业与中小企业之间的竞争。所以，如果不是中小企业就没有参与的资格。

另一个项目的"落实政府采购政策需满足的资格要求"内容为：

本项目非专门面向中小企业采购。对小型和微型企业产品的价格给予15%的扣除，用扣除后的价格参与评审。残疾人福利性单位视同小微企业，符合条件的残疾人福利性单位在参加政府采购活动时，应当提供《残疾人福利性单位声明函》，并对声明的真实性负责。监狱企业视同小微企业，应提供由省级以上监狱管理局、戒毒管理局（含新疆生产建设兵团）出具的属于监狱企业的证明文件。中标供应商为小型和微型企业、残疾人福利性单位的，将在中标结果公告的同时公告其《中小企业声明函》《残疾人福利性单位声明函》，接受社会监督。

这里的意思是说，这个项目各类企业都可以参与，但小微企业、残疾人福利企业和监狱企业的产品可以享受评审优惠，即价格扣除。

关于政府采购政策功能，目前共九大类，分别是：①节能产品强制采购、优先采购；②环境标志产品优先采购；③扶持中小企业发展；④规范进口产品采购；⑤支持监狱企业发展；⑥支持残疾人福利性单位发展；⑦支持脱贫攻坚优先采购贫困地区农副产品；⑧扶持不发达地区和少数民族地区；⑨优先采购可追溯产品。

在上述政策功能中，实践中涉及面最广的是扶持中小企业发展。这里为供应商朋友讲解下如何知道自己的企业是不是属于中小企业。

《政府采购促进中小企业发展管理办法》（财库〔2020〕46号）第二条规定："本办法所称中小企业，是指在中华人民共和国境内依法设立，依据国务院批准的中小企业划分标准确定的中型企业、小型企业和微型企业。"那么，现行的国务院批准的中小企业划分标准是什么呢？目前最新的规定是《统计上大中小微型企业划分办法（2017）》（国统字〔2017〕213号）。这个文件将企业分为16类行业，每一类行业的大中小微企业划分都有标准。这里介绍一下工业企业的划分标准，其他行业企业可以参看文件。

中型工业企业：同时满足从业人数小于1000人、大于等于300人；营业收入小于4亿元、大于等于2000万元。

小型工业企业：同时满足从业人数小于300人、大于等于20人；营业收入小于2000万元、大于等于300万元。

微型工业企业：满足从业人数小于20人或营业收入小于300万元。

第三部分是"本项目的特定资格要求"。这里的特定资格要求一般有两方面内容：一方面是共性化的特定资格要求，如"截止到投标文件递交截止时间之前，投标人未在'信用中国'网站（https：//www.creditchina.gov.cn）中被列入重大税收违法失信主体名单；未在'中国执行信息公开网'（http：/zxgk.court.gov.cn）中被列入失信被执行人名单；不得被列入'中国政府采购网'（http：//www.ccgp.gov.cn）政府采购严重违法失信行为记录名单；单位负责人为同一人或者存在直接控股、管理关系的不同投标人，不得参加同一合同项下的政府采购活动"等。这部分内容在第2章已有详细说明，这里不再重复讲述。另一方面是个性化的特定资格要求。这部分请供应商朋友特别注意。例如，某药品采购项目要求"具有有效的中华人民共和国药品经营许可证及医疗器械经营许可证"；某施工项目要求"具有建筑工程施工总承包三级及以上资质"；某公务用车框架协议采购项目要求供应商为"响应产品生产厂家或者针对本项目的生产厂家唯一授权供应商"；等等。这些个性化的特定资格要求均与采购项目的性质和供应商所在行业有关，本书不再一一列举，请读者朋友自行关注。

需要提醒的是，梳理申请人资格条件的最大作用是弄明白参与采购项目的门槛条件，只有在符合条件的情况下进行后面的活动才有意义，否则就是白白浪费时间、精力和经费。

4.9　如何获得采购文件?

目前获得采购文件的方式有两种:一种是传统的纸质模式;另一种是电子模式。两者的效力是同等的。例如,某招标公告写明:

三、获取招标文件

时间:202×年2月8日至202×年2月14日,每天9:00至12:00,14:00至17:00。(北京时间,法定节假日除外)

地点:××省××市××区××路××××大厦19层

方式:请携带单位介绍信和本人身份证原件及复印件加盖单位公章领取招标文件,谢绝邮递

这就是传统的现场发售招标文件模式。

又如,另一份招标公告写明:

三、获取招标文件

时间:202×年2月7日至202×年2月14日,每天9:00至12:00,12:00至17:00。(北京时间,法定节假日除外)

地点:"×××云采购平台"(http://www.×××××××.com/)

方式:在线下载

这就是电子模式。

关于采购文件的收费问题,《财政部关于促进政府采购公平竞争优化营商环境的通知》(财库〔2019〕38号)要求:"实现电子化采购的,采购人、采购代理机构应当向供应商免费提供电子采购文件;暂未实现电子化采购的,鼓励采购人、采购代理机构向供应商免费提供纸质采购文件。"目前在实践中的情况是,纸质采购文件一般还在收费,一份在300元至500元之间。

还有一种方式是需要注册后再下载。这种注册程序在各地大同小异，在各政府采购官网上均有较详细的操作说明，本书就不再赘述。想提醒一下的是，电子注册所需的数字证书和电子签章由于是第三方机构提供的，因此一般是收费的，目前大约每年为 200 元。

4.10　获得采购文件后可以与采购单位的工作人员见面吗?

这是一个比较敏感、在实践中供应商又比较关注的问题，就是在获得采购文件之后到提交标书之前这段时间，究竟可不可以、方不方便与采购单位的工作人员当面交流。前文曾经提到，采购公告会留有采购人和采购代理机构的联系电话，所以有问题打电话询问是完全可以的。不过在实践中有更多的供应商希望能与采购单位的工作人员见见面，当面了解一些情况，同时介绍一下自己的企业，但又担心采购人不愿见，于是很多供应商千方百计地找关系，希望牵个线与采购人交流交流。那么，假如是一个没有什么社会关系的中小微企业或初创企业，想与采购人当面沟通一下，同时也介绍一下自己知名度不高的企业，究竟可不可以呢? 我们来看下法律是如何规定的。

《政府采购法》第七十二条规定:

采购人、采购代理机构及其工作人员有下列情形之一，构成犯罪的，依法追究刑事责任;尚不构成犯罪的，处以罚款，有违法所得的，并处没收违法所得，属于国家机关工作人员的，依法给予行政处分:

（一）与供应商或者采购代理机构恶意串通的;

（二）在采购过程中接受贿赂或者获取其他不正当利益的;

（三）在有关部门依法实施的监督检查中提供虚假情况的;

（四）开标前泄露标底的。

我们来逐条分析。第二项是不言而喻的，在任何时候，国家工作人员收受贿赂都是违法行为。第三项与是否与供应商见面没有关系。第四项说的是标底问题，目前政府采购项目已极少编制标底，即使编制，一般也是另有一组工作人员在封闭的环境中编制，类似考试前的出卷，在开标日之前是无法与外界联系的，所以一般也不存在泄露标底问题。那么，我们重点看第一项，究竟什么行为会被界定为恶意串通。

《政府采购法实施条例》第七十四条对此有规定，共七项，其中涉及采购人和供应商之间关系的有三项，分别是"供应商直接或者间接从采购人或者采购代理机构处获得其他供应商的相关情况并修改其投标文件或者响应文件""供应商按照采购人或者采购代理机构的授意撤换、修改投标文件或者响应文件"和"供应商与采购人或者采购代理机构之间、供应商相互之间，为谋求特定供应商中标、成交或者排斥其他供应商的其他串通行为"。也就是说，采购人和供应商之间的恶意串通主要是指采购人泄露了其他供应商的信息或直接授意供应商修改采购文件，以获得不当利益。

接下来，我们看看法律对供应商的要求。《政府采购法》第七十七条规定：

供应商有下列情形之一的，处以采购金额千分之五以上千分之十以下的罚款，列入不良行为记录名单，在一至三年内禁止参加政府采购活动，有违法所得的，并处没收违法所得，情节严重的，由工商行政管理机关（现相关职能已并入国家市场监督管理总局）吊销营业执照；构成犯罪的，依法追究刑事责任：

（一）提供虚假材料谋取中标、成交的；

（二）采取不正当手段诋毁、排挤其他供应商的；

（三）与采购人、其他供应商或者采购代理机构恶意串通的；

（四）向采购人、采购代理机构行贿或者提供其他不正当利益的；

（五）在招标采购过程中与采购人进行协商谈判的；

（六）拒绝有关部门监督检查或者提供虚假情况的。

供应商有前款第（一）至（五）项情形之一的，中标、成交无效。

综上，可以看到法律并不禁止在准备标书阶段供应商与采购人接触，"法无禁止即可为"。即使没有关系或熟人，只要供应商诚恳地说明来意，在正常工作范围内咨询情况和介绍自己的企业，大多数采购人的工作人员还是会接待的。但在交流中要注意有些"红线"不能碰，如明示或暗示对采购人有利益输送，企图打探其他供应商报名情况或歪曲其他供应商等。可能在实践中确实会有部分采购人的工作人员婉拒供应商的见面请求，这个也不要紧。这种婉拒多是工作人员自身出于谨慎的考虑，不是因为供应商提出的这个请求违反了什么规定，更不会对后面的投标、开标产生影响。总之，供应商在与采购人的交往中，保持大方、得体，奔着做好标书而不是拉拢关系的目的而去，一般会得到采购人的理解和帮助的。

4.11 如果是流标后的二次采购公告，报名时需要注意什么？

有时供应商看到的采购公告，会标注"二次"字样。出现二次采购，其原因就是上一次采购失败了，即所谓流标。所以，在二次采购中要做好准备，首先要知道上次采购失败的原因。

《政府采购法》第三十六条规定：

在招标采购中，出现下列情形之一的，应予废标：

（一）符合专业条件的供应商或者对招标文件作实质响应的供应商不足三家的；

（二）出现影响采购公正的违法、违规行为的；

（三）投标人的报价均超过了采购预算，采购人不能支付的；

（四）因重大变故，采购任务取消的。

废标后，采购人应当将废标理由通知所有投标人。

在实践中，绝大多数废标都是第一种情况。《招标投标法》也有类似的规定，如第二十八条规定："投标人少于三个的，招标人应当依照本法重新招标。"第四十二条规定："评标委员会经评审，认为所有投标都不符合招标文件要求的，可以否决所有投标。依法必须进行招标的项目的所有投标被否决的，招标人应当依照本法重新招标。"

对于没有参与第一次采购而直接参加第二次采购的供应商来说，可以先查阅一下该项目第一次采购的公告，一般首次采购的时间距离第二次都不会太长，用项目的关键字进行搜索，就可以查阅到，重点看下二次采购公告中的采购需求和资格条件与首次有无变化，如果有，就是需要供应商重点关注的地方。有条件的供应商还可以对比一下两次采购文件的异同。前文提到，在一些省份，采购文件是与采购公告同时发布的，而且免费，在这些地区就可以较方便地找到首次采购的采购文件。此外，还可以询问采购人或采购代理机构首次采购流标的原因，做到心中有数。所有这些都是为了保证供应商能够满足采购文件的要求，不至于参与了一个易于流标的项目而白白浪费时间和精力。对于供应商如何完备地准备投标文件避免被废标，后面的章节会有详细的讲述，这里暂不展开。

这里要提醒一个很多参加二次采购活动的供应商都容易忽视的问题，就是在很多地区，对于二次招标再失败的项目，会当场变更为竞争性磋商，以便在只有两家合格供应商时还能继续推进项目，所以供应商要做好应对变更采购方式及现场二次报价的预案。

4.12　以联合体报名时，需要注意什么？

《政府采购法》第二十四条第一款规定：

两个以上的自然人、法人或者其他组织可以组成一个联合体，以一个供应商的身份共同参加政府采购。

因此，政府采购是允许供应商组成联合体参与的。一个具体的项目是否接受联合体报名，采购人会在采购公告中载明。例如，在中国政府采购网的采购公告中，会在"项目基本情况"这个模块中载明是否接受联合体。这里需要说明的是，一个项目接受联合体投标，是不排斥非联合体投标的，也就是说，供应商既可以以联合体形式报名，也依然可以以单个供应商的身份报名。那么，面对这类项目时，供应商首先需要考虑，是单独报名还是寻找合作伙伴以联合体的形式报名。

一般来说，有两种情况可以考虑以联合体的形式报名：一是对于复杂项目或时间要求急迫的项目，寻找具有符合资质的合作伙伴组成联合体报名，能够增强在采购活动中的竞争力和履约能力，达到强强联合和优势互补的效果。二是享受一定的价格优惠。《政府采购促进中小企业发展管理办法》（财库〔2020〕46 号）第九条规定，接受大中型企业与小微企业组成联合体的采购项目，对于联合协议约定小微企业的合同份额占到合同总金额 30% 以上的，采购人、采购代理机构应当对联合体或者大中型企业的报价给予 2% ～ 3%（工程项目为 1% ～ 2%）的扣除，用扣除后的价格参加评审。

那么接下来，如果供应商决定以联合体形式报名，还需要注意哪些事项呢？

第一，要注意合作伙伴的可靠性。《政府采购法》第二十四条第二款规定："以联合体形式进行政府采购的，参加联合体的供应商均应当具备本法第二十二条规定的条件，并应当向采购人提交联合协议，载明联合体各方承担的工作和义务。联合体各方应当共同与采购人签订采购合同，就采购合同约定的事项对采购人承担连带责任。"因此，首先要确认合作伙伴是否符合参与政府采购活动的基本条件，然后要在报名前约定好合作各方的工作和义务，签订书面的联合协议，还要考虑一旦中标之后履行合同的责任，注意联合体各方是要承担连带责任的。根据《民法典》第一百七十八条的规定："二人以上依法承担连带责任的，权利人有权请求部分或者全部连带责任人承担责任。连带责任人的责任份额根据各自责任大小确定；难以确定责任大小的，平均承担责任。实际承担责任超过自己责任份额的连带责任人，有权向其他连带责任人追偿。"用直白的话说，所谓连带责任，就是一旦合同履约过程中发生违约，采购人有权要求联合体中任何一个供应商承担全部责任，该供应商不得对抗，但在承担全部责任后，该供应商可以按照内部协议划分的责任大小，向联合体中其他供应商追赔。

第二，要注意联合体投标中的资质是"就低不就高"。《政府采购法实施条例》第二十二条第一款规定："联合体中有同类资质的供应商按照联合体分工承担相同工作的，应当按照资质等级较低的供应商确定资质等级。"比如，在工程项目招标中，一家建筑工程施工总承包二级的供应商与一家三级的供应商组成联合体，那么这个联合体只能按照三级资质投标。这个规定主要是为了保障采购项目的质量，防止资质低的供应商通过"投靠"资质高的供应商拿项目。

第三，要注意在联合体投标中供应商不能"一女二嫁"。《政府采购法实施条例》第二十二条第二款规定："以联合体形式参加政府采购活动的，联合体各方不得再单独参加或者与其他供应商另外组成联合体参加同一合同项下的政府采购活动。"这个规定主要是为了避免供应商滥用联合体，以多重身份参与政府采购活动，导致不公平竞争，或发生围标、串标等行为。

上文以《政府采购法》及《政府采购法实施条例》为依据，为读者朋友解读了联合体报名的相关注意事项。

第5章 分析采购文件

分析采购文件是做好投标文件的基础。"磨刀不误砍柴工",在编制标书之前,先对采购文件的整体要求和关键条款有所了解,做到心中有数,有助于事半功倍地准备标书。本章将按照采购文件的主要分类,逐一讲述各类采购文件的基本结构、主要内容和关键信息,同时介绍在阅读采购文件中遇到一些特殊情况的处理方法,帮助读者朋友细致、全面地分析采购文件。

5.1 采购文件的种类

采购文件的分类是根据采购方式的分类而来的。本书第 3 章介绍过,目前法定的政府采购方式共 7 种,对应了 6 种不同名称的采购文件,下面逐一介绍。

公开招标和邀请招标,其采购文件的名称是招标文件,供应商与之对应的是投标文件。竞争性谈判,其采购文件的名称是谈判文件;竞争性磋商,其采购文件的名称是磋商文件;单一来源采购,其采购文件的名称是协商文件;询价采购,其采购文件的名称是询价通知书。后四类采购文件供应商与之对应的均叫响应文件。框架协议采购本质上是两阶段采购,其第一阶段的程序比照公开招标,但其采购文件的名称是征集文件,供应商与之对应的也叫响应文件。

上述6种法定的采购文件，在下文中会分条目一一为读者解读。这里简单地介绍一下比选文件。比选不是法定的采购方式，而是用于采购目录外、采购标准下项目的采购方式。这类项目也是使用财政资金，但因为金额偏小，采购内容也不属于采购目录，所以不列入法定的政府采购项目内，实践中一般称之为零星采购项目。采购人为了规范这类项目，就比照法定的采购方式，拟制出比选这一采购方式，所发布的采购文件就叫比选文件，供应商与之对应的文件有的叫响应文件，有的叫应答文件。

由于比选不是法定的采购方式，因此比选文件也并没有统一的规范和格式。从结构上看，其大约有这几个部分：比选公告、响应须知、评审方法、商务要求、技术要求、响应文件格式、合同样本等。

5.2 采购文件的法律效力

关于采购文件的法律效力，《民法典》第四百七十三条第一款规定："*要约邀请是希望他人向自己发出要约的表示。拍卖公告、招标公告、招股说明书、债券募集办法、基金招募说明书、商业广告和宣传、寄送的价目表等为要约邀请。*"因此，采购文件和采购公告是要约邀请，对应的投标文件、响应文件等是要约，中标通知书、成交通知书是承诺。

从合同订立的角度看，要约邀请仅是合同订立的预备行为，要约和承诺才是合同订立的组成部分。要约邀请和要约的主要区别在于：一是法律效力不同。要约邀请仅是唤起他人对其发出要约的意思表示，属于事实行为（而不是民事行为），没有法律拘束力，而要约是订约行为，对要约人有法律拘束力。二是表意对象不同。要约邀请一般向不特定人发出，而要约一般是向特定人发出。三是内容要求不同。要约邀请的内容不具备成立合同的全部必要条款，而要约的内容具体确定，具备成立合同的全部必要条款，并含有要约人愿意接受要约拘束的意思。

但是，按照特别法优于一般法的原则，依据《招标投标法》《政府采购法》和相关司法解释，在招投标和政府采购领域，作为要约邀请的采购文件有着特殊的法律意义。

第一，《招标投标法》第二十七条第一款规定："投标人应当按照招标文件的要求编制投标文件。投标文件应当对招标文件提出的实质性要求和条件作出响应。"投标文件以招标文件中的条件为要约的条件时，采购人（既是要约邀请的邀请人，又是要约的受要约人）应当承认这个条件。在这个意义上，作为要约邀请的采购文件就有了实质拘束力，表现为采购人的缔约义务。

第二，根据《政府采购法》第三十六条和第三十七条的规定，在招标文件发出后，除采购任务取消情形外，招标采购活动将延续至采购完成，也就是说采购人不能随意取消采购活动，这就意味着采购文件具有了形式拘束力。

第三，自2021年1月1日起施行的《最高人民法院关于审理建设工程施工合同纠纷案件适用法律问题的解释（一）》第二十二条规定："当事人签订的建设工程施工合同与招标文件、投标文件、中标通知书载明的工程范围、建设工期、工程质量、工程价款不一致，一方当事人请求将招标文件、投标文件、中标通知书作为结算工程价款的依据的，人民法院应予支持。"最高人民法院的相关负责同志指出，这主要是为了杜绝黑白合同、明招暗定现象。也就是说，对于成交供应商来说，采购文件取得了高于合同的法律效力。

综上，就是要提醒读者朋友，采购文件在采购活动中起着基石的重要作用，需要在一开始就给予足够的重视。

5.3　采购邀请和资格审查的主要内容和关键点

从本节开始，我们将向读者朋友逐一介绍法定采购文件各部分的主要内容和关键点。需要说明的是，目前尚没有全国统一的采购文件模板，但除 2022 年 3 月才开始施行的框架协议采购之外，其余 5 种采购方式已施行多年，已基本形成较为稳定的文书格式，各地为了规范采购活动，也纷纷出台了一系列采购文件的示范性文本供采购人和采购代理机构参考。考虑到北京在全国的政治、经济地位，本书以北京市发布的示范性采购文件（2022 年版）为例进行分析，其他地区和部门的采购文件，基本与此类似。读者朋友弄懂了北京市的采购文件，对其他地区和部门的采购文件，就可以很容易自行分析了。本节先介绍采购文件中的采购邀请和资格审查部分。

采购邀请，其内容就是采购公告的内容，主要有项目基本情况，供应商资格要求，获取采购文件的时间、地点、方式、费用和项目联系人等。采购邀请部分是非常重要的，因为这里载明了项目的预算、基本需求、时间要求和供应商资格等内容，决定了一个供应商究竟适不适合参与这个项目。但是在本章，我们不把采购邀请部分作为重点，原因很简单，采购邀请部分应该是供应商在采购公告阶段就已经读懂的信息，在前面的章节中，我们已经就如何获得和分析采购信息进行了详细的说明。到了供应商拿到采购文件的环节，其潜在的前提就是供应商初步判断自身能够契合采购邀请部分的要求。所以，在采购文件分析阶段，我们不再对其做重点介绍。

资格审查部分，就是告知供应商在投标文件、响应文件中，究竟要提供哪些资料，才能够证明供应商符合该项目的参与条件。通过资格审查，是供应商参与后续采购活动的前提要求，所以请供应商朋友一定要特别重视。资格审查表样表如表 5-1 所示。

表 5-1 资格审查表样表

序号	审查因素	审查内容	格式要求
1	满足《中华人民共和国政府采购法》第二十二条的规定及相关法律法规的其他规定		
1-1	营业执照等证明文件	营业执照、事业单位法人证书、执业许可证、登记证书、个体工商户营业执照、自然人身份证明等	提供证明文件的电子件或电子证照
1-2	供应商资格声明书	提供符合采购文件要求的《供应商资格声明书》	
1-3	供应商信用记录	查询渠道："信用中国"网站和中国政府采购网； 截止时点：投标截止时间以后、资格审查阶段采购人或采购代理机构的实际查询时间； 信用信息查询记录和证据留存具体方式：查询结果网页打印页作为查询记录和证据，与其他采购文件一并保存	无须供应商提供，由采购人或采购代理机构查询
2	落实政府采购政策需满足的资格要求		
2-1	中小企业声明函	《中小企业声明函》；监狱企业或残疾人福利性单位的证明材料等	
3	本项目的特定资格要求		
3-1	是否接受联合体投标	如本项目接受联合体投标，且投标人为联合体时必须提供《联合协议》，明确各方拟承担的工作和责任，并指定联合体牵头人	提供《联合协议》原件的电子件
3-2	其他特定资格要求	如有，见该项目的采购邀请	提供证明文件的电子件或电子证照
4	投标保证金，按照采购文件的规定提交投标（磋商、谈判）保证金		

下面我们来逐条讲解一下。

第一部分是符合《政府采购法》第二十二条规定的审查。一是要提供营业执照，目前可以提供电子版的；二是提供《供应商资格声明书》，这个声明书主要是承诺符合《政府采购法》第二十二条的各项要求，相关模板在本书第7章；三是信用记录，这由采购人或采购代理机构在"信用中国"网站（www.creditchina.gov.cn）和中国政府采购网（www.ccgp.gov.cn）查询，建议供应商自己先查询一下。

第二部分是落实政府采购政策需满足的资格要求。在实践中最主要的是中小企业的政府采购优待政策，如果供应商属于中小企业，需要提供《中小企业声明函》。

第三部分是项目的特定资格要求。主要有两种情形：一是项目允许联合体投标，这样供应商就需要提供《联合协议》。这里需要注意的是，如果联合体中任一成员单位中途退出，则该联合体的投标无效。所以，供应商朋友组建联合体伙伴时要谨慎。二是特定资格要求，如对建筑企业、食品企业、医药企业的一些行业性资格规定，需要提供相关的证明材料。

第四部分是投标（磋商、谈判）保证金。如果采购文件对此有要求，则必须按规定提交。

5.4　采购需求的主要内容和关键点

采购需求分析是采购文件分析的重点。采购人的个性化需求，一般都体现在采购需求中。无论采用公开招标、竞争性磋商、竞争性谈判等何种采购方式，采购需求的内容体例大致是相似的，一般可分为三个部分。

第一部分是采购标的。这部分主要是说明采购标的，通常会提供货物需求一览表或简要服务内容及数量，如果接受进口产品，会在这里标明；此外，会简单介绍下项目背景、项目概述等内容。

第二部分是商务要求。这部分主要说明：一是货物交付、服务实施的时间、期限以及地点、范围等；二是付款条件、进度和方式；三是包装、运输、安装等要求；四是售后服务、质保期等要求；五是其他事项的说明，比如知识产权、保险等。需要提醒供应商朋友注意的是，这些商务要求都要密切关注，而且要实质性响应。因为这些内容基本是符合性审查时需要审查的，同时在中标后，也是合同履行的重要内容。

第三部分是技术要求。对于这部分内容，建议供应商朋友组织工程、技术、供应、财务等岗位的人员共同阅读、共同分析。因为这部分内容专业性很强，而且相对来说，在后期编制标书阶段，它也是工作要求最高、工作量最大的一块内容。这部分内容主要有：一是基本要求，包括采购标的需实现的功能或者目标，需执行的国家相关标准、行业标准、地方标准或者其他标准、规范等。二是服务内容及要求、货物技术要求。其具体包括：采购标的需满足的性能、材料、结构、外观、质量、安全、技术规格、物理特性等要求；采购标的需满足的服务标准、期限、效率等要求；为落实政府采购政策需满足的要求；采购标的的其他技术、服务等要求；采购标的的功能、应用场景、目标等基本要求。三是验收标准及履约环节的其他要求。

5.5　采购需求中的星号（"*"）条款表示什么？

供应商朋友在阅读采购需求时，常会看到带"*"的条款。"*"条款在采购需求中有重要意义，需要专节讲解。

例如，某采购办公椅的采购需求如下。

1. 尺寸：常规；

*2. 面料：采用优质西皮，覆面材料理化性能达到 5 级，游离甲醛未检出，撕裂力 $\geq 87N$，气味 ≤ 2 级，pH ≥ 6，涂层粘着牢度 $\geq 7.1N/10mm$，干擦 ≥ 5 级，碱性汗液 ≥ 5 级，湿擦 ≥ 5 级；

3.海绵：采用优质阻燃海绵，表面有防腐化和防变形保护膜，回弹性高，耐用度高，防碎，防氧化；

4.椅架：优质弓形钢支架，壁厚≥1.5mm，牢固耐用，表面经电镀防锈处理；

5.颜色：可选。

这是一个真实的采购需求，采购人设置了5个方面的技术参数，其中对"面料"加注了"*"。这里的"*"条款起着提醒的作用，即这是供应商必须响应的实质性条款，其作用在于提醒采购文件中的实质性内容。如果投标人没有响应"*"条款，则视其未满足采购文件的实质性要求，将导致投标被否决。那么，对于上述采购需求来说，面料部分的采购需求必须全部满足，相关参数要等于或高于采购需求。

现行法规中对"*"条款最直接的规定来自《机电产品国际招标投标实施办法（试行）》（商务部令2014年第1号），其中第二十一条第一项规定：

对招标文件中的重要条款（参数）应当加注星号（"*"），并注明如不满足任一带星号（"*"）的条款（参数）将被视为不满足招标文件实质性要求，并导致投标被否决。

尽管上述文件是机电产品领域的招投标办法，但在政府采购和工程招投标领域的实践中也参照了这一做法。实际上，政府采购和工程招投标对于提醒实质性条款也有规定。

《政府采购货物和服务招标投标管理办法》（财政部令第87号）第二十条第二款规定：

对于不允许偏离的实质性要求和条件，采购人或者采购代理机构应当在招标文件中规定，并以醒目的方式标明。

《工程建设项目货物招标投标办法》（九部委令第23号），2013年3月11日修订第二十一条第二款规定：

招标人应当在招标文件中规定实质性要求和条件，说明不满足其中任何一项实质性要求和条件的投标将被拒绝，并用醒目的方式标明……

在实践中，"以醒目的方式标明"采购文件中的实质性要求和条件的普遍做法就是对其条款标注"*"。这里提及一下，有些采购文件中还会出现"▲"，这也是起着提醒作用，一般用于标注重点产品、核心产品等条款。

5.6　供应商须知的主要内容和关键点

供应商须知分为两部分：供应商须知前附表和供应商须知正文。其中，供应商须知前附表是供应商须知正文的补充和完善。可以将供应商须知正文看作是通用条款，是对所有项目供应商的共同告知；而把供应商须知前附表看作是专用条款，是对该项目供应商的专门告知。

整个供应商须知正文的篇幅，有几千字到近万字的规模，非常详细。但由于它是通用条款，也就是任何一个项目大体上也都是这些内容，因此有投标经验的供应商可以略看甚至不看。这一部分的重点主要放在供应商须知前附表上。

供应商须知前附表的作用，实际上就是将供应商须知正文中的关键条款列举出来，然后就这个具体的项目进行进一步说明。招标文件示范文本的供应商须知前附表样表如表 5-2 所示。

表 5-2　供应商须知前附表样表

条款号	条目	内容
2.2	项目属性	项目属性： □服务 □货物
2.3	科研仪器设备	是否属于科研仪器设备采购项目： □是 □否

续表

条款号	条目	内容
2.4	核心产品	□关于核心产品本项目 ＿ 包不适用 □本项目 ＿ 包为单一产品采购项目 □本项目 ＿ 包为非单一产品采购项目，核心产品为： ＿＿＿
3.1	现场考察	□不组织 □组织，考察时间： ＿＿＿ 年 ＿＿ 月 ＿＿ 日 ＿＿ 点 ＿＿ 分 考察地点： ＿＿＿＿＿＿
	开标前答疑会	□不召开 □召开，召开时间： ＿＿＿ 年 ＿＿ 月 ＿＿ 日 ＿＿ 点 ＿＿ 分 召开地点： ＿＿＿＿＿＿
4.1	样品	投标样品递交： □不需要 □需要，具体要求如下： （1）样品制作的标准和要求： ＿＿＿＿＿＿ ； （2）是否需要随样品提交相关检测报告： □不需要 □需要 （3）样品递交要求： ＿＿＿＿＿＿ ； （4）未中标人样品退还： ＿＿＿＿＿＿ ； （5）中标人样品保管、封存及退还： ＿＿＿＿＿＿ ； （6）其他要求（如有）： ＿＿＿＿＿＿
...	...	...
5.2.5	标的所属行业	本项目采购标的对应的中小企业划分标准所属行业： 标的名称　　　　中小企业划分标准所属行业
11.2	投标报价	投标报价的特殊规定： □无 □有，具体情形： ＿＿＿＿＿＿
...	...	...

续表

条款号	条目	内容
12.1	投标保证金	投标保证金金额： 01 包：_____； … 包：_____ 投标保证金收受人信息：_____
12.7.2		投标保证金可以不予退还的其他情形： □无 □有，具体情形：_____
13.1	投标有效期	自提交投标文件的截止之日起算 ____ 日历天
…	…	…
22.1	确定中标人	中标候选人并列的，采购人是否委托评标委员会确定中标人： □否 □是 中标候选人并列的，按照以下方式确定中标人： □得分且投标报价均相同的，以 _____ 得分高者为中标人 □随机抽取
25.5	分包	本项目的非主体、非关键性工作是否允许分包： □不允许 □允许，具体要求： （1）可以分包履行的具体内容：____； （2）允许分包的金额或者比例：____； （3）其他要求：____
26.1.1	询问	询问送达形式：_____
26.3	联系方式	接收询问和质疑的联系方式： 联系部门：_____； 联系电话：_____； 通讯地址：_____
27	代理费	收费对象： □采购人 □中标人 收费标准：_____； 缴纳时间：_____

从表5-2可以看到，供应商须知前附表从供应商须知正文中提取了15项条目进行具体的规定。下面我们逐一解读。

第1个是项目属性，是指项目是货物还是服务。

第2个是确认是否属于科研仪器设备。根据《财政部关于完善中央单位政府采购预算管理和中央高校、科研院所科研仪器设备采购管理有关事项的通知》（财库〔2016〕194号），科研仪器设备采购适用特别的管理办法。

第3个核心产品。根据《政府采购货物和服务招标投标管理办法》（财政部令第87号）第三十一条第三款的规定："*非单一产品采购项目，采购人应当根据采购项目技术构成、产品价格比重等合理确定核心产品，并在招标文件中载明。*"这款规定主要是为了在多产品采购中引入多品牌进行竞争。举例来说，在一个单一产品的采购项目中，比如服务器采购，一般只允许一个品牌的服务器授权一家供应商参与采购，不允许一个品牌授权两个及以上的供应商参加采购，以免串标、围标。那么，如果是多产品采购，比如在采购服务器的同时，还有打印机、扫描仪等设备，就需要确定一个核心产品，在这个产品上不允许一个品牌授权多个供应商参与采购。

第4个和第5个分别是现场考察和开标前答疑会。这里主要载明是否举行现场考察和开标前答疑会以及相应的时间、地点。关于现场考察和开标前答疑会，本章下文还会专门讲解。

第6个是样品。针对一些货物采购项目，特别是由供应商自行制造的货物，如办公家具、服装等，会要求供应商提供样品，通常情况下还会根据样品的质量评定一定的分数。

第7个是标的所属行业。其主要目的是确认供应商是否属于中小企业。按照政府采购政策，中小企业可以享受一定的优惠政策，如价格折扣等，但各个行业的中小企业划分标准是不一样的。所以，要确定是否属于中小企业，首先要确定企业所在的行业。在政府采购活动中确定中小企业的依据主要是《中小企业划型标准规定》（工信部联企业〔2011〕300号），同时可以参考《统计上大中小微型企业划分办法（2017）》（国统字〔2017〕213号）。

第8个是投标报价。其主要是说明投标报价有无特殊要求。例如，安徽省住房和城乡建设厅曾发布《安徽省住房和城乡建设厅关于切实加强全省房屋建筑和市政基础设施工程招标投标活动管理的通知》（建市函〔2022〕453号），规定"全省房屋建筑、轨道交通、市政基础设施等工程（不含工程总承包类）投标报价分别低于招标控制价的90%、88%、85%，作为异常低价"。这就是对于报价的特殊要求。

第9个是投标保证金。其主要是说明保证金的金额和不予退还的情形。关于这方面内容，本书第7章和第8章还会有详细的说明。

第10个是投标有效期。投标有效期是指为保证招标人有足够的时间在开标后完成评标、定标、合同签订等工作而要求投标人提交的投标文件在一定时间内保持有效的期限。一般为45天、60天、90天等。

第11个是确定中标人。其主要是告知中标人的确定方式和规则。

第12个是分包。其主要是告知中标后是否允许分包以及分包的规则。《政府采购法》第四十八条第一款规定："经采购人同意，中标、成交供应商可以依法采取分包方式履行合同。"《招标投标法》第四十八条第二款规定："中标人按照合同约定或者经招标人同意，可以将中标项目的部分非主体、非关键性工作分包给他人完成。接受分包的人应当具备相应的资格条件，并不得再次分包。"

第13个是询问。其主要是告知询问的送达方式，一般有书面询问函（当面送达或邮寄）、当面口头提问、电话或电子邮件等方式。

第14个是联系方式，就是告知接收询问和质疑的联系方式。

第15个是代理费。根据《政府采购代理机构管理暂行办法》（财库〔2018〕2号）第十五条的规定："代理费用可以由中标、成交供应商支付，也可由采购人支付。由中标、成交供应商支付的，供应商报价应当包含代理费用。"由此可知，由中标、成交供应商支付的，采购人按照报价支付给供应商的价款里就包括代理费用了，供应商不得另外再向采购人索取代理费用。在实践中，代理费一般都是由中标、成交供应商支付。收费的标准是市场调节价，但目前行业的惯例是沿用《招标代理服务收费管理暂行办法》（2016年已废止）中的标准，再给予适当折扣，并会有一个最低收费标准。另外，需要向读者说明的是，目前很多地方对于政府集中采购项目实行免收代理费的政策。

5.7　评审方法的主要内容和关键点

评审方法即采购文件中明确的评审规则，是对供应商排序的唯一的依据。各种采购方式的评审方法是法定的，也就是说，如果选定了一种采购方式，就必须按照这种采购方式法定的评审方法进行。下面我们分类讲解。

公开招标的评审分为两个环节。

第一个环节是初步评审，包括资格审查和符合性审查。资格审查在第5.3节已进行了说明；符合性审查主要是对投标文件的格式、形式、实质性响应等内容进行审查，在招标文件中会有一张符合性审查要求表，请供应商朋友关注，对于符合性审查，本书在第7章还会专门说明。

第二个环节是详细评审。详细评审可以采用两种方法：最低评标价法和综合评分法。所谓最低评标价法，是指投标文件满足招标文件全部实质性要求且投标报价最低的供应商为中标候选人的评标方法；所谓综合评分法，是指投标文件满足招标文件全部实质性要求且按照评审因素的量化指标评审得分最高的供应商为中标候选人的评标方法。招标文件中会明确该项目是采用哪种方法。目前在实践中，绝大多数项目都是采用综合评分法。如果是综合评分法，招标文件中会提供一张打分表，打分表会列明各项分值，请供应商朋友重点关注。综合评分法样表如表5-3所示。

表 5-3　综合评分法样表

类别	评分内容	评分标准	分值范围
技术资信分 （__分）	技术参数及要求	……	0～__分
	供货安装 （调试）方案	……	0～__分
	售后服务与 维保方案	……	0～__分
	业绩	……	0～__分
	……	……	0～__分
	……	……	0～__分
价格分 （__分）	价格分统一采用低价优先法，即满足招标文件要求且投标价格最低的投标报价为评标基准价，其价格分为满分__分。其他投标人的价格分统一按照下列公式计算： 　投标报价得分 =（评标基准价 / 投标报价）×__%×100		

竞争性磋商和竞争性谈判的评审分为三个环节。

第一个环节是初审，即资格审查和符合性审查。这与公开招标相同，就不再赘述了。

第二个环节是磋商或谈判。这是竞争性磋商和竞争性谈判特有的环节。在实践中，磋商和谈判的实质性内容基本相同，就是允许磋商（谈判）小组可以根据磋商（谈判）文件和磋商（谈判）情况实质性变动采购需求中的技术、服务要求以及合同草案条款，作出的实质性变动是磋商（谈判）文件的有效组成部分，磋商（谈判）小组将及时以书面形式同时通知所有参加磋商（谈判）的供应商，供应商应当按照磋商（谈判）文件的变动情况和磋商（谈判）小组的要求重新提交响应文件。这里需要特别讲解的是，在实际操作中，由于种种原因，竞争性磋商和谈判项目极少在评审中去实质性变动采购需求。一般情况下，所谓磋商、谈判，就是让供应商二次报价，而且理论上竞争性磋商、竞争性谈判项目可以进行多轮报价，但在实际操作中一般就进行一次二轮报价。有经验的供应商在参加竞争性磋商、竞争性谈判项目时，一般在响应文件里就报一个不高于最高限价的价格，因为这个价格并不是最终决定是否成交的价格，而仅仅是用于能够顺利通过初审。在通过初审之后，供应商会在现场，根据通过初审的供应商数量，结合自己的成本，报出一个有竞争力的价格。

第三个环节是详细评审。在这个环节里竞争性磋商和竞争性谈判又有所区别。竞争性磋商采用的是综合评分法，其方式与公开招标类似，供应商朋友也应关注磋商文件中公布的评分表；而竞争性谈判采用的是最低价优先法，即从通过初审的供应商中，按照最后报价由低到高的顺序提出成交候选人。

询价采购只有一个环节，即从质量和服务均能满足采购文件实质性响应要求的供应商中，按照报价由低到高的顺序提出成交候选人。询价采购有几个特点，因此相应的供应商朋友在分析询价文件时也需要多加注意，这里专门提醒一下。

一是询价只用于货物采购，而现在一些标准化、规范化的货物，比如公务用车、计算机、打印机等信息化设备，大多数已经在网上商城或框架协议中实施采购。那么，采购人询价采购的一般都是一些非标产品。比如，在之前的疫情中，有很多地区采购进行核酸检验的岗亭，那么采购人会给出相应的尺寸、材料，甚至外观颜色，供应商朋友在分析询价文件时就要注意这些技术参数，要实质性响应。

二是采购周期较短。从询价通知书发出之日起至供应商提交响应文件截止之日止一般为 3 个工作日，所以采购人通常也希望供货、安装的周期较短，供应商要关注询价文件中的运输、安装、调试等时间要求。

三是询价采购是以价格为最后的排序因素。供应商应该对同类产品在市场上的价格有充分的了解，同时要注意询价文件中关于政府采购政策功能的价格折扣，如中小微企业价格折扣、节能环保产品价格折扣等，以便让自己取得最大的价格优势。

5.8 拟签订的合同文本的主要内容和关键点

合同管理是政府采购活动的重要内容，特别是对于中标、成交供应商来说，合同是自身履行义务和保障权益的重要依据。关于合同，本书在第 9 章和第 10 章会专门讲解。本节主要从分析采购文件的角度，提醒供应商朋友如何了解拟签订合同的框架。

在合同的封面或开头部分，会载明采购人、采购代理机构和中标人的信息。

接下来是合同正文，主要有：

第一，说明合同的组成部分，一般为合同文件、中标通知书、投标文件、招标文件、其他附属文件。

第二，货物或服务信息。货物项目会载明货物名称、规格型号、单位、数量、原产厂家等；服务项目会载明服务名称、内容、质量要求等。

第三，付款方式和发票开具方式。

第四，项目交付期限、地点和方式。

第五，违约责任，约定违约方承担违约责任的方法和后续处理措施。

第六，争议解决方法。一般是协商、调解、和解，如有必要，可以采用仲裁或诉讼的方式。

第七，合同生效条件，一般是双方签字盖章时生效。

在合同正文的后面，是合同的通用条款和专门条款。合同通用条款主要是对合同通用的一些概念的解释和定义；合同专门条款用于载明该项目专门的一些要求和约定。

需要提醒读者朋友注意的是，如上文所述，采购文件、投标（响应）文件均是政府采购合同的法定组成部分，在合同履约期间，要作为一个整体认真对待。

5.9　投标文件、响应文件格式的主要内容和关键点

在政府采购活动中，投标文件、响应文件的内容和格式同等重要。实际上，在初步评审阶段，被判为投标无效的投标文件中，有相当大的比例是由于格式原因。在采购文件的符合性审查中，会有一条"实质性格式"审查，即标记为"实质性格式"的文件均须按采购文件要求提供。也就是说，如果采购文件中标注了"实质性格式"，而供应商的投标文件、响应文件没有按照对应的格式编制，将导致投标无效。下面我们为读者讲解格式部分的注意事项。

首先要认真阅读格式部分的"供应商编制文件须知"：

投标人按照本部分的顺序编制投标文件（资格证明文件）、投标文件（商务技术文件），编制中涉及格式资料的，应按照本部分提供的内容和格式（所有表格的格式可扩展）填写提交。

对于招标文件中标记了"实质性格式"文件的，投标人不得改变格式中给定文字所表达的含义，不得删减格式中的实质性内容，不得自行添加与格式中给定的文字内容相矛盾的内容，不得对应当填写的空格不填写或不实质性响应，否则投标无效。未标记"实质性格式"的文件和招标文件未提供格式的内容，可由投标人自行编写。

全部声明和问题的回答及所附材料必须是真实的、准确的和完整的。

通过阅读上述须知，提醒供应商朋友三点：一是不要使用通用模板编制投标文件、响应文件的"实质性格式"部分，而是采购文件给什么格式，就复制这个格式进行编制，以免出现不符的情况；二是要注意按照顺序进行编制；三是不要自行删除、添加或留白"实质性格式"部分。

然后我们以北京市招标文件示范文本为例，来了解一下哪些属于"实质性格式"。

以投标文件编制的顺序为依据，封面属于非实质性格式；供应商资格声明书属于实质性格式；《中小企业声明函》《残疾人福利性单位声明函》属于非实质性格式；拟分包情况说明及分包意向协议、联合协议属于实质性格式；投标保证金凭证属于非实质性格式；投标书、授权委托书、开标一览表、分项报价表、合同条款偏离表、采购需求偏离表均属于实质性格式。

从上文可以看出，在投标文件、响应文件中，除供应商自行编制的技术方案、服务方案外几乎较为重要的文本均被定义为"实质性格式"。在有些地区，尽管没有像北京这样使用"实质性格式"的概念，但会在符合性评审中规定："格式、填写要求须符合采购文件规定"。这个要求和实质性格式的要求是一致的。

5.10 需要参加标前答疑会吗?

所谓标前答疑会，是指采购人集中地向潜在供应商介绍采购项目的情况以及招标、投标、开标、评标、定标的具体要求和做法，以使潜在供应商全面了解采购项目的特点、采购人的需要和采购文件的要求。通常在技术需求比较复杂的项目，特别是工程类项目中，采购人会举行标前答疑会。

标前答疑会最初的法律依据来自《招标投标法》第二十一条的规定：

招标人根据招标项目的具体情况，可以组织潜在投标人踏勘项目现场。

《招标投标法实施条例》第二十八条进一步规定：

招标人不得组织单个或者部分潜在投标人踏勘项目现场。

在工程项目中，通过现场踏勘，投标人可以直观地了解项目实施地的地理位置、地形地貌、地质水文、平面布局、交通通信、供水供电等，以便进一步将招标文件、工程量清单、施工组织方案要求等与项目现场结合，更准确地编制标书；同时，这也有利于采购人选择到最合适的中标供应商。因此，工程招标中现场踏勘具有重要的实际意义。

《工程建设项目施工招标投标办法》（九部委令第23号）第三十二条规定：

招标人根据招标项目的具体情况，可以组织潜在投标人踏勘项目现场，向其介绍工程场地和相关环境的有关情况。潜在投标人依据招标人介绍情况作出的判断和决策，由投标人自行负责。

招标人不得单独或者分别组织任何一个投标人进行现场踏勘。

《工程建设项目施工招标投标办法》（九部委令第23号）第三十三条规定：

对于潜在投标人在阅读招标文件和现场踏勘中提出的疑问，招标人可以书面形式或召开投标预备会的方式解答，但需同时将解答以书面方式通知所有购买招标文件的潜在投标人。该解答的内容为招标文件的组成部分。

由此可见，现场踏勘与标前答疑会是相互衔接的活动，其目的是解读招标文件、解答潜在供应商的疑问。这种解答是正式的，是招标文件的组成部分。

《政府采购货物和服务招标投标管理办法》（财政部令第87号）沿用了这一做法，其第二十六条规定：

采购人或者采购代理机构可以在招标文件提供期限截止后，组织已获取招标文件的潜在投标人现场考察或者召开开标前答疑会。

组织现场考察或者召开答疑会的，应当在招标文件中载明，或者在招标文件提供期限截止后以书面形式通知所有获取招标文件的潜在投标人。

也就是说，在政府采购货物和服务的项目中，也可以召开标前答疑会。

根据上述规定，政府和社会资本合作项目，即PPP项目，是必须召开标前答疑会的。

综上，采购项目是否进行现场考察和标前答疑会，在采购文件中会有明确，同时采购人和采购代理机构也应将答疑的内容书面告知每一家潜在供应商。对于供应商来说，如果有条件的话，建议尽可能地参与现场考察和标前答疑会，以便获得第一手资料；如果因故不能参加，也应联系采购人或采购代理机构获得答疑会的书面资料。

5.11 如果对采购文件的内容有疑问怎么办？

本问题是承接上一个问题的，就是如果采购人没有举行答疑会，或因故没能参加答疑会，那么在阅读和分析采购文件时有疑问怎么办。这时可以询问采购人和采购代理机构。

《政府采购法》第五十一条规定：

供应商对政府采购活动事项有疑问的，可以向采购人提出询问，采购人应当及时作出答复，但答复的内容不得涉及商业秘密。

《政府采购法实施条例》第五十二条第一款规定：

采购人或者采购代理机构应当在3个工作日内对供应商依法提出的询问作出答复。

需要说明的是，询问不只是用于提出对采购文件的疑问，实际上可以贯穿整个采购活动，所以本书第11章会专节讲解询问。这里主要是解释如何运用询问解决供应商对采购文件的疑问。

询问可以采用送达或邮寄书面询问函、当面提问、电话或电子邮件等各种形式，采购人和采购代理机构也会以相应的形式进行回复。

根据询问的结果，可能会有两种情况：其一，供应商的疑问主要是来自供应商个性化的原因，经过采购人和采购代理机构的解答，疑问解决了；其二，通过询问，采购人和采购代理机构发现采购文件确实有未讲清楚的地方，甚至确实有错误或缺陷。这时就涉及采购文件的澄清和修改。

《政府采购法实施条例》第三十一条第二款规定：

采购人或者采购代理机构可以对已发出的招标文件进行必要的澄清或者修改。澄清或者修改的内容可能影响投标文件编制的，采购人或者采购代理机构应当在投标截止时间至少15日前，以书面形式通知所有获取招标文件的潜在投标人；不足15日的，采购人或者采购代理机构应当顺延提交投标文件的截止时间。

对于磋商文件、谈判文件、询价文件，也有类似的允许澄清或修改的规定。这里不再赘述。

在发生澄清或修改后，采购人和采购代理机构一般会发布更正公告。例如，某物业采购项目的更正公告内容为将原采购文件中"项目经理具有二级及以上企业人力资源管理师职业技能证书或中级人力资源管理师证书的得2分"更正为"项目经理具有二级及以上企业人力资源管理师职业技能（或职业资格）证书或中级人力资源管理师证书的得2分"，这就补正了原证书的范围。

如果经过询问，采购人澄清或修改了采购文件，供应商就要密切注意修改后的内容，并以修改后的内容为准，调整自身的投标文件、响应文件编制思路。

5.12　如果认为采购文件中有不合理条款怎么办？

这个问题又是紧接着上一个问题的，就是如果供应商在阅读和分析采购文件时，不仅对采购文件有疑问，而且认为采购文件存在不合理条款，进而损害了自身的利益，那么应该如何处理。

例如，《政府采购货物和服务招标投标管理办法》（财政部令第87号）第十七条规定：

采购人、采购代理机构不得将投标人的注册资本、资产总额、营业收入、从业人员、利润、纳税额等规模条件作为资格要求或者评审因素，也不得通过将除进口货物以外的生产厂家授权、承诺、证明、背书等作为资格要求，对投标人实行差别待遇或者歧视待遇。

《政府采购非招标采购方式管理办法》（财政部令第74号）第十条第二款规定：

谈判文件、询价通知书不得要求或者标明供应商名称或者特定货物的品牌，不得含有指向特定供应商的技术、服务等条件。

那么，如果供应商认为采购文件违反了上述规定，就可以使用质疑。同询问一样，质疑也可以贯穿整个采购活动。这里主要对针对采购文件的质疑进行讲解。

《政府采购法》第五十二条规定：

供应商认为采购文件、采购过程和中标、成交结果使自己的权益受到损害的，可以在知道或者应知其权益受到损害之日起七个工作日内，以书面形式向采购人提出质疑。

上述七个工作日如何计算？《政府采购法实施条例》第五十三条第一项做出了解释：

对可以质疑的采购文件提出质疑的，为收到采购文件之日或者采购文件公告期限届满之日。

《招标投标法实施条例》第二十二条规定：

潜在投标人或者其他利害关系人对资格预审文件有异议的，应当在提交资格预审申请文件截止时间 2 日前提出；对招标文件有异议的，应当在投标截止时间 10 日前提出。招标人应当自收到异议之日起 3 日内作出答复；作出答复前，应当暂停招标投标活动。

《招标投标法实施条例》第二十三条规定：

招标人编制的资格预审文件、招标文件的内容违反法律、行政法规的强制性规定，违反公开、公平、公正和诚实信用原则，影响资格预审结果或者潜在投标人投标的，依法必须进行招标的项目的招标人应当在修改资格预审文件或者招标文件后重新招标。

也就是说，供应商认为采购文件存在问题的，可以提出质疑。经过质疑，采购人认为采购文件确实存在问题的，会进行澄清和修改；如果采购人认为没有问题，会以书面的质疑答复函的形式进行回复，在答复函中会列举相关的事实依据和法律依据。如果供应商仍然认为采购文件存在不合理之处，可以依法提起投诉。关于投诉的方法，读者朋友可参阅本书第 11 章相关内容，这里不再重复表述。

第3篇

竞标篇

第6章 标书编制的准备

本章介绍编制标书前的准备工作。对于经常参加投标活动的企业来说，编制标书前的准备已基本成为一项流程化或半流程化的工作，可以基于前期投标的资料，直接进入编制标书环节。但本书主要面向的是初创型企业，所以要从基本的注意事项讲起，介绍编制标书准备工作的常识性知识，以便读者朋友可以更有效率地组织这项工作。

6.1 编制标书需要哪些岗位的人参加？

标书编制需要哪些岗位的人参加，实际上应该反过来考虑，就是我们准备呈现给招标方的标书，究竟应该有哪些内容。从大的方面说，标书应包括投标人的基本情况、技术部分、商务部分，最后还需要有人进行统一的排版、打印、装订等，其中的技术、商务又可以细分为很多内容。一些大的公司或主要依靠投标获得订单的行业，如建筑业等，会设有投标部门，专门从事投标工作。而中小企业显然没有这个人力，也没有这个必要专设一个部门。在招标文件编制过程中，企业的基本资料可复用现有模板，排版、打印等工作可以交打印店完成，但技术部分和商务部分必须针对每个项目的具体要求量身定做。

所以，编制标书最好召集三个岗位的人员参加：销售岗位、技术岗位和财务岗位。一些初创公司，可能员工非常少，投标这样的工作需要老板亲力亲为，即使这样，我们也建议至少要有两个人能够参与编制标书的工作，哪怕公司请的是代账制的会计，最好也能让他看下相关的资料。因为经验告诉我们，多个人共同审阅过的资料，要比一个人做出错的概率小很多。

6.2　编制标书需要多长时间?

编制标书的时间不能一概而论，既要看投标人对编制标书工作的熟练程度，也要看招标项目本身的复杂性。从公开招标项目的法定准备时间是20日，竞争性磋商项目是10日，询价项目是3日，就可以大致看出各类项目的复杂性。同时，需要提醒读者朋友的是，除了刚接触项目的初创公司和纯粹的职场小白，一般企业没有完全从零开始编制标书的，都是在一定的资料积累基础上编制完成。在一些投标任务比较频繁的公司，工作人员一天之内加班完成整个标书的编制也不鲜见。对于中小企业来说，面对公开招标和竞争性磋商这样的项目，建议预留5~7天编制标书。这样既能够为编制标书留有足够的时间余地，又不至于战线拉得太长以至于影响了公司其他业务。

6.3　编制标书需要多少费用?

从道理上说，参与投标的次数越多，获得项目的可能性就越大。但投标本身是需要成本的，积少成多，也是一笔可观的支出。中小企业不得不考虑这个问题。从大的方面划分，编制标书包括三方面费用：一是内容编纂的费用；二是印制装订的费用；三是其他费用，如购置投标文件、现场踏勘的餐旅费等。自然，上述工作均可以由公司内部的工作人员完成，这样费用就转化为工资性支出和材料成本。

这里简单介绍一下外包上述工作的费用，供读者朋友准备投标时参考。内容编纂的费用，又可以细分为单独提供商务部分、单独提供技术部分和"一站式"综合服务几种类型。其中，对于工程类项目来说，技术部分的编纂需要编制工程量清单，这个专业性很强，一般是根据项目预算单独收费。对于普通的货物项目或服务项目来说，一般商务部分的编纂费用略低于技术部分，两者最低可达百元，两者加在一起的"一站式"综合服务目前网上最低报价为1000元。印制装订的费用，与标书的厚薄、是否扫描、是否彩印、是否硬封都有关系，按照最普通的估算，每本要100多元。如果招标方不要求纸质件，这块费用可以节约。在其他费用方面，目前政府采购项目的趋势是标书免费，收费的项目一般在300元至500元之间，餐旅费视是否参加现场开标以及现场踏勘而定。

综上，中小企业参与一次通常项目的投标费用在1000元至2000元之间。

6.4　没有编制标书的经验怎么办？

编制标书的经验是积累而来的。对于初创企业而言，比较有效而又现实的方法是收集与本公司业务领域类似的投标文件作为参考，同时注意建立自身的投标资料库。在有了一定的投标经验后，特别是有了成功的投标项目以后，建议将成功项目的投标文件保存为模板，这样在后面的投标项目中可以事半功倍。同时，在投标前学习一定的投标知识和技巧对于初创企业来说有着磨刀不误砍柴工的作用。

本书的内容就是面向中小企业、初创企业，即那些由于扩展业务而需要参与招投标和政府采购活动，但因为规模限制又无法专门设置投标部门或投标岗位的企业。本书通过"手把手"式的讲解，基本可以解答初创企业在投标过程中可能遇到的绝大部分问题。

6.5　可以请人编制标书吗？

这个问题可以和上文的第 6.3 节结合在一起看。既然有很多机构提供制作标书的服务，并且明码标价，那自然有很多企业将制作标书的工作外包出去，所以请人编制标书是没有问题的。但这里有两点要提醒读者朋友注意。

第一，上文已经提到的费用问题。即使是最普通的标书，按照现在的市场报价，一个项目也要 1000 元至 2000 元，在投标形势还不明朗的时候，这笔开支对于初创企业来说是需要考虑的。

第二，企业的商业秘密。请外部机构编制标书，或多或少地要将企业的信息、投标策略等告知制作商。自然，对于初创企业、中小企业来说，基本是赤手空拳打天下，在这方面的顾虑不会像大中企业或国有企业那样多，不过这是个风险点，也要引起注意。

因此，这里给读者朋友的建议是：对于"急、难、新、重"的项目，可以考虑请外部机构帮助制作标书，而其余项目尽量自己动手制作，最多在胶印、装订时让打印店帮助处理一下。所谓"急"，是指时间要求急；所谓"难"，是指项目难度大；所谓"新"，是指项目内容以前没有接触过；所谓"重"，是指项目价值较高、分量较重的。在这些项目上花费一定费用请专业机构帮助制作标书，不仅效率较高，而且可以借助专业机构的经验提高标书质量，整体支出的性价比较高。

6.6 如何准备资格审查材料?

《政府采购法》第二十二条第一款规定:

供应商参加政府采购活动应当具备下列条件:

(一)具有独立承担民事责任的能力;

(二)具有良好的商业信誉和健全的财务会计制度;

(三)具有履行合同所必需的设备和专业技术能力;

(四)有依法缴纳税收和社会保障资金的良好记录;

(五)参加政府采购活动前三年内,在经营活动中没有重大违法记录;

(六)法律、行政法规规定的其他条件。

为了明确供应商如何证明自身具备上述条件,《政府采购法实施条例》第十七条规定:

参加政府采购活动的供应商应当具备政府采购法第二十二条第一款规定的条件,提供下列材料:

(一)法人或者其他组织的营业执照等证明文件,自然人的身份证明;

(二)财务状况报告,依法缴纳税收和社会保障资金的相关材料;

(三)具备履行合同所必需的设备和专业技术能力的证明材料;

(四)参加政府采购活动前3年内在经营活动中没有重大违法记录的书面声明;

(五)具备法律、行政法规规定的其他条件的证明材料。

采购项目有特殊要求的,供应商还应当提供其符合特殊要求的证明材料或者情况说明。

本节所说的资格审查材料,就是上述这些证明材料。之所以在招标的准备环节介绍这部分内容，是因为上述材料都是通用材料，就是每一个政府采购项目都要提供的，所以建议供应商朋友提前统一编制好，每次参与政府采购时直接拿来用就可以。下面我们再逐一讲解一下。

根据《民法典》的规定，法人包括营利法人（包括有限责任公司、股份有限公司和其他企业法人）、非营利法人（包括事业单位、社会团体、基金会、社会服务机构）和特别法人（包括机关法人、农村集体经济组织法人、城镇农村的合作经济组织法人、基层群众性自治组织法人）；非法人组织包括个人独资企业、合伙企业、不具有法人资格的专业服务机构（包括律师事务所、会计师事务所、咨询机构等）。

对于参与政府采购的朋友来说，绝大多数属于营利法人或个人独资企业、合伙企业，所以证明文件就是营业执照。自2016年1月1日起正式实施，我国推动"五证合一、一照一码"登记制度改革，工商营业执照、组织机构代码证、税务登记证、社会保险登记证、统计登记证"五证合一"，同时上面加载统一社会信用代码，营业执照就成为企业最重要的证件。个别读者朋友可能是民办非企业单位（可以理解为民办的事业单位），其证件是民办非企业单位登记证书；律师事务所、会计师事务所等机构的证件是主管部门颁发的执业许可证。

自然人的身份证明，最主要的就是居民身份证，这是众所周知的。这里顺带指出两点：一是个体工商户是有营业执照的，但个体工商户是我国特有的民事主体，在国外是没有的，因此在司法实践中，个体工商户是作为自然人对待的；二是按照国际惯例，只有中国公民才可以以自然人的身份参与我国的政府采购活动。

上述第二项提到"财务状况报告，依法缴纳税收和社会保障资金的相关材料"。其中，财务状况报告是指经审计的"四表一注"（资产负债表、利润表、所有者权益变动表、现金流量表，财务报表附注），上面应有两名注册会计师签名并加盖执业印章和审计机构的公章。如果没有财务报告，可以提供银行出具的资信证明或专业担保机构出具的投标担保函。依法缴纳税收和社会保障资金的相关材料可以从电子税务局中导出电子税收缴款书和社保费缴费单（目前我国的社保费也是在税务部门缴纳），自行打印纸质件。

这里需要简单提一下，就是尽管在优化营商环境中，投标人作为市场主体的企业社保证明已可以用承诺函来替代，但在投标文件中，有时会需要某个具体职员的社保证明。常见的是在工程招标或信息化招标领域，需要提供项目经理或一些有资质人员的个人社保证明，以防出现造假、挂靠等行为。这就涉及个人社保证明的开具问题。根据国家社会保险公共服务平台的办事指南，参保人员可在国家社会保险公共服务平台（https：//si.12333.gov.cn/）查看参保地是否已开通网上查询服务，已经开通服务的地区，参保人注册登录后，选择社保查询下的"个人社保参保证明查询打印"服务，根据本人选择的参保地、险种类型，即可在线查询打印本人在该参保地的个人社保参保证明。如果在上面的平台无法打印，一般也可以在当地的政务服务平台或税务APP中找到可以查询打印社保证明的功能。个人社保证明一般提供1个月的即可。

上述第三项"具备履行合同所必需的设备和专业技术能力的证明材料"，是指相关生产设备的购置发票、技术人员的职称证书和用工合同等。第四项"参加政府采购活动前3年内在经营活动中没有重大违法记录的书面声明"中的重大违法记录，是指供应商因违法经营受到刑事处罚或者责令停产停业、吊销许可证或者执照、较大数额罚款等行政处罚。目前，第三项和第四项所需材料也已经整合到了书面的承诺函中，即在承诺函中做出承诺或声明即可。

上述第五项"具备法律、行政法规规定的其他条件的证明材料"以及第二款"采购项目有特殊要求的，供应商还应当提供其符合特殊要求的证明材料或者情况说明"是起着兜底作用的规定，主要是指一些不便分类或无法事先列举的证明材料，均归纳到这里。例如，国家对医疗器械的生产和销售，以及对银行、保险、证券等服务有专门的法律、法规规定，如果招标内容涉及这类产品或服务，就需要供应商提供相应的证明材料。

这里需要说明的是，目前很多政府采购项目都会要求供应商在参与时未被列入失信被执行人、重大税收违法案件当事人名单、政府采购严重违法失信行为记录名单。这个要求的依据来自《财政部关于在政府采购活动中查询及使用信用记录有关问题的通知》（财库〔2016〕125号），查询的渠道是"信用中国"网站（www.creditchina.gov.cn）、中国政府采购网（www.ccgp.gov.cn）等。不过，这项工作职责是由采购人和采购代理机构承担，而不是供应商承担。也就是说，供应商可以事先在上述网站查询自身的信用情况，以便心中有数，而从采购活动的组织角度看，有关信用情况是由采购人和采购代理机构查询，不需要供应商提供。

6.7　职业资格、从业资格和执业资格是什么关系？

我们在采购文件中经常看到职业资格、从业资格和执业资格等字样，特别是在工程类项目或服务类项目中。从准备标书的角度看，供应商朋友应该事前就对本单位哪些人员拥有哪些证书有所了解，并做好登记，这样在编制标书时，就可以较便捷地提供对应的资格证书。

那么，职业资格、从业资格和执业资格之间有什么区别呢？简单地说，职业资格 = 执业资格（准入类资格）+ 从业资格（水平评价类资格）。这里的职业资格，指的是人力资源和社会保障部发布的《国家职业资格目录》中的职业资格，目前最新的是2021年版。其中包括专业技术人员职业资格和技能人员职业资格两大类。在这两类中，均在资格类别中注明了是"准入类"还是"水平评价类"。其中，"准入类"是指国家对一些责任较大、社会通用性强、关系公共利益的专业技术工作和技能工作实行准入控制，要求相关人员必须具备一定的工作学识、技术和能力，所持证书须为全国统一大纲、统一命题、统一组织、统一考试后获得。准入类资格必须持证上岗，所以我们称之为"执业资格"。"水平评价类"是通过鉴定或考试衡量从业者的水平和业务能力，供用人单位参考，并不强制要求持证上岗，因此我们称之为"从业资格"。

从政府采购的角度看，一般准入类证书作为资格条件或者实质性要求，水平评价类证书作为评分的相关因素。在2021年版《国家职业资格目录》中，共计72项职业资格。其中，专业技术人员职业资格59项，含准入类33项，水平评价类26项；技能人员职业资格13项。对于供应商朋友来说，最好当员工取得相关证书时，就留存一份复印件，这样在投标时可以迅速地让员工提供原件，同时应注意，要确保投标时相关员工的社保费是在本单位缴纳。因为在投标时为了防止挂靠，通常都会要求同时提供相关员工的社保证明。

这里向供应商朋友提及一个相关的概念：行政许可。简单地说，上述职业资格是对人员的资格要求，而行政许可是对单位的资格要求。行政许可的依据是《法律、行政法规、国务院决定设定的行政许可事项清单》，目前最新的版本是2025年版，共有991项。例如，食品生产许可和食品经营许可，就是依据《中华人民共和国食品安全法》（以下简称《食品安全法》）和相关法规由市场监管部门管理的行政许可。行政许可的专业性很强，供应商朋友应注意保管好相关的证书，以便投标时及时提供。

6.8　如何准备合同业绩?

合同业绩是供应商实力和专业能力的重要体现，也是政府采购领域关注度较高的话题。经梳理，目前采购文件的业绩设置规则是：不宜作为资格条件，但可以有条件地作为评分条件。例如，财政部国库司在网上答复，即使是符合《政府采购法》要求，且没有指定特定金额、特定行业和特定数量的业绩，也不宜作为资格条件；但采购人可以根据采购项目特点和实际需求，要求供应商具有全国性的非特定行业的类似业绩作为加分条件。

整体而言，作为评分条件的业绩有 5 个方面的限制：一是不得规定特定金额的合同业绩。合同金额与营业收入直接相关，将特定金额的合同业绩作为评审因素，其实质是通过营业收入对中小企业进行限制。根据《中华人民共和国中小企业促进法》的规定，不得在经营年限、经营规模和财务指标等方面对中小企业实行差别待遇或者歧视待遇。二是不得规定特定数量的合同业绩。特定数量的合同业绩，本质上与特定金额的合同业绩一样，也是歧视中小企业。三是不得规定特定行政区域的业绩。要求本地业绩对外地供应商不公平，是地方保护主义的表现。四是不得规定特定行业的业绩。特定行业业绩是行业封锁的体现，有悖于公平竞争。五是不得规定特定服务主体的业绩。例如，采购文件要求提供"文化和旅游部直属院团舞台设备"业绩。文化和旅游部直属院团的舞台设备与其他院团的舞台设备没有实质性区别，此类业绩也属于不合理条款。

那么，在了解了合同业绩的有关规定之后，供应商朋友如何准备合同业绩呢？第一，要保管好合同正本。一般单位均会将合同正本存档，应注意及时再复印一至两份。第二，如果该合同本身也是通过招投标取得的，应注意同时保管好中标通知书或成交通知书。第三，如果合同已完成，应注意保存履约验收报告，工程类的项目应有竣工验收报告，已经付款的，要注意保存发票的相关票据。第四，要注意合同中体现的业绩要求的时间范围、产品（或同类产品）名称或明细、项目服务内容，建议合同按时间顺序分类存放。第五，部分工程或服务项目对项目经理或团队有关联要求，在合同中应注意体现项目经理名字、团队名单等。第六，要注意合同的签字盖章处应清晰可见。

6.9　如何应对资格预审？

资格预审是采购程序中一个独立的环节，除单一来源采购外，其他采购方式都可能采用资格预审。所以，如果供应商朋友准备好了上述资质材料等，在采购活动中遇到的第一个工作可能就是应对资格预审。

《政府采购法》第二十三条规定：

采购人可以要求参加政府采购的供应商提供有关资质证明文件和业绩情况，并根据本法规定的供应商条件和采购项目对供应商的特定要求，对供应商的资格进行审查。

根据上述规定，《政府采购法实施条例》第二十一条规定：

采购人或者采购代理机构对供应商进行资格预审的，资格预审公告应当在省级以上人民政府财政部门指定的媒体上发布。已进行资格预审的，评审阶段可以不再对供应商资格进行审查。资格预审合格的供应商在评审阶段资格发生变化的，应当通知采购人和采购代理机构。

资格预审公告应当包括采购人和采购项目名称、采购需求、对供应商的资格要求以及供应商提交资格预审申请文件的时间和地点。提交资格预审申请文件的时间自公告发布之日起不得少于 5 个工作日。

接下来我们看一个资格预审的实例。

案例 6-1

某部餐厅及厨房整修工程

一、项目名称

某部餐厅及厨房整修工程

二、项目编号

202×-××××

三、项目内容

略

四、资格条件

1. 符合《中华人民共和国政府采购法》第二十二条资格条件。

2. 国有企业；事业单位；军队单位；在中国境内注册且截至202× 年 7 月 1 日成立时间不少于 3 年（含）的企业法人，且为非外资独资或控股企业。

3. 单位负责人为同一人或者存在直接控股、管理关系的不同投标企业，不得同时参加本项目招标活动。企业之间股东（含董事、监事）有关联的，一律视为直接控股、管理关系。投标企业之间有上述关系的，应主动声明，否则将给予列入不良记录。

4. 本项目招标不接受联合体投标。不允许分包及转包。供应商违规分转包的，依法追究法律责任。

五、报名要求

1. 报名时间：202×年11月10日至11月18日，每日8时00分至12时00分，15时00分至18时00分。

2. 报名资料：提交以下资料复印件（1份，按以下顺序胶装，编设目录和页码，每页加盖公章，格式自行拟定不作要求）进行报名。

2.1 营业执照；

2.2 法定代表人资格证明书；

2.3 法定代表人授权书［若法人参加开标，将委托人授权给法人；授权委托人必须为本公司员工，提供为其缴纳报名当月之前（不含当月）的202×年以来任意连续3个月社保证明材料］；

2.4 具有依法缴纳税收和社会保障资金的良好记录（提供自202×年以来任意连续6个月的完税证明材料（电子缴款凭证不能作为完税证明材料）和202×年以来任意连续6个月的缴纳社会保障金证明材料）；

2.5 具有良好的商业信誉和健全的财务会计制度（提供202×年以来任意1年会计师事务所出具的审计报告，包含资产负债表、利润表、资金流量表及附注）；

2.6 具有履行合同所必需的设备和专业技术能力（承诺书）；

2.7 未被"信用中国"（www.creditchina.gov.cn）网站列入失信被执行人、重大税收违法失信主体、严重失信主体名单，未被列入政府采购严重违法失信行为记录名单，未被军队采购网列入军队供应商暂停名单、未在军队采购供应商失信名单禁入处罚期内的查询截图（查询截图共6张，查询时间须在报名开始时间之后）；

2.8 非外资独资或外资控股企业、近3年内无重大违法记录和无重大质量安全事故的书面声明；

2.9 资质证书［具备建筑装饰装修工程专业承包二级（含以上）或建筑工程施工总承包二级（含以上）资质，并具有有效期内的安全生产许可证］；

2.10 拟派的项目经理二级注册建造师（建筑工程）或以上资质的相关材料（①注册证书，②有效期内的安全生产考核合格证 B 本，③身份证，④劳务合同，⑤202× 年以来的任意连续 12 个月社保缴纳证明材料）；

2.11 主要人员（五大员）的相关材料（①岗位证书，②身份证，③劳务合同，④202× 年以来的任意连续 12 个月社保缴纳证明材料）；

2.12 类似项目业绩证明材料：提供合同和中标通知书复印件（自 20×× 年以来不少于 3 项类似项目业绩证明）。

六、报名材料递交要求

1. 材料统一胶装装入密封袋内，封口处应加盖公章，封面上注明项目名称、项目编号、申请人全称，并注明"资格预审材料"字样，密封袋封面上留好联系人姓名、电话、公司注册地址和电子邮箱。

2. 报名资料内容应按顺序要求组织胶装，并编设目录和页码；若未按要求提供，将视为无效投标。

3. 申请人应当在本公告明确的报名截止时间前，将报名材料送达指定地点，非特殊原因不得以快递等形式送达。逾期递交的一律拒绝接受。

七、报名开始和截止时间及地点、方式

略

八、投标开始和截止时间及地点、方式

略

九、开标时间、地点

略

十、招标人联系方式

略

案例6-1是一个较典型的资格预审项目，从内容到形式都有具体的规定，具有较强的参考意义，能做好这个项目的资格预审材料，就可以应对大多数资格预审任务。

我们首先看报名资料的第1至第6部分，这对应着《政府采购法》第二十二条第一款的6项规定，请注意其中的完税证明和社保费证明均是要求连续月份的，另外证明具有履行合同所必需的设备和专业技术能力是提供承诺书，即自我承诺即可。如果是经常需要投标的供应商，建议事前把第1至第6部分资料准备若干份以备用。第7部分是信用证明，注意要求在报名时间之后截取。第8部分是由供应商自行提供的书面声明。第9部分是供应商自身的资质证明，特别注意应在有效期内，如果企业的资质证书即将到期，应及时更新。第10和第11部分是相关人员的资格证书，要特别注意所有人员均需要同时提供社保证明，而且在本案例中，为了防止挂靠等行为，要求是连续12个月的社保证明。这就从另一方面提醒供应商朋友，要及时为员工缴纳社保。

接下来我们看形式部分。报名文件要求按照顺序进行胶装，并编设目录和页码，同时每页加盖公章，然后材料统一胶装装入密封袋内，封口处应加盖公章，封面上注明项目名称、项目编号、申请人全称，并注明"资格预审材料"字样，密封袋封面上留好联系人姓名、电话、公司注册地址和电子邮箱。上述要求非常细致，若未按要求提供，将视为无效投标。最后还要注意报送时间，不仅要及时报送，而且非特殊情况不要采用快递方式报送。

6.10　如何评估投标成本？

在投标准备阶段，有一个非常重要但又经常被忽视的隐形工作是评估投标成本。这里所说的投标成本并不仅是上文的第6.3节曾经提到的制作标书的费用，而是整个投标项目的成本。俗话说"商人无利不早起"，供应商朋友参与政府采购活动，最终的目的就是获得合理的经济回报，这无可厚非。但很多供应商，尤其是参与政府采购经验不足的初创企业，经常忽视在制作标书前先大致评估一下完成项目自身需要的成本，以至于比较盲目地参与政府采购活动。所以，我们提醒供应商朋友的第一件事就是要在投标准备阶段预估一下自身的成本，然后再决定是否参与政府采购活动。

至于预估成本的方法，对于工程类项目来说，目前已经有比较成熟的、以工程造价知识为基础的一套计算方式，有需要的朋友可以查阅相关资料，这里不再赘述。而货物项目因为有比较明确的价格做参考，也较易把握。这里主要介绍几种适用于服务项目的估价方法，供参与政府采购活动的中小微企业参考。

一是自上而下估算，就是根据采购文件公布的项目预算，将其自上而下划分为阶段或任务，估计每个模块大致可以分到的预算，然后判断预算是否可以支撑完成任务。

二是类比估算，就是根据自己最近做过的类似项目或熟悉的同行做过的类似项目，大致评估这个项目所需要的成本。类比估算的好处在于非常简便。

三是参数估算。参数估算是根据单位成本估计整体成本。举例来说，项目要求制作一个2分钟的动漫，我们大致知道目前制作30秒视频动漫的成本为5000元，那大体上就知道2分钟的动漫的成本为2万元。

四是三点估算。三点估算是一种加权的估算方法。举例来说，对于一个项目，团队成员估算出了最好、一般、最差三种情况下所需要的预算，我们可以将上述预算加总后除以3，得到平均数，就是三点估算的结果。

五是自下而上估算，即供应商可以让自己的团队先预估一下每个模块大体的成本，然后汇总，就可以知道整个项目的大致成本。

6.11 哪些属于可以享受扶持政策的中小企业？

中小企业可以在政府采购活动中享受扶持政策，其法律法规依据是《政府采购法实施条例》第六条：

国务院财政部门应当根据国家的经济和社会发展政策，会同国务院有关部门制定政府采购政策，通过制定采购需求标准、预留采购份额、价格评审优惠、优先采购等措施，实现节约能源、保护环境、扶持不发达地区和少数民族地区、促进中小企业发展等目标。

据此，财政部门发布了《政府采购促进中小企业发展管理办法》（财库〔2020〕46号）。此外，还有《财政部 司法部关于政府采购支持监狱企业发展有关问题的通知》（财库〔2014〕68号）、《财政部 民政部 中国残疾人联合会关于促进残疾人就业政府采购政策的通知》（财库〔2017〕141号）等文件，根据上述文件，监狱企业、残疾人福利企业享受与中小企业相同的扶持优待。因为监狱企业、残疾人福利企业受众面较小，这里主要以中小企业为例，阐述相关优惠政策。

例如，某政府采购项目在招标文件的资格要求中明确：

本项目属于专门面向中小企业采购的项目。供应商须为符合本项目采购标的对应行业（软件和信息技术服务业）划分标准的中小企业（监狱企业、残疾人福利单位视同小型、微型企业）。

注：中小企业以供应商填写的《中小企业声明函》（服务）为判定标准，残疾人福利性单位以供应商填写的《残疾人福利性单位声明函》（见投标格式）为判定标准，监狱企业须向供应商提供由省级以上监狱管理局、戒毒管理局（含新疆生产建设兵团）出具的属于监狱企业的证明文件，否则不

予认定。

从上文可以看出，该项目是专门面向中小企业（含监狱企业、残疾人福利单位）的项目。其中特别提到，须符合对应行业的划分标准。这就告诉我们，中小企业的划型，是以行业进行分类的。

现行企业规模划分的权威标准是工业和信息化部、国家统计局、国家发展和改革委员会、财政部发布的《中小企业划型标准规定》（工信部联企业〔2011〕300号）。在此规定发布之后，国家统计局根据新的国民经济分类标准，发布了《统计上大中小微型企业划分办法（2017）》（国统字〔2017〕213号），2017年的这个文件是对2011年文件的细化，目前我们判断中小企业就是依据2017年的文件。此外，中国人民银行、原中国银行业监督管理委员会、中国证券监督管理委员会、原中国保险监督管理委员会与国家统计局于2015年联合印发了《金融业企业划型标准规定》（银发〔2015〕309号），对金融业企业规模划分标准进行了明确。

《统计上大中小微型企业划分办法（2017）》（国统字〔2017〕213号）将全部企业划分为16个行业门类，然后根据从业人数、营业收入和资产总额划分企业规模。例如，小型工业企业的标准是从业人数大于等于20人小于300人，同时年营业收入大于等于300万元小于2000万元；小型软件和信息技术服务业企业的标准是从业人员大于等于10人小于100人，同时年营业收入大于等于50万元小于1000万元。

这里有两点需要说明：一是微型企业只要符合其中一条标准即可。例如，工业企业只要从业人数小于20人或营业收入小于300万元，即可认定为微型企业；软件和信息技术服务业企业只要从业人数小于10人或年营业收入小于50万元，即可认定为微型企业。二是个体工商户符合行业标准的，一律视为相应的中小微企业。因此，在实践中，绝大多数初创企业均属于中小微企业范畴。

6.12　什么情形下中小企业可以享受扶持政策?

那么，是不是只要是中小企业参与政府采购活动，都可以享受一定的扶持政策呢？答案是必须符合一定的前提条件。《政府采购促进中小企业发展管理办法》（财库〔2020〕46号）第四条规定：

在政府采购活动中，供应商提供的货物、工程或者服务符合下列情形的，享受本办法规定的中小企业扶持政策：

（一）在货物采购项目中，货物由中小企业制造，即货物由中小企业生产且使用该中小企业商号或者注册商标；

（二）在工程采购项目中，工程由中小企业承建，即工程施工单位为中小企业；

（三）在服务采购项目中，服务由中小企业承接，即提供服务的人员为中小企业依照《中华人民共和国劳动合同法》订立劳动合同的从业人员。

在货物采购项目中，供应商提供的货物既有中小企业制造货物，也有大型企业制造货物的，不享受本办法规定的中小企业扶持政策。

以联合体形式参加政府采购活动，联合体各方均为中小企业的，联合体视同中小企业。其中，联合体各方均为小微企业的，联合体视同小微企业。

从上文可以看出，货物类项目的要求是货物由中小企业生产且使用该中小企业商号或者注册商标，这样一些由中小企业OEM（Original Equipment Manufacture，代工生产）的产品就不能享受扶持政策，其中特别提出如果货物中既有大型企业制造的货物，也有中小企业制造的货物，则不能享受相关扶持政策；工程类项目是要求施工单位须为中小企业；服务类项目要求服务人员须在中小企业签订劳动合同。最后特别强调，联合体参与采购的，必须各方均为中小企业才可享受扶持政策，这是为了防止有些大型企业，仅仅为了获得优待而虚假联合中小企业参与采购。

6.13　中小微企业可以享受的扶持政策有哪些?

《政府采购促进中小企业发展管理办法》(财库〔2020〕46号)第七条规定:

采购限额标准以上，200万元以下的货物和服务采购项目、400万元以下的工程采购项目，适宜由中小企业提供的，采购人应当专门面向中小企业采购。

《政府采购促进中小企业发展管理办法》(财库〔2020〕46号)第八条规定:

超过200万元的货物和服务采购项目、超过400万元的工程采购项目中适宜由中小企业提供的，预留该部分采购项目预算总额的30%以上专门面向中小企业采购，其中预留给小微企业的比例不低于60%。预留份额通过下列措施进行:

(一)将采购项目整体或者设置采购包专门面向中小企业采购;

(二)要求供应商以联合体形式参加采购活动，且联合体中中小企业承担的部分达到一定比例;

(三)要求获得采购合同的供应商将采购项目中的一定比例分包给一家或者多家中小企业。

组成联合体或者接受分包合同的中小企业与联合体内其他企业、分包企业之间不得存在直接控股、管理关系。

我们把上述第七条和第八条放在一起看。

第七条是指全部200万元以下的货物和服务采购项目、400万元以下的工程采购项目均面向中小企业采购，这一条很容易理解，就是小项目给小企业。

第八条是指超过 200 万元的货物和服务采购项目、超过 400 万元的工程采购项目，要预留 30% 以上的份额给中小企业。需要注意的是，根据财政部的解释，这里的预留是按照预算单位进行预留。比如，某一预算单位有 5 个采购项目，预算共计 2000 万元，不需要每个项目都留 30% 的份额，而是统一预留一个 600 万元的项目给中小企业即可，其中预留给小微企业的比例不低于 60%，是指有 360 万元给小微企业。

第八条第一款第二项中的联合体是指正常的联合体，而不是该办法第 4 条中所指的全部由中小企业组成的、可以享受中小企业优惠的联合体；第三项是指如果供应商将部分份额分包给中小企业，视为中小企业预留份额。

最后要求联合体内其他企业、分包企业之间不得存在直接控股、管理关系。这很容易理解，防止有的大型企业分包给自身的子公司，否则就没有真正起到扶持中小企业的作用。

6.14 如何填写《中小企业声明函》？

按照目前政府采购活动中的做法，中小企业采用自行填写声明函的形式享受相关政策。如果以中小企业的身份中标，采购人和采购代理机构会公示中标候选人的《中小企业声明函》。如果期间有人质疑，有关机构会向中小企业注册地的政府管理部门发出中小企业认定函，以防止冒充中小企业的情况。

那么，对于供应商朋友来说，就是要知道如何填写《中小企业声明函》。

最后，想提醒供应商朋友的是，尽管中小企业是采用声明函方式，但建议预先准备一套可以证明自身是中小企业的材料，以便备查。具体材料有：营业执照，所载明的企业名称、营业范围可证明企业所属行业；经审计或企业自行制作的财务报告、会计报表、资产负债表，可证明资产总额；利润表，可证明营业收入；企业所得税年度纳税申报表，应填报信息包括企业所属行业、从业人数、营业收入、资产总额；用人单位劳动用工备案基础信息采集表，可证明从业人数；社会保险缴纳凭证，可证明从业人数；员工工资表，可证明从业人数。

第7章　编制标书

本章所称标书是对投标文件、响应文件等供应商提交的政府采购文书的总称。编制标书如同考生答卷，是决定供应商能否赢得政府采购项目的最关键一环。编制出高质量的标书需要供应商对招标文件、采购文件的深刻理解，同时做到有效展示自身的实力和优势。本章以编制标书的整体原则为起点，按照编制标书的工作流程，逐个介绍资格文件、技术文件和商务文件的编制要点，同时穿插需注意的事项，以期帮助读者朋友能够自主编制出较完备的标书。

7.1　编制标书的原则

高质量的标书应该是完整、准确地响应招标文件、采购文件的要求，同时最大限度地向采购人表明自身就是承接该项目的最佳人选。由此，提出编制标书的三条原则。

一是认真细心。认真细心要求提交的标书不出错，这是编制标书的基本要求。依据《民法典》第四百七十三条的规定，招标公告、采购公告属于要约邀请。因此，供应商编制的标书就属于要约，是以缔结合同为目的向采购人所作的意思表示。一旦成交，采购人发布的招标文件、采购文件和供应商提交的标书均构成合同要件。所以，采购人在招标文件、采购文件中约定的标书编制要求、提交标书的程序等均须视为实质性内容，供应商需要足够重视，在标书编制过程中认真对待。在实践中常有供应商朋友分析招标文件时，感觉自身完全满足资格条件，在技术、商务方面也有较大优势，但评审结果发布后，没有进入候选人名单。其原因就是个别细节问题没有关注，导致被判为无效投标。例如，某项目中采购人要求供应商的投标文件逐页小签，而报价最低的那家供应商在银行资信证明页上没有小签，原因是供应商认为银行资信证明是金融机构出具的独立文件，不需要供应商小签，但评标委员会认为银行资信证明也是投标文件的组成部分，应遵守逐页小签的规定，最终投标文件被判为无效。

二是有的放矢。有的放矢要求标书针对招标文件、采购文件中资格、技术、商务要求，清晰、完整地进行响应。根据实践中的经验，通常的政府采购项目一般在半天之内完成，也就是说评审小组在短短的两三个小时内要完成对全部标书的阅读、比较、打分，并走完所有的评审程序。可想而知，评审小组成员平均花在每份投标文件上的时间是有限的，具体到各个条款细节上的时间就更有限。这就反过来要求供应商在编制标书时，要针对招标文件中资格、技术、商务条款，直接、完整、清晰、准确地进行响应，避免弯弯绕绕、似是而非地表述，力求让评审专家一目了然。

三是扬长避短。扬长避短是指供应商要根据采购人的需求，策略性地展示自身的优势，提升竞争力。在公开招标、竞争性磋商等综合评价性的项目中，即使供应商报出最低价格，依然无法确保综合评分排名第一，因此要最大限度地增加自身中标的概率，就要想方设法为标书加分。以综合评分法为例，根据项目的不同评价标准，在技术部分可能设置的主观评分项一般有技术服务方案、安装调试方案、样品展示等；在商务部分可能设置的主观评分项一般有售后服务方案、培训方案、优惠方案等。对这些主观评分项响应情况反映了供应商的实力、能力和服务等方面的优势。因此，如何展示自身的独特优势，就是供应商需要着重考虑的问题。同时，这些内容的响应情况在一定程度上反映了供应商的准备情况、重视程度，这在竞争较激烈、各供应商实力差距较小的项目中可能会起决定性作用，望引起读者朋友的重视。

7.2 编制标书的基本流程

对于经常参与投标的供应商来说，编制标书实际上是一项熟练工作，可以依据以往的投标经验和成熟标书胸有成竹地进行编制。不过本书主要面向中小企业、初创企业，因此站在一个新手的角度，向大家介绍一套编制标书的基本流程，大致可以分为四个步骤。

第一步是找出重点。在本书第 5 章，我们曾经详细介绍过各类采购文件的要点。这里根据内容，我们可以将采购文件的信息大致划分为资格审查、技术要求、商务和合同条件要求、投标文件格式要求、招投标程序要求等；也可以分为实质性要求（第 5 章曾经提到了"*"条款）和非实质性要求。我们把这两方面结合在一起，就可以全面准确地分析采购文件的要求。所谓查找重点，就是把采购文件各个组成部分的实质性要求全部标注出来。

第二步是任务分解。对于复杂的工程类项目或者大的供应商来说，参与投标实际上是供应商内部人员、资源的一种整合，需要有技术、销售、售后、财务、行政、法务等各方面的人员参与。对于中小微企业来说，可能一方面自身的资源达不到这个要求，另一方面参与项目也并不复杂。那么，即使只有一个人进行标书编制，我们也建议将采购文件的各方面要求设置成不同的任务，分别进行编制。这样有利于掌握标书编制的工作进度，细化工作方案，确保标书质量。

第三步是归集汇总。归集汇总就是把上一步形成的各部分方案进行汇集。因为在很多情况下，分散形成的模块之间可能会有不匹配甚至矛盾的地方。比如，报价方案是否具有竞争优势，项目前期需投入的资金能否有保障，技术方案与商务方案是否匹配，售后服务方案能否落到实处等。这些都需要在汇总环节进行协调，最终形成一个较完备的整体方案。

第四步是检查完善。对于较大的供应商来说，我们建议由熟悉招投标程序、具有法律专业背景的人员进行检查。对于中小微企业来说，可能没有这个条件，但我们也建议至少更换一个人员进行检查。因为一个人制作标书，通常会陷入思维定式，就是他本人出现的缺陷，本人不容易检查出来。如果一些小微企业由于条件有限，确实也找不到另外一个有能力的人进行复核，那我们建议至少要采用搁置法、冷却法，即同一个人员编制的标书，在放置两三天之后，再从头到尾检查一遍，以便最大限度地减少错误。检查的过程就是对第一步标出的关键信息逐一核对，对有歧义的地方进行修正，对有遗漏的地方进行补充完善。有条件的供应商可以进行模拟打分，预估一下自己的得分情况，尤其是客观部分，以便做到心中有数。

7.3 招标文件中的资格要求举例

供应商参与政府采购活动，最终赢得采购合同，第一步就是要通过资格审查，这样才能进入商务和技术评审环节。评审小组对供应商的资格审查，其依据就是供应商提交的投标文件、响应文件中的资格文件。

本书第2章向读者朋友讲述过供应商的资格条件，那是法律上的一般规定，再加上项目的具体要求，就构成了该项目完整的供应商资格条件。资格条件一般在招标公告、采购公告中就已经载明。我们来看一个采购项目资格条件的实例。

1.满足《中华人民共和国政府采购法》第二十二条的规定。

2.落实政府采购政策需满足的资格要求：

本项目仅面向中小企业采购。

3. 本项目的特定资格要求：

（1）投标人不得为"信用中国"网站（www.creditchina.gov.cn）中列入失信被执行人和重大税收违法案件当事人名单的供应商，不得为中国政府采购网（www.ccgp.gov.cn）政府采购严重违法失信行为记录名单中被财政部门禁止参加政府采购活动的供应商（处罚决定规定的时间和地域范围内）；

（2）本项目参加政府采购活动的投标人、法定代表人/主要负责人在前3年内不得具有行贿犯罪记录；

（3）法律法规强制性要求的其他许可或认证资格。

上文是一家高校的食堂餐具、厨房用具采购项目资格条件。从要求看，中规中矩，没有在法定资格要求之外额外增加条件，这也是当前的趋势，即尽量降低参与政府采购活动的门槛，以便让更多的市场主体参与到政府采购活动中。

那么，我们逐条来看一下。

第1条是要满足《政府采购法》第二十二条的规定。这是供应商参与政府采购活动的基本条件，本书第2章已详细进行了说明，这里就不再赘述。

第2条是落实政府采购政策功能。这个项目是仅面向中小企业采购。这在前面的章节中也进行过说明。实际上，在政府采购活动中，特别是货物项目和服务项目，大多数中标供应商都是中小企业。

第3条是特定资格要求。这里的特定实际上从更广泛的意义上来说，也是一种普适性要求，如第一项不得有失信违法行为记录、第二项不得有行贿犯罪记录等。这里需要略微强调一下的就是第三项。第三项实际上是一个概括性很强的条款，可以说放在任何一个政府采购项目里面都适用。就本项目而言，招标标的是餐具厨具，那么燃气设备的安全性、餐具的卫生性等方面的要求，都可以用这一项来概括。因此，这里提醒供应商朋友，如果在资格要求中有类似条款，那么一定要根据自己所在行业和所投项目，认真梳理相关法律法规，备齐所有的法定许可和认证资料。

7.4 资格文件的编制要点

按照投标文件所呈现的内容划分，大致可以分为资格文件、技术文件和商务文件。其中资格文件位于投标文件的首部，是评标专家最先审阅的内容，是投标文件能否通过初审的重要依据，因此必须高度重视。本节提出编制资格文件的四点注意事项。

一是资料完整。资格文件一般包括对应《政府采购法》第二十二条的证明文件，包括但不限于"五证合一"后的营业执照、资信证明、经审计的财务报告、履行合同所必需的设备和专业技术能力证明、依法缴纳税收和社会保障资金的良好记录证明、无重大违法记录声明函、无不良信用记录声明函；投标人特殊资格证明，如中小企业声明函、残疾人福利性单位声明函；招标文件要求的特定资质和许可证明；投标产品在环保、节能、自主创新等方面的证明文件等。资格文件应完整地包括全部招标文件所要求的各类证明和文书。

二是表达清晰。资格文件在表达上要清晰、准确，切记"三个不能"。第一，不能杂乱无章。资格文件尤其忌讳各组成部分次序混乱，让评标专家在评审现场费劲查找对应的内容，因此建议按内容编排目录，放在整个投标文件的起始部分。第二，不能文不对题。资格文件不能对招标文件的实质性要求张冠李戴、漏洞百出。例如，要求提供产品原生产厂商的服务承诺函，却提供了投标人自身的服务承诺函；要求提供系统集成资质证明，却提供了软件开发企业资质证明等。第三，不能前后矛盾。由于资格文件多是已经存在的文书，因此在实践中，很多供应商习惯于事先准备好成套的资格文件，后期再根据具体的项目编制不同的技术文件和商务文件。应该说，这是一种提高效率的好方法，但需要特别注意要与后面的技术文件和商务文件保持一致，不要前后矛盾，如资格文件的投标函中质量标准是"优良"，而技术文件中的质量验收标准却是"合格"，或资格文件中提供的负责人资料与商务文件中的不一致等。

三是内容有效。资格文件所提供的内容必须真实有效。这里的真实有效包含三层含义。第一，不能弄虚作假，这是编制资格文件最基本的要求。根据《政府采购法》第七十七条的规定，供应商提供虚假材料谋取中标、成交的，不仅要受到处罚，而且有可能承担刑事责任。第二，要在有效期之内。各类证照、资质证书必须在法律法规所允许的有效期内，特别是需要每年进行年检的资质证书，要特别注意是否有效。第三，要注意各类资质证书颁发机构的效力。一般来说，只有政府部门或政府部门授权的事业单位、社会团体颁发的证书才有效力。在实践中，常会出现一些"草台班子"颁发的证书，这是不被认可的，而且放进资格文件中还会影响评审专家对供应商的信任，因此供应商朋友在提供证书时要擦亮眼睛。

四是格式规范。按照招标文件要求，资格文件乃至整个投标文件应做到顺序正确、章印齐全、装订整齐。顺序正确，就是要求按照招标文件中的具体要求排列资格文件，不要颠倒。章印齐全，就是要求资格文件中该由法定代表人签字并盖章的必须由法定代表人签字并盖章，其他人不得代替或仿制；该加盖单位公章处须加盖单位公章，不得以其他章印代替。装订整齐，就是要求资格文件和技术文件、商务文件要装订成册，该密封的必须密封，该在封面上填写有关项目名称的必须填写，该标明正本和副本字样的必须标明正本和副本。对于电子投标来说，可能不存在装订问题，但在排版时要注意保持字体统一、符号统一、页面统一。对于需要上传的资质证明，最好使用原件扫描上传，避免使用复印件，尤其是多次使用的复印件，以免出现上传资料模糊不清，影响评审专家的审核。

这里需要说明的是，资格文件大致可以分为两种：一种是证书类的，比如供应商的营业执照、各类政府部门颁发的许可证等，证书类文件都是成型的文书，在编制资格文件时直接复印或扫描即可；另一种是证明类的，这类文书没有固定的格式，需要供应商自拟，用自身的信用和承诺证明约定的事项。本书第2.9节介绍了《政府采购法》第二十二条对应的资格文件写法，第6.14节介绍了中小企业声明函的写法。读者朋友将这几部分内容综合起来，就可以大致掌握证明类资格文件的写法。

7.5　评审小组如何评审资格文件?

在评标过程中，资格文件一般是在开标后首先评审的部分。评审专家会根据资格文件评审表格，按照招标文件的要求，按图索骥，逐项对资格文件中的内容进行审核并记录结果。需要说明的是，资格文件的评审结果只有"通过"和"不通过"两种结果。投标人提交的资格文件各项内容必须全部通过审核，才有资格进入下一阶段的详细评审。

资格文件的评审表格由采购人或采购代理机构自行设计。表7-1是一个适用于大多数情况的资格文件评审表样表。

表 7-1　资格文件评审表样表

序号	检查因素		检查内容或证明文件	是否通过
1	投标人应符合的基本资格条件	具有独立承担民事责任的能力	1. 投标人法人营业执照（副本）或事业单位法人证书（副本）或个体工商户营业执照或有效的自然人身份证明、组织机构代码证复印件（"五证合一"提供营业执照即可）； 2. 投标人法定代表人身份证明和法定代表人授权代表委托书	是/否

续表

序号	检查因素		检查内容或证明文件	是否通过
1	投标人应符合的基本资格条件	具有良好的商业信誉和健全的财务会计制度	提供年度财务状况报告或其基本账户开户银行出具的资信证明复印件，本年度新成立或成立不满一年的组织和自然人无法提供财务状况报告的，提供银行出具的资信证明复印件	是／否
		具有履行合同所必需的设备和专业技术能力	投标人提供书面声明或相关证明材料	是／否
		有依法缴纳税收和社会保障资金的良好记录	1. 税务登记证（副本）复印件（"五证合一"提供营业执照）； 2. 缴纳社会保险的专用收据或社会保险缴纳清单； 3. 依法免税或不需要缴纳社会保障资金的投标人，应提供相应文件证明其依法免税或不需要缴纳社会保障资金	是／否
		参加政府采购活动前三年内，在经营活动中没有重大违法记录	1. 投标人提供书面声明（可参阅本书第2.9节有关内容）； 2. 采购人或采购代理机构将通过"信用中国"网站（www.creditchina.gov.cn），中国政府采购网（www.ccgp.gov.cn）等渠道查询投标人信用记录，对列入失信被执行人、重大税收违法案件当事人名单、政府采购严重违法失信行为记录名单的投标人将拒绝其参与政府采购活动	是／否
		法律、行政法规定的其他条件		是／否
2	特定资格文件		按招标文件资格要求"（二）特定资格条件"进行审核	是／否
3	投标保证金		按照招标文件的规定提交投标保证金	是／否

7.6　招标文件中的技术要求举例

技术文件是投标人对于自身情况、能力、业绩的说明以及针对该项目提出的技术方案等的汇总。采购人的需求主要在技术要求部分体现，因此技术文件是投标文件的核心部分，通常情况下也是详细评审部分分值最高的部分。

这里分别就货物项目和服务项目列举两个招标文件中技术需求的例子。

先看货物项目采购。在货物项目的采购需求中，通常会有如表 7-2 所示的表格，这个表列出的就是货物项目的技术需求。

表 7-2　技术需求表样表

序号	货物名称	技术参数及要求	数量（单位）	所属行业	备注
1					
2					
3					
4	…	…	…	…	…

表 7-3 提供了一个办公家具采购项目技术需求（部分）的实例。

表 7-3　办公家具采购项目技术需求（部分）

序号	货物名称	技术参数及要求	数量	最高单价	所属行业	备注
1	办公椅	1.尺寸：常规； 2.面料：采用优质西皮，覆面材料理化性能达到 5 级，游离甲醛未检出，撕裂力 ≥87N，气味≤2 级，pH≥6，涂层粘着牢度≥7.1N/10mm，干擦≥5 级，碱性汗液≥5 级，湿擦≥5 级；	8 把	300 元	工业	

序号	货物名称	技术参数及要求	数量	最高单价	所属行业	备注
1	办公椅	3.海绵：采用优质阻燃海绵，表面有防腐化和防变形保护膜，回弹性高，耐用度高，防碎，防氧化；撕裂强度≥3.5N/cm；泡沫塑料表观密度≥60kg/m³，回弹性能≥64%，25%压陷硬度≥220N，75%压缩永久变形≤3.0%，65%/25%压陷比≥3.4，拉伸强度≥169kPa，干热老化后拉伸强度≥160kPa，湿热老化后拉伸强度≥159kPa；抗引燃特性-阴燃的香烟：未发现续燃和阴燃现象，评定该试样为阻燃Ⅰ级，通过香烟抗引燃特性试验；甲醛释放量≤0.02mg/m³； 4.椅架：优质弓形钢支架，壁厚≥1.5mm，牢固耐用，表面经电镀防锈处理； 5.颜色：可选。	8把	300元	工业	
2	…	…	…	…	…	…

上文是办公椅的采购需求，技术要求部分详细地列出了技术参数和技术细节。在采购需求前附表中，对技术参数还有说明和要求："如履约验收期间所投产品不满足采购文件要求，采购人有权解除合同并上报政府采购监督管理部门，中标人承担由此产生的一切后果及责任（承诺函格式详见投标文件格式）。投标文件中未提供相应承诺或承诺的内容不满足要求的，投标无效。"供应商朋友在研究招标文件时应特别关注。

接下来看服务项目采购。服务项目的技术需求一般是在采购需求中的"服务需求"模块中体现。由于服务项目的内容更加包罗万象，因此"服务需求"模块也不存在统一的体例或写法。下文以较常见的物业管理项目为例来看下"服务需求"的大致内容。

这个项目是省直机关的物业管理项目。其主要服务内容是该单位办公区和生活区的公用设施设备维护、保洁服务、绿化服务、安全保卫服务、会议服务等。"服务需求"模块有两部分，分别是"物业服务要求"和"人员配置要求"。"物业服务要求"有13个部分，近6000字，详细提出了采购人对该项目的服务要求；"人员配置要求"将项目的人员需求细化为37个岗位，明确列出了每个岗位的要求。这里以其中的值班巡查这一小块内容为例来看下具体的内容。

1.落实24小时值班巡查制度，保证值班电话24小时畅通；

2.根据机关保卫部门要求，合理安排巡查路线，确保重点部位全覆盖；

3.发现违规行为应及时制止，发现异常情况应立即通知相关部门并在现场采取必要措施；

4.收到监控中心指令后，巡查人员应及时到达指定地点并迅速采取相应措施；

5.发现消火栓、安全警示标志等公共安全设备设施损坏、缺失或不能正常使用等情况，应及时报告、记录并及时安排维保人员进行处理。

其对应的人员配置要求如表7-4所示。

表7-4　人员配置要求（部分）

序号	岗位	工作内容	工作时间	人数	要求	备注
…	…	…	…	…	…	…
26	巡逻保安	负责办公区及生活区安全巡逻和秩序维护，及时处置突发事件	7*24	5	男性、55周岁以下，品行端正、体貌端庄	
…	…	…	…	…	…	…

供应商朋友需要做的就是仔细阅读"服务需求"中的要求，标注重点，并在技术文件中做出响应。

7.7 技术文件的编制要点

技术部分在整个评审分值中权重很高。很多技术条款设置了基本评分，达到技术参数规定的基本要求，可以得到基本分。在此基础上，可能还有加分和扣分条款：技术参数和配置高于招标要求的，可能加分；低于招标要求的，就要被扣分。如果关键技术参数低于招标要求，一般该项就是零分，甚至失去候选人资格。因此，在编制投标文件时，一般技术部分投入的精力和时间最多。

这里首先讲解技术文件的编制原则。我们将其归纳为"5W1H"6个方面：一是 Why，即采购人为什么要立项招标这个项目，有什么问题需要解决；二是 What，即采购人在招标文件中提出了什么任务；三是 When，即采购人希望什么时间解决，项目实施的时间、进度安排和工作计划；四是 Where，即在哪里解决，项目的工作地点在哪里；五是 Who，即需要哪些人来解决，最合适的人选是谁；六是 How，即如何解决采购人的问题，最合适的技术方案是什么。

下面介绍技术文件的编制步骤。

第一步是获取完整的招标文件。这里的招标文件指的不仅是招标文件正文，还包括附列的技术资料，如一些工程项目的图纸等。

第二步是研究招标文件，标注重点内容，必要时对现场进行勘查。例如，在设备采购中，要看看现场的安装条件如何、运输条件如何；在物业、食堂项目中，要看看周围的环境、卫生等状况。

第三步是如果在研究招标文件和现场勘查后有疑问，应及时向采购人提出。例如，是否存在技术需求脱离采购项目的具体特点和实际需要，某些技术参数是否为特定产品或供应商定制等。这是投标人应有的权利。

第四步是编制技术文件大纲。这个大纲类似于一篇文章的提纲，编制大纲是模块化推进技术文件编制的较好方法。例如，针对物业管理项目，供应商可以根据采购人的需求，将技术文件大致分为日常物业管理方案、应急管理方案、设备维护方案、保洁绿化方案等。

第五步是会同技术人员讨论大纲并形成总体方案。这里强调一下，对于有条件的供应商来说，编制技术方案最好由多个相关部门协同工作，共同完成；对于中小微企业来说，可能编制标书就是一个人，但在形成方案时，最好能够与相关部门讨论一下，要摸清自身单位到底能够提供哪些技术和服务。

第六步是根据确定的大纲和总体方案，收集相关资料进行编写。这里的编写，我们在前文也曾经提过，最好是基于一定的基础。这个基础一方面来自自身的积累，如将以往的投标资料保存好，很多资料可以多次利用；另一方面来自外部的收集，如从网上收集同行业、同类型的优秀素材。此外，如果项目内容涉及国家规范、行业标准，建议要依据这些权威规定来编制技术方案，这样制定的技术方案专业性、规范性强，容易得到评委的重视和青睐。

第七步是讨论编制的方案并定稿。这其实是第五步的进一步深入，就是技术方案初稿写出来之后，最好在企业内部再流转，以便落实技术方案的可行性。也就是说，技术方案到底能不能实现，一定要进行确认，必须确保写了就能做到。

第八步是检查并排版。一个人做方案难免有疏漏，在定稿后应再交叉检查一遍，最好让企业负责人进行最后的审核，审核无误后，按照招标文件的要求排版装订，或进行电子扫描。

在完成技术方案的编制后，投标人还应填制投标文件中的技术偏离表，技术偏离表样表如表 7-5 所示。

经过认真研究本项目招标文件中所列技术要求，我方确认，除下列偏离表所列情况外，我方响应情况全部为"符合"。

表7-5　技术偏离表样表

序号	名称	招标文件的技术要求	投标文件的技术响应	差异说明	备注：可以填写相关证明材料在投标文件中的具体位置（页码）
1					
2					
3					
...					

注：
1. 投标人仅需列明存在差异的内容，除列明的差异外，视为全部符合招标文件技术要求。"符合"指与招标文件要求一致。
2. 本表填写时，招标文件的技术要求为招标文件采购需求中的技术要求，技术响应应据实填写。
3. 供应商根据项目实际填写表中单项，项目招标要求不涉及的可留空或自行调整。

需要提醒供应商朋友的是，尽管表7-5的名称是技术偏离表，但实际上投标人应该在表中只填写无偏离或正偏离。一旦出现负偏离，将很可能导致投标无效，这一点请供应商朋友特别注意。

7.8　评审专家如何评审技术文件？

评审专家在评审技术文件时大致可以分为五步。

第一步是阅读。阅读招标文件中关于技术的要求、采购项目的技术参数，评分标准及格式要求。

第二步是查看。评审专家查看技术文件一般会先查看目录，所以供应商朋友在编制技术文件时对目录和引导页要格外仔细。评审专家一般会根据目录查找招标文件中的要求是否得到满足，检查技术偏离表，然后再用评分标准进行对标。

第三步是审阅。评审专家会根据自身的专业经验，审阅投标文件中技术方案的可行性，评判投标人对技术方案的表述是否准确、恰当，验收方案、售后服务方案是否合理科学等。

第四步是对比。对比是技术方案评分中非常重要的一环。评审专家会将所有进入详细评审阶段的技术文件进行横向比较，对比各供应商方案的优劣和差异。俗话说："不怕不识货，就怕货比货。"从实践中看，对比环节是决定评审专家打分的重要环节。有些技术方案没有针对性，几乎可以用到任何项目上，这种方案是很难拿到高分的；还有一些方案尽管通过了初步审核，但实际上对采购人的需求只是形式上的响应，招标文件上面说什么，投标文件上面就复制粘贴什么，这种响应不是一种明确、具体的响应，一般也不会得到高分。还有一些技术方案会出现抄袭的情况，有些工作人员非常马虎，直接从网上抄袭技术方案，有些甚至连项目名称都没有修改。这些都是需要供应商朋友特别注意的问题。

第五步是评分。评审专家最后会根据评分标准对技术方案进行评分。在评分环节，评审专家有自由裁量权，就是所谓的主观分。一般情况下，技术方案完整、明确，关键内容表述详尽，目录整齐、清晰的技术方案更容易受到评审专家的青睐。

评审专家完成上述工作步骤后，会在技术方案的评分表中打分。这里用一个信息化项目的例子，给读者朋友展示下真实的技术方案评分表，如表7-6所示。

表7-6　技术方案评分表

评审内容	分值	评审标准	得分
项目负责人	3	投标人拟为本项目配备的项目负责人： （1）具有本科及以上学历证书的，得2分； （2）具有网络工程师证书的，得3分。 注：投标文件中提供人员证书扫描件或复印件以及投标人为其缴纳社保的证明并加盖公章	

续表

评审内容	分值	评审标准	得分
管理制度	5	根据采购文件要求及投标供应商提供的管理制度（主要包括工作规范、监管措施、工作流程等）情况，进行综合评分： （1）对本项目特点和难点理解准确，管理制度优于本项目采购需求，完整详细，可行性、实用性、针对性强，得5分； （2）对本项目特点和难点理解基本准确，管理制度适合本项目采购需求，完整详细，具有可行性、实用性、针对性，得3分； （3）对本项目特点和难点理解有待提升，管理制度基本适合本项目采购需求，可行性、实用性、针对性有待改善，得1分； （4）管理制度不可行或未提供，得0分	
服务实施计划	5	根据采购文件要求及投标供应商提供的服务实施计划情况，进行综合评分： （1）对本项目特点和难点理解准确，服务实施计划优于本项目采购需求，完整详细，可行性、实用性、针对性强，得5分； （2）对本项目特点和难点理解基本准确，服务实施计划适合本项目采购需求，完整详细，具有可行性、实用性、针对性，得3分； （3）对本项目特点和难点理解有待提升，服务实施计划基本适合本项目采购需求，可行性、实用性、针对性有待改善，得1分； （4）服务实施计划不可行或未提供，得0分	
人员培训方案	5	根据采购文件要求及投标供应商提供的人员培训方案（主要包括对人员的培训安排、培训内容、技战法指导等）情况，进行综合评分： （1）对本项目特点和难点理解准确，人员培训方案优于本项目采购需求，完整详细，可行性、实用性、针对性强，得5分； （2）对本项目特点和难点理解基本准确，人员培训方案适合本项目采购需求，完整详细，具有可行性、实用性、针对性，得3分； （3）对本项目特点和难点理解有待提升，人员培训方案基本适合本项目采购需求，可行性、实用性、针对性有待改善，得1分； （4）方案不可行或未提供，得0分	

续表

评审内容	分值	评审标准	得分
质量控制方案	5	根据采购文件要求及投标供应商提供的质量控制方案（包括质量控制目标、质量标准以及质量控制措施等）情况，进行综合评分： （1）对本项目特点和难点理解准确，质量控制方案优于本项目采购需求，完整详细，可行性、实用性、针对性强，得5分； （2）对本项目特点和难点理解基本准确，质量控制方案适合本项目采购需求，完整详细，具有可行性、实用性、针对性，得3分； （3）对本项目特点和难点理解有待提升，质量控制方案基本适合本项目采购需求，可行性、实用性、针对性有待改善，得1分； （4）方案不可行或未提供，得0分	
安全方案	5	根据采购文件要求及投标供应商提供的安全方案，进行综合评分： （1）对本项目特点和难点理解准确，安全方案优于本项目采购需求，完整详细，可行性、实用性、针对性强，得5分； （2）对本项目特点和难点理解基本准确，安全方案适合本项目采购需求，完整详细，具有可行性、实用性、针对性，得3分； （3）对本项目特点和难点理解有待提升，安全方案基本适合本项目采购需求，可行性、实用性、针对性有待改善，得1分； （4）方案不可行或未提供，得0分	
应急预案	5	相关部门根据采购文件要求及投标供应商提供的应急预案（主要包括对紧急、突发事件有应急措施和应急预案，突击性任务的安排预案及保障措施等）情况，进行综合评分： （1）对本项目特点和难点理解准确，应急预案优于本项目采购需求，完整详细，可行性、实用性、针对性强，得5分； （2）对本项目特点和难点理解基本准确，应急预案适合本项目采购需求，完整详细，具有可行性、实用性、针对性，得3分； （3）对本项目特点和难点理解有待提升，应急预案基本适合本项目采购需求，可行性、实用性、针对性有待改善，得1分； （4）应急预案不可行或未提供，得0分	

评审内容	分值	评审标准	得分
信息保密方案	5	依据投标供应商提供的信息保密方案进行评审，包括保密规范、硬件接入要求、数据保密要求、泄密事件处理方法等： （1）对本项目特点和难点理解准确，信息保密方案优于本项目采购需求，完整详细，可行性、实用性、针对性强，得 5 分； （2）对本项目特点和难点理解基本准确，信息保密方案适合本项目采购需求，完整详细，具有可行性、实用性、针对性，得 3 分； （3）对本项目特点和难点理解有待提升，信息保密方案基本适合本项目采购需求，可行性、实用性、针对性有待改善，得 1 分； （4）信息保密方案不可行或未提供，得 0 分	

7.9　招标文件中的商务要求举例

招标文件中的商务文件是对供应商在商务事项上的要求。商务文件与技术文件互为补充，一并构成招标文件的采购需求。商务文件一般包括报价和付款方式，采购标的交付时间、地点和条件，质量保证条款，运输、安装、调试条款等。招标文件中的商务条款表样表如表 7-7 所示。

表 7-7　商务条款表样表

序号	条款名称	内容、说明与要求
1	付款方式	＿＿＿＿＿＿
2	供货及安装地点	＿＿＿＿＿＿
3	供货及安装期限	合同生效后＿＿＿＿＿＿
4	免费质保期	验收合格之日起＿＿＿＿＿＿

我们仍以一个货物采购项目和一个服务采购项目为例，来看下真实招标文件中的商务条款。

表7-8是一个办公家具采购项目商务条款的例子。

表 7-8　办公家具采购项目商务条款示例

序号	条款名称	内容、说明与要求
1	付款方式	合同签订生效后支付合同款的 50%，供货安装完毕，验收合格并完成资料移交后一次性付清合同余款
2	供货及安装地点	采购人指定地点
3	供货及安装期限	合同生效并接采购人通知后，25 个日历日内完成
4	免费质保期	验收合格之日起 5 年

表7-9是一个物业管理采购项目商务条款的例子。

表 7-9　物业管理采购项目商务条款示例

序号	条款名称	内容、说明与要求
1	付款方式	每月按服务考核标准对中标人进行考核，并依据考核评分结果结算物业服务费，中标人须向采购人提供合格的发票
2	服务地点	采购人指定地点
3	服务方式	＊年＊月＊日至＊年＊月＊日 期满后，若中标人表现良好，经合同甲乙双方同意，在年度财政预算能保障的前提下，双方可续签后两个年度的合同（合同一年一签，每年的服务费用保持不变）

归纳起来，商务要求大致有：实施时间，实施地点，验收方式，报价要求，质量及售后服务，付款方式，知识产权，附件、包装及运输要求，其他商务要求等。请供应商朋友在研读招标文件时逐一标注并给予重视。

7.10　商务文件的编制要点

商务文件的编制步骤类似于技术文件，这里不再赘述。整体而言，商务文件的编制难度和工作量要小于技术文件。这里就讲述几点关键事项，提醒读者朋友注意。

一是要准确把握招标文件所提出的交货时间、服务时间。要看清楚写的是工作日还是日历日。如果是日历日，一周就是七天；如果是工作日，一周就是五天，还要除去法定节假日。

二是要掌握实施地点，就是交货地点、施工地点或服务地点。要注意周围的环境，比如交通是否方便，是否需要多地点交付，以及附带的垃圾清运、物流等问题。

三是要把握验收方式。在政府采购中，大多数技术要求不高，有品牌、型号、规格明确标的的，通常由采购人自行验收，但有些重点项目采购人会组织专家组验收，要注意合同中约定的验收方式。

四是售后服务。在实践中，多数招标文件中的售后服务是范本中的格式条款，比如电话咨询、现场服务、技术升级、质保期外的延期服务等。如果采购人对这些格式条款进行了修改或补充，专门提出了售后服务要求，投标人就要重点关注。

五是付款方式。要注意如何提交验收报告、开具发票、提供合同原件等。关于履约保证金、质量保证金的相关要求，要注意如何支付以及如何退还。

商务文件的其余部分是一些格式文件的编写。

最后，投标人需要在投标文件中填写商务条款响应表，其样表如表 7-10 所示。

表 7-10　商务条款响应表样表

序号	商务条款	招标文件要求	投标人承诺	偏离说明
1	付款方式			
2	供货及安装地点			
3	供货及安装期限			
4	免费质保期			
...				

7.11　评审专家如何评审商务文件?

评审专家评审商务文件的方法与评审技术文件的方法类似，可简单地归纳为三个步骤。

第一，检查商务响应表，看是否对采购人的全部要求进行了实质性响应，是否有负偏离。这里需要提醒的是，有时即使存在正偏离，专家也会考虑其合理性。比如，采购人要求的工期是 60 天，投标人应答是 30 天，评审专家会考虑这种偏离是否合理。

第二，看商务文件的形式是否完备。比如，是否存在应该加盖公章的地方使用了别的印章；是否在需要法定代表人签字的地方漏签；相关的证照是否存在过期情况；所提供的业绩是否符合招标文件要求等。

第三，在商务条款通过符合性评审之后，在详细评审阶段，再对照招标文件要求逐一进行打分。这里举一个商务文件评分的实例，如表 7-11 所示。

表 7-11 商务文件评分表示例

评审内容	分值	评审标准	得分
价格分	36	本项评审步骤： 1. 投标报价的修正和调整： 1.1 投标报价的修正：投标文件报价出现前后不一致的，按照下列规定修正： ①投标文件中开标一览表（报价表）内容与投标文件中相应内容不一致的，以开标一览表（报价表）为准； ②大写金额和小写金额不一致的，以大写金额为准； ③单价金额小数点或者百分比有明显错位的，以开标一览表的总价为准，并修改单价； ④总价金额与按单价汇总金额不一致的，以单价金额计算结果为准。同时出现两种以上不一致的，按照上述规定的顺序修正。修正后的报价按照规定经投标人确认后产生约束力，投标人不确认的，其投标无效 1.2 投标报价的调整：按招标文件规定的落实政府采购政策进行价格扣除，以调整后的价格计算评标基准价和投标报价 2. 满足招标文件要求且投标价格最低的投标报价为评标基准价，其价格分为满分。其他投标人的价格分统一按照下列公式计算： 投标报价得分＝（评标基准价／投标报价）×价格分满分分值	
业绩分	4	供应商具备同类业务服务业绩的，提供业绩合同，每有一份业绩合同加 2 分，加满为止 ［投标文件中须提供业绩合同，扫描件应能辨识买卖双方公章或合同专用章、标的信息；如业绩合同不能体现以上全部内容，可提供业绩合同甲方盖公章的证明扫描件。否则，不得分。投标供应商与其关联公司（单位负责人为同一人或者存在直接控股、管理关系的不同供应商）之间签订的合同，均不予认可。］	

下面简单地讲解一下，价格分评分方面的三个步骤。

第一，看前后是否一致。如果不一致的话，按照三条标准来进行修正：以开标一览表为准，以大写金额为准，以单价为准。所以，供应商朋友要特别注意，在提交投标文件时要仔细检查，不要出现误差。

第二，按照政府采购政策进行扣除价格。目前最常见的是小微企业报价的扣除。根据《政府采购促进中小企业发展管理办法》（财库〔2020〕46号）第九条的规定，对符合规定的小微企业报价给予6%～10%（工程项目为3%～5%）的扣除，用扣除后的价格参加评审。举例来说，假设某项目小微企业报价100万元，给予6%的折扣，即按94万元进行评审。

第三，满足招标文件要求且投标价格最低的投标报价为评标基准价。举例来说，如上述项目采购预算为200万元，最终有3家供应商进入详细评审环节，报价分别为160万元、180万元、200万元，价格总分为36分，则这3家供应商得分分别是36分、32分和28.8分。

在业绩分的评审方面，需要提醒投标人注意的是：第一，提供的业绩要符合招标文件的要求，如业绩的行业、范围等；第二，业绩的内容、形式要清晰；第三，业绩要真实，千万不能为了赢得业绩分而造假。按照目前政府采购信息公示的有关规定，大多数采购人会将中标供应商的业绩作为附件，在采购合同公示环节进行公示。如果发现业绩造假行为，相关供应商将被追究责任。

7.12 是否需要缴纳投标保证金？

在完成标书编制、准备提交前，最后一个注意事项是看是否需要缴纳投标保证金。采购人和采购代理机构收取投标保证金是有政策依据的。《政府采购法实施条例》第三十三条第一款规定：

招标文件要求投标人提交投标保证金的，投标保证金不得超过采购项目预算金额的2%。投标保证金应当以支票、汇票、本票或者金融机构、担保机构出具的保函等非现金形式提交。投标人未按照招标文件要求提交投标保证金的，投标无效。

《政府采购非招标采购方式管理办法》（财政部令第74号）第十四条规定：

采购人、采购代理机构可以要求供应商在提交响应文件截止时间之前交纳保证金。保证金应当采用支票、汇票、本票、网上银行支付或者金融机构、担保机构出具的保函等非现金形式交纳。保证金数额应当不超过采购项目预算的 2%。

供应商为联合体的，可以由联合体中的一方或者多方共同交纳保证金，其交纳的保证金对联合体各方均具有约束力。

《招标投标法实施条例》也有类似的条款，其第二十六条第一款和第二款规定：

招标人在招标文件中要求投标人提交投标保证金的，投标保证金不得超过招标项目估算价的 2%。投标保证金有效期应当与投标有效期一致。

依法必须进行招标的项目的境内投标单位，以现金或者支票形式提交的投标保证金应当从其基本账户转出。

投标保证金主要从两个方面约束投标人的行为。一是投标人违反招标规则的行为。比如，在投标截止时间后至投标有效期结束期间，投标人撤销或主动修改投标文件；收到中标通知书后，中标供应商不按照招标文件的规定与买方签订政府采购合同或提交履约保证金。二是投标人的严重违法行为。比如，在投标文件中提供虚假材料谋取中标，恶意串通以及行贿或者其他不正当的利益。

投标保证金约束供应商的行为，除按照相关的法律规定执行外，采购人和采购代理机构还要在编制招标文件时规定明确的约束限制情形。

近年来，关于投标保证金事项的整体趋势是简化和取消。《关于深化公共资源交易平台整合共享的指导意见》（国办函〔2019〕41 号）规定，要推动电子担保保函在公共资源交易领域的应用，取消没有法律法规依据的投标报名等事项。《财政部关于促进政府采购公平竞争优化营商环境的通知》（财库〔2019〕38 号）规定，采购人、采购代理机构应当允许供应商自主选择以支票、汇票、本票、保函等非现金形式缴纳或提交保证金。收取投标（响应）

保证金的，采购人、采购代理机构约定的到账（保函提交）截止时间应当与投标（响应）截止时间一致。据统计，目前全国大多数省级行政区都出台了取消或降低投标保证金的规定，绝大部分预算较小的政府采购项目和面向中小微企业的项目已不再要求缴纳投标保证金。

不过，如果招标文件规定了供应商应当提交投标保证金，则投标保证金就属于投标的一部分了。投标人应当按照招标文件的要求提交投标保证金。如果到投标截止时间没有提交投标保证金或者提交投标保证金的形式、数量和有效期不能满足招标文件的要求，将可能导致投标无效。所以，请供应商朋友关注是否有缴纳保证金的要求。

第 8 章　参与评审

本章的主要内容是介绍供应商参与评审的当天，也即开标日、磋商日、谈判日所要参与的活动及其注意事项。参与评审，类似于考生经过准备之后，赴考场参与考试，因此参与评审是决定采购结果的关键时刻。本章以采购活动在评审日当天的工作流程为线索，向读者朋友讲解评审工作注意事项。通常供应商朋友在评审日仅能看到与投标人相关的环节，无法知晓评审现场的其他情况。本章站在综合的角度，全面介绍评审的各环节，以期让供应商朋友更加了解评审的整体流程，为赢得采购项目做好充分的准备。需要说明的是，本章是依据现场评审的流程进行讲解，随着电子招投标的逐步推广，大量采购项目开始采用网上评标的形式，尽管操作方式有所更新，但基本流程还是和现场评审是相似的。

8.1　招标采购评审的基本流程

本书第 3 章曾经介绍过，目前法定的政府采购方式有 7 种。各种不同的采购方式，其评审流程也有差异。本节将介绍招标采购的评审基本流程。

根据《政府采购货物和服务招标投标管理办法》（财政部令第 87 号）第

三章、第四章的有关内容，我们大体可以将公开招标（含邀请招标）的评审工作流程划分为递交投标文件→开标及唱标→初审→详细评审和打分→出具评标报告5个步骤。下面我们分步讲解。

第一步是递交投标文件。《政府采购货物和服务招标投标管理办法》（财政部令第87号）第三十三条规定：

投标人应当在招标文件要求提交投标文件的截止时间前，将投标文件密封送达投标地点。采购人或者采购代理机构收到投标文件后，应当如实记载投标文件的送达时间和密封情况，签收保存，并向投标人出具签收回执。任何单位和个人不得在开标前开启投标文件。

逾期送达或者未按照招标文件要求密封的投标文件，采购人、采购代理机构应当拒收。

根据上述规定，这里提醒供应商朋友注意三个关键词：时间、地点、密封。递交投标文件的时间、地点，在招标公告中就会公布，供应商朋友一定要牢记，可以在手机中提前设置提醒。还有就是密封，在完成投标文件的编制后，就要按照要求进行密封，并进行检查。对于电子招投标来说，就是及时按照要求上传投标文件。在有些场景下，电子招投标的时间比现场招投标的时间更容易遗忘，所以提醒供应商朋友，最好在投标文件检查无误后，就进行上传，不要等到评审日当天再上传，防止遗忘或出现网络故障等不可测因素。

按照规定，在递交投标文件之后、开标之前，投标文件是可以撤回并进行修改的。《政府采购货物和服务招标投标管理办法》（财政部令第87号）第三十四条规定：

投标人在投标截止时间前，可以对所递交的投标文件进行补充、修改或者撤回，并书面通知采购人或者采购代理机构。补充、修改的内容应当按照招标文件要求签署、盖章、密封后，作为投标文件的组成部分。

但临时性地撤回和修改很容易顾此失彼，所以建议供应商朋友，最好在提交前认真检查，不要在提交后又重复修改。

第二步是开标及唱标。《政府采购货物和服务招标投标管理办法》（财政部令第 87 号）第三十九条第一款规定：

开标应当在招标文件确定的提交投标文件截止时间的同一时间进行。开标地点应当为招标文件中预先确定的地点。

开标时，评审小组的成员是不得参加的。《政府采购货物和服务招标投标管理办法》（财政部令第 87 号）第四十条规定：

开标由采购人或者采购代理机构主持，邀请投标人参加。评标委员会成员不得参加开标活动。

所谓唱标，就是在开标后对全部投标人的投标报价等内容进行公开宣读。《政府采购货物和服务招标投标管理办法》（财政部令第 87 号）第四十一条第一款规定：

开标时，应当由投标人或者其推选的代表检查投标文件的密封情况；经确认无误后，由采购人或者采购代理机构工作人员当众拆封，宣布投标人名称、投标价格和招标文件规定的需要宣布的其他内容。

电子招投标也有类似的规定。《电子招标投标办法》（八部委令第 20 号）第三十条规定：

开标时，电子招标投标交易平台自动提取所有投标文件，提示招标人和投标人按招标文件规定方式按时在线解密。解密全部完成后，应当向所有投标人公布投标人名称、投标价格和招标文件规定的其他内容。

开标和唱标的过程，需要参与人员签字确认。《政府采购货物和服务招标投标管理办法》（财政部令第 87 号）第四十二条第一款规定：

开标过程应当由采购人或者采购代理机构负责记录，由参加开标的各投标人代表和相关工作人员签字确认后随采购文件一并存档。

第三步是初审，包括资格性审查和符合性审查。《政府采购货物和服务招标投标管理办法》（财政部令第87号）第四十四条第一款规定：

公开招标采购项目开标结束后，采购人或者采购代理机构应当依法对投标人的资格进行审查。

《政府采购货物和服务招标投标管理办法》（财政部令第87号）第五十条规定：

评标委员会应当对符合资格的投标人的投标文件进行符合性审查，以确定其是否满足招标文件的实质性要求。

关于如何应对资格性审查和符合性审查，本书第7章已有较详细的介绍，本章不再赘述。

第四步是详细评审和打分。招标采购有两种评标方法：最低评标价法和综合评分法。《政府采购货物和服务招标投标管理办法》（财政部令第87号）第五十五条第五款规定：

货物项目的价格分值占总分值的比重不得低于30%；服务项目的价格分值占总分值的比重不得低于10%。

上述条款规定了价格分的下限，而在特定的领域中，价格分的标准则被直接固定。例如，根据《政务信息系统政府采购管理暂行办法》（财库〔2017〕210号）第九条第二款的规定，政务信息系统采购货物的，价格分值占总分值比重应当为30%；采购服务的，价格分值占总分值比重应当为10%。

价格分应当采用低价优先法计算，其计算方法已在本书前文讲解，这里不再赘述。需要提醒的是，在评标过程中，不去掉报价中的最高报价和最低报价。

评审客观分是指类似案例分、资质分等。这类分尽管也在详细评审环节，但由于其背后是确定的业绩、证书等，有就是有，没有就是没有，所有评委的打分应该都是一样的，所以称之为客观分。

最后一类是评审主观分。主观分是评委真正有自由裁量权的分。一般是对技术方案、服务方案等打分。主观分由评委各自打分，各自对所打分数负责。

评审的满分是 100 分。将价格分、评审客观分和主观分相加，就是一个供应商的最终得分。评标结果按评审后得分由高到低顺序排列。得分相同的，按投标报价由低到高顺序排列。

第五步是出具评标报告。《政府采购货物和服务招标投标管理办法》（财政部令第 87 号）第五十八条规定：

评标委员会根据全体评标成员签字的原始评标记录和评标结果编写评标报告。评标报告应当包括以下内容：

（一）招标公告刊登的媒体名称、开标日期和地点；

（二）投标人名单和评标委员会成员名单；

（三）评标方法和标准；

（四）开标记录和评标情况及说明，包括无效投标人名单及原因；

（五）评标结果，确定的中标候选人名单或者经采购人委托直接确定的中标人；

（六）其他需要说明的情况，包括评标过程中投标人根据评标委员会要求进行的澄清、说明或者补正，评标委员会成员的更换等。

评标报告可以说就是评审现场的最终工作成果。以上五步就是招标采购评审的基本流程。

这里需要提及一下，框架协议采购类似于两阶段采购，其第一阶段基本是采用公开招标的方式选择入围供应商，第二阶段是直接在网上进行比选订购。所以，我们就不再单独讲解其流程。

8.2　竞争性磋商评审的基本流程

竞争性磋商是法定的可以用于货物、服务和工程项目采购的非招标采购方式。我国的竞争性磋商借鉴于欧盟的竞争性对话，这一方式最主要的特点就是增加了采购的灵活性。在英国和法国，使用竞争性对话的采购量已占到40%左右。

特别是，根据《财政部关于政府采购竞争性磋商采购方式管理暂行办法有关问题的补充通知》（财库〔2015〕124号），在政府购买服务项目中，竞争性磋商可以在只有两家合格供应商的情况下进行，具有较大的灵活性，因此其在采购预算没有达到公开招标标准的采购项目中很受欢迎。

竞争性磋商大致可以分为递交响应文件→初审→磋商和最后报价→详细评审和打分→出具评审报告5个步骤。与公开招标相比，减少了开标及唱标环节，增加了磋商和最后报价环节。下文我们将逐步讲解上述5个步骤（对与公开招标类似的环节将略讲）。

第一步是递交响应文件。《政府采购竞争性磋商采购方式管理暂行办法》（财库〔2014〕214号，本节简称214号文）第十三条规定：

供应商应当在磋商文件要求的截止时间前，将响应文件密封送达指定地点。在截止时间后送达的响应文件为无效文件，采购人、采购代理机构或者磋商小组应当拒收。

供应商在提交响应文件截止时间前，可以对所提交的响应文件进行补充、修改或者撤回，并书面通知采购人、采购代理机构。补充、修改的内容作为响应文件的组成部分。补充、修改的内容与响应文件不一致的，以补充、修改的内容为准。

第二步是初审。214号文第十六条规定：

磋商小组成员应当按照客观、公正、审慎的原则，根据磋商文件规定的评审程序、评审方法和评审标准进行独立评审。未实质性响应磋商文件的响应文件按无效响应处理，磋商小组应当告知提交响应文件的供应商。

磋商文件内容违反国家有关强制性规定的，磋商小组应当停止评审并向采购人或者采购代理机构说明情况。

磋商小组的评审方式与评标委员会对投标文件的资格性审查、符合性审查相似。对于供应商来说，就是要按照采购文件的要求，逐条做好响应，即可通过评审。

第三步是磋商和最后报价。这是竞争性磋商非常有特点的一个环节。214号文第十九条规定：

磋商小组所有成员应当集中与单一供应商分别进行磋商，并给予所有参加磋商的供应商平等的磋商机会。

214号文第二十条规定：

在磋商过程中，磋商小组可以根据磋商文件和磋商情况实质性变动采购需求中的技术、服务要求以及合同草案条款，但不得变动磋商文件中的其他内容。实质性变动的内容，须经采购人代表确认。

对磋商文件作出的实质性变动是磋商文件的有效组成部分，磋商小组应当及时以书面形式同时通知所有参加磋商的供应商。

供应商应当按照磋商文件的变动情况和磋商小组的要求重新提交响应文件，并由其法定代表人或授权代表签字或者加盖公章。由授权代表签字的，应当附法定代表人授权书。供应商为自然人的，应当由本人签字并附身份证明。

在实践中，所谓集中与单一供应商磋商，就是在评审室中，评审小组成员（一般为3人）一起与供应商代表见面，询问和沟通关于采购需求的事宜。在复杂的采购项目中，通过询问和沟通，采购人可以实质性修改磋商文件和谈判文件，自然相应地供应商也可以修改响应文件，这是竞争性磋商与公开招标的最大差别。不过在常见的中小项目中，一般采购人不会在现场修改采购文件，所以供应商也无须修改响应文件。磋商的效果主要体现在报价环节。

214号文第二十一条规定：

磋商文件能够详细列明采购标的的技术、服务要求的，磋商结束后，磋商小组应当要求所有实质性响应的供应商在规定时间内提交最后报价，提交最后报价的供应商不得少于 3 家。

磋商文件不能详细列明采购标的的技术、服务要求，需经磋商由供应商提供最终设计方案或解决方案的，磋商结束后，磋商小组应当按照少数服从多数的原则投票推荐 3 家以上供应商的设计方案或者解决方案，并要求其在规定时间内提交最后报价。

最后报价是供应商响应文件的有效组成部分。符合本办法第三条第四项情形的，提交最后报价的供应商可以为 2 家。

所以，在实践中，竞争性磋商最关键的一环是最后报价。有经验的供应商一般在响应文件中仅仅是给出一个不高于采购预算的价格，在最后报价阶段，再根据自身评估的成本和现场情况（如究竟有几家供应商通过了初审）报出最后的价格。

第四步是详细评审和打分。214 号文第二十三条规定：

经磋商确定最终采购需求和提交最后报价的供应商后，由磋商小组采用综合评分法对提交最后报价的供应商的响应文件和最后报价进行综合评分。

综合评分法，是指响应文件满足磋商文件全部实质性要求且按评审因素的量化指标评审得分最高的供应商为成交候选供应商的评审方法。

这里货物项目的价格分值占总分值的比重（权值）为 30% ~ 60%，服务项目的价格分值占总分值的比重（权值）为 10% ~ 30%。其中价格分的计算方法与公开招标中的相同，是统一采用低价优先法计算。

第五步是出具评审报告。214 号文第二十六条规定：

评审报告应当包括以下主要内容：

（一）邀请供应商参加采购活动的具体方式和相关情况；

（二）响应文件开启日期和地点；

（三）获取磋商文件的供应商名单和磋商小组成员名单；

（四）评审情况记录和说明，包括对供应商的资格审查情况、供应商响应文件评审情况、磋商情况、报价情况等；

（五）提出的成交候选供应商的排序名单及理由。

8.3 竞争性谈判评审的基本流程

根据《政府采购非招标采购方式管理办法》（财政部令第74号，本节简称74号令）第二十七条的规定，竞争性谈判也可以在只有两家合格供应商的情况下进行。竞争性谈判与竞争性磋商的流程有一定的相似性，同时也有区别，其中最大的区别在于竞争性谈判不采用综合评分法，而采用最低价成交法。从程序上看，竞争性谈判大致可以分为递交响应文件→初审→谈判和最后报价→排序→出具评审报告5个步骤。下文将逐步讲解。

第一步递交响应文件。74号令第十五条规定：

供应商应当在谈判文件、询价通知书要求的截止时间前，将响应文件密封送达指定地点。在截止时间后送达的响应文件为无效文件，采购人、采购代理机构或者谈判小组、询价小组应当拒收。

供应商在提交询价响应文件截止时间前，可以对所提交的响应文件进行补充、修改或者撤回，并书面通知采购人、采购代理机构。补充、修改的内容作为响应文件的组成部分。补充、修改的内容与响应文件不一致的，以补充、修改的内容为准。

第二步是初审。74号令第三十条规定：

谈判小组应当对响应文件进行评审，并根据谈判文件规定的程序、评定成交的标准等事项与实质性响应谈判文件要求的供应商进行谈判。未实质性响应谈判文件的响应文件按无效处理，谈判小组应当告知有关供应商。

第三步是谈判和最后报价。与竞争性磋商类似，在实践中，尽管允许在谈判中实质性修改谈判文件，但一般采购人很少会修改。所以，重点还是在报价环节。特别是，竞争性谈判采用的是最低价成交法，所以报价是决定性的因素。

74号令第三十一条规定：

谈判小组所有成员应当集中与单一供应商分别进行谈判，并给予所有参加谈判的供应商平等的谈判机会。

74号令第三十二条规定：

在谈判过程中，谈判小组可以根据谈判文件和谈判情况实质性变动采购需求中的技术、服务要求以及合同草案条款，但不得变动谈判文件中的其他内容。实质性变动的内容，须经采购人代表确认。

对谈判文件作出的实质性变动是谈判文件的有效组成部分，谈判小组应当及时以书面形式同时通知所有参加谈判的供应商。

供应商应当按照谈判文件的变动情况和谈判小组的要求重新提交响应文件，并由其法定代表人或授权代表签字或者加盖公章。由授权代表签字的，应当附法定代表人授权书。供应商为自然人的，应当由本人签字并附身份证明。

74号令第三十三条是关于报价的规定：

谈判文件能够详细列明采购标的的技术、服务要求的，谈判结束后，谈判小组应当要求所有继续参加谈判的供应商在规定时间内提交最后报价，提交最后报价的供应商不得少于3家。

谈判文件不能详细列明采购标的的技术、服务要求，需经谈判由供应商提供最终设计方案或解决方案的，谈判结束后，谈判小组应当按照少数服从多数的原则投票推荐3家以上供应商的设计方案或者解决方案，并要求其在规定时间内提交最后报价。

最后报价是供应商响应文件的有效组成部分。

第四步是排序。在竞争性谈判中，由于不采用综合评分法，因此也没有详细评审环节。第四步就是按照报价直接排序。74号令第三十五条规定：

谈判小组应当从质量和服务均能满足采购文件实质性响应要求的供应商中，按照最后报价由低到高的顺序提出3名以上成交候选人，并编写评审报告。

第五步是出具评审报告。74号令第十七条第一款规定：

谈判小组、询价小组应当根据评审记录和评审结果编写评审报告，其主要内容包括：

（一）邀请供应商参加采购活动的具体方式和相关情况，以及参加采购活动的供应商名单；

（二）评审日期和地点，谈判小组、询价小组成员名单；

（三）评审情况记录和说明，包括对供应商的资格审查情况、供应商响应文件评审情况、谈判情况、报价情况等；

（四）提出的成交候选人的名单及理由。

8.4　单一来源采购评审的基本流程

单一来源采购是一种特殊的采购方式，本书第3章曾经介绍过相关概念。由于缺乏竞争性，单一来源采购需要非常严格的前提条件，这里简单地重温一下。单一来源采购主要用于只能从唯一供应商处采购的以及发生了不可预见的紧急情况不能从其他供应商处采购的场景。由于单一来源采购的特殊性，其流程也有其独特的特点，大致可以分为公示及异议处理→递交响应文件→协商→编写协商情况记录4个步骤。

第一步公示及异议处理。公示的内容是对达到公开招标数额的货物、服务项目，拟采用单一来源采购方式的说明。由于有公示，就可能出现异议，因此相关法规文件也规定了异议处理的办法。相关内容在本书第 3 章已有讲解，本节不再重复讲述。相关条文可见 74 号令第三十八条、第三十九条、第四十条。

第二步递交响应文件。相关规定见 74 号令第十五条，这里也不再重复讲述。一般来说，符合单一来源采购条件的供应商，在项目上都具有垄断性的绝对优势，因此只要认真准备即可。

第三步是协商。由于是单一来源，不存在竞争性，因此协商环节一般是对价格和售后服务进行进一步的沟通。尽管是单一来源，但在价格上也不能出现"漫天要价"的情况，在实践中一般是等于或略低于项目的预算。74 号令第四十一条规定：

采用单一来源采购方式采购的，采购人、采购代理机构应当组织具有相关经验的专业人员与供应商商定合理的成交价格并保证采购项目质量。

第四步是编写协商情况记录。74 号令第四十二条第一款规定：

单一来源采购人员应当编写协商情况记录，主要内容包括：

（一）依据本办法第三十八条进行公示的，公示情况说明；

（二）协商日期和地点，采购人员名单；

（三）供应商提供的采购标的成本、同类项目合同价格以及相关专利、专有技术等情况说明；

（四）合同主要条款及价格商定情况。

8.5　询价采购评审的基本流程

询价采购仅用于货物采购，而且是采用最低价成交法，相对比较简单，其流程大致为递交响应文件→初审→排序→出具评审报告 4 个步骤。

第一步是递交响应文件。相关规定见 74 号令第十五条。

第二步初审。相关规定见74号令第十六条。

第三步是排序。74号令相关条款做了比较详细的规定。

74号令第四十六条规定：

询价小组在询价过程中，不得改变询价通知书所确定的技术和服务等要求、评审程序、评定成交的标准和合同文本等事项。

74号令第四十七条规定：

参加询价采购活动的供应商，应当按照询价通知书的规定一次报出不得更改的价格。

74号令第四十八条规定：

询价小组应当从质量和服务均能满足采购文件实质性响应要求的供应商中，按照报价由低到高的顺序提出3名以上成交候选人，并编写评审报告。

由上述规定可以看出，询价采购是一种相对比较简单、单纯的采购方式。对于供应商来说，就是在满足需求的前提下报出最优惠的价格即可。

第四步是出具评审报告，相关规定见74号令第十七条，此处不再赘述。

8.6 评审小组的成员有哪些？

政府采购项目采用专家评审制，评审小组的意见对于供应商的打分非常重要，所以供应商朋友都比较关注评审小组的组成。

《政府采购货物和服务招标投标管理办法》（财政部令第87号）第四十七条规定：

评标委员会由采购人代表和评审专家组成，成员人数应当为5人以上单数，其中评审专家不得少于成员总数的2/3。

采购项目符合下列情形之一的，评标委员会成员人数应当为7人以上单数：

（一）采购预算金额在 1000 万元以上；

（二）技术复杂；

（三）社会影响较大。

评审专家对本单位的采购项目只能作为采购人代表参与评标，本办法第四十八条第二款规定情形除外。采购代理机构工作人员不得参加由本机构代理的政府采购项目的评标。

评标委员会成员名单在评标结果公告前应当保密。

《政府采购非招标采购方式管理办法》（财政部令第 74 号）第七条规定了竞争性谈判和询价小组的成员组成：

竞争性谈判小组或者询价小组由采购人代表和评审专家共 3 人以上单数组成，其中评审专家人数不得少于竞争性谈判小组或者询价小组成员总数的 2/3。采购人不得以评审专家身份参加本部门或本单位采购项目的评审。采购代理机构人员不得参加本机构代理的采购项目的评审。

达到公开招标数额标准的货物或者服务采购项目，或者达到招标规模标准的政府采购工程，竞争性谈判小组或者询价小组应当由 5 人以上单数组成。

采用竞争性谈判、询价方式采购的政府采购项目，评审专家应当从政府采购评审专家库内相关专业的专家名单中随机抽取。技术复杂、专业性强的竞争性谈判采购项目，通过随机方式难以确定合适的评审专家的，经主管预算单位同意，可以自行选定评审专家。技术复杂、专业性强的竞争性谈判采购项目，评审专家中应当包含 1 名法律专家。

《政府采购竞争性磋商采购方式管理暂行办法》（财库〔2014〕214 号）第十四条对磋商小组的组成进行了规定，限于篇幅，这里不再引用。下面我们综合上述规定，向读者朋友解释政府采购项目评审小组的组成。

一是人数。一般来说，公开招标项目是 5 ~ 7 人，其中预算 1000 万元以上的项目必须要有 7 人。有时对于比较重要的项目，即使预算没有达到 1000

万元，采购人也会安排 7 人的评标委员会。竞争性磋商、竞争性谈判、询价、单一来源等，一般是 3 人。

二是构成。评审小组由采购人代表和评审专家组成。3 人和 5 人的评审小组，采购人代表有 1 人；7 人的评标委员会，采购人代表有 2 人。评审专家的来源在本书第 2 章已有说明，此处不再赘述。采购人代表就是采购人单位内部的人员，一般来说是使用部门的人员，有时采购人希望技术部门的人员也参与评审，所以会安排 2 个采购人代表，这也是部分预算没有达到 1000 万元却有 7 位评委的原因。采购人代表的意见在评审现场非常关键。因为在实践中，采购人代表一般就是具体负责该项目的人员，不仅前期的采购需求主要由其编制，后期的项目管理也主要由其负责。

三是如何选派。采购人代表的选派是由采购人单位的内部会议来决定的。一般在行政事业单位，会有一个政府采购工作领导小组。在这个工作领导小组的会议上会确定每个具体项目的采购人代表。评审专家主要是由电子系统抽取。目前各省大都建立了政府采购专家库或评标专家库，那么一般在评审的前一天，最多是前两天，采购人或采购代理机构会根据项目的需要填写评审专家的人数和专业，然后进入系统进行抽取。这个抽取完全是自动化的。在后端的工作人员只能输入要选择的专家条件以及项目评审时间、地点等提示语，但看不到具体专家的姓名和联系方式。被抽取的专家会接到一个电话，这个电话全部是电脑录音。如果专家可以参加评审，就在手机上通过按键来确认。抽取成功之后，一般系统会给专家发一条短信。整个环节都是保密的。

四是专家的专业。每位评审专家在申请加入专家库时，都会填报自身的专业，一般是填报三个相近的专业，然后需要通过提供学历、职称、职业资格证书等进行佐证。在抽取专家时，就是按照项目的标的进行抽取，如物业管理项目就抽取物业管理方面的专家、网络信息设备就抽取计算机和信息工程领域的专家，以此保证专家可以有足够的专家知识进行公正的评审。在特定的项目中，可能会抽取个别通用领域的专家，如按照有关规定，在技术复杂、专业性强的采购项目上，评审专家中应当包含 1 名法律专家。

8.7　对评审小组成员有什么要求？

所谓国有国法、家有家规，尽管在评审环节评审小组成员具有较大的自由裁量权，但为了保证评审活动的公平公正，相关法规对评审小组的职责义务也有较明确的规定。

《政府采购货物和服务招标投标管理办法》（财政部令第 87 号）第四十六条对评标委员会的职责进行了规定：

评标委员会负责具体评标事务，并独立履行下列职责：

（一）审查、评价投标文件是否符合招标文件的商务、技术等实质性要求；

（二）要求投标人对投标文件有关事项作出澄清或者说明；

（三）对投标文件进行比较和评价；

（四）确定中标候选人名单，以及根据采购人委托直接确定中标人；

（五）向采购人、采购代理机构或者有关部门报告评标中发现的违法行为。

《政府采购非招标采购方式管理办法》（财政部令第 74 号）分别用两条对评审小组的职责和义务进行了规定：

第八条　竞争性谈判小组或者询价小组在采购活动过程中应当履行下列职责：

（一）确认或者制定谈判文件、询价通知书；

（二）从符合相应资格条件的供应商名单中确定不少于 3 家的供应商参加谈判或者询价；

（三）审查供应商的响应文件并作出评价；

（四）要求供应商解释或者澄清其响应文件；

（五）编写评审报告；

（六）告知采购人、采购代理机构在评审过程中发现的供应商的违法违规行为。

第九条 竞争性谈判小组或者询价小组成员应当履行下列义务：

（一）遵纪守法，客观、公正、廉洁地履行职责；

（二）根据采购文件的规定独立进行评审，对个人的评审意见承担法律责任；

（三）参与评审报告的起草；

（四）配合采购人、采购代理机构答复供应商提出的质疑；

（五）配合财政部门的投诉处理和监督检查工作。

《政府采购竞争性磋商采购方式管理暂行办法》（财库〔2014〕214号）第十五条、第十六条有类似的规定，这里不再赘述。

总之，评审小组要在遵守有关纪律的前提下，尽到勤勉义务，并对个人的评审意见负责。

8.8 评审当天采购人和采购代理机构负责哪些事宜？

《政府采购货物和服务招标投标管理办法》（财政部令第87号）第四十五条对评审当天采购人和采购代理机构的职责进行了规定：

采购人或者采购代理机构负责组织评标工作，并履行下列职责：

（一）核对评审专家身份和采购人代表授权函，对评审专家在政府采购活动中的职责履行情况予以记录，并及时将有关违法违规行为向财政部门报告；

（二）宣布评标纪律；

（三）公布投标人名单，告知评审专家应当回避的情形；

（四）组织评标委员会推选评标组长，采购人代表不得担任组长；

（五）在评标期间采取必要的通讯管理措施，保证评标活动不受外界干扰；

（六）根据评标委员会的要求介绍政府采购相关政策法规、招标文件；

（七）维护评标秩序，监督评标委员会依照招标文件规定的评标程序、方法和标准进行独立评审，及时制止和纠正采购人代表、评审专家的倾向性言论或者违法违规行为；

（八）核对评标结果，有本办法第六十四条规定情形的，要求评标委员会复核或者书面说明理由，评标委员会拒绝的，应予记录并向本级财政部门报告；

（九）评审工作完成后，按照规定向评审专家支付劳务报酬和异地评审差旅费，不得向评审专家以外的其他人员支付评审劳务报酬；

（十）处理与评标有关的其他事项。

采购人可以在评标前说明项目背景和采购需求，说明内容不得含有歧视性、倾向性意见，不得超出招标文件所述范围。说明应当提交书面材料，并随采购文件一并存档。

这里对上述第一款逐项解释一下。

第一项，对于专家来说，目前一般都是用短信通知，然后通过人脸识别；对于采购人代表来说，一般需要采购单位出具一个授权函。

第二项是宣布评标纪律。所有参与人员都应该遵守评标纪律。事实上，在大多数地区，评审专家和采购人代表在进入评审现场时，就需要签署评标纪律告知书。

第三项，前面我们曾经提到，在评审开始之前，投标人名单和评审专家名单是双向保密的。投标人不知道是哪些评审专家，评审专家也不知道会有哪些企业来投标。只有到这个时候，才向评审专家公布投标人名单。那么，如果评审专家与投标的供应商之间有关联关系，是需要回避的。关于回避的规定，我们后面还会专门说明。

第四项是推荐评审组组长。这里要求采购人代表是不能当组长的，一般情况下是评审专家之间相互推荐。

第五项是进行通讯管制。目前采购人代表和评审专家在进入评审区之前，手机等通讯设施都是要上交封存的。

第六项是介绍相关法律法规。这在实践中一般是省略的，因为评审专家都是经过考试入库的，对相关的法律法规都比较熟悉。

第七项是维护评标秩序。目前基本所有的评审现场都是全程录音录像的。

第八项是核对评标结果。这里提到的第六十四条，主要是一些分数汇总错误或客观分打分错误，这是需要现场进行纠正的。

第九项是评审费用。可能供应商朋友并不关注这项费用。现在一般是400元至600元，各地不完全一样。

第十项是兜底条款。

上述第二款就是采购人是可以介绍评标背景的，但要求不能带有倾向性和歧视性。

竞争性磋商、竞争性谈判、询价等采购方式中采购人和采购代理机构的职责基本也是遵照上述内容执行。这里不再赘述。

8.9　如何要求与其他供应商有利害关系的人员回避？

为了保证政府采购活动的公平公正，相关法律法规设置了回避规则。

《政府采购法》第十二条规定：

在政府采购活动中，采购人员及相关人员与供应商有利害关系的，必须回避。供应商认为采购人员及相关人员与其他供应商有利害关系的，可以申请其回避。

前款所称相关人员，包括招标采购中评标委员会的组成人员，竞争性谈判采购中谈判小组的组成人员，询价采购中询价小组的组成人员等。

《政府采购法实施条例》第九条进一步进行了细化：

在政府采购活动中，采购人员及相关人员与供应商有下列利害关系之一的，应当回避：

（一）参加采购活动前3年内与供应商存在劳动关系；

（二）参加采购活动前3年内担任供应商的董事、监事；

（三）参加采购活动前3年内是供应商的控股股东或者实际控制人；

（四）与供应商的法定代表人或者负责人有夫妻、直系血亲、三代以内旁系血亲或者近姻亲关系；

（五）与供应商有其他可能影响政府采购活动公平、公正进行的关系。

供应商认为采购人员及相关人员与其他供应商有利害关系的，可以向采购人或者采购代理机构书面提出回避申请，并说明理由。采购人或者采购代理机构应当及时询问被申请回避人员，有利害关系的被申请回避人员应当回避。

这里对上述第一款逐项解释一下。

第一项中的劳动关系指的是《中华人民共和国劳动法》中明确的劳动关系。这里请注意，劳务关系是不同于劳动关系的。

第二项中的董事、监事指的是《中华人民共和国公司法》（以下简称《公司法》）中明确的董事、监事。

第三项中的控股股东指的也是《公司法》中明确的其出资额占有限责任公司资本总额50%以上的股东，以及依据其出资额或持有的股份所享有的表决权足以对股东会的决议产生重大影响的股东。实际控制人是指实际控制公司的自然人、法人或其他组织。

第四项可以参照《公务员回避规定》第五条的规定。

第五项主要指的是同学、战友、老乡、朋友等有可能影响到政府采购公平、公正活动的人员关系。

提出回避的方式是由供应商向采购人或采购代理机构书面提出回避申请，并由采购人或采购代理机构处理回避申请。

看到这里可能有些读者朋友会问：如果供应商应该回避但不回避怎么办？这种情况也是有相关的制约措施的。《政府采购评审专家管理办法》（财库〔2016〕198号）第二十七条第二款规定：

评审专家与供应商存在利害关系未回避的，处2万元以上5万元以下的罚款，禁止其参加政府采购评审活动。

这个处罚标准实际上是严于《政府采购法实施条例》第七十条规定的。所以，请读者朋友注意，该回避的一定要回避。

8.10 如何应对评审小组的询问？

在评审现场，评审小组可以对投标文件、响应文件中未能表述清楚的事宜进行询问，供应商也有作出澄清的义务和权利。这种询问和澄清不仅有利于评审小组核实情况，而且有利于供应商维护自己的利益。

《政府采购货物和服务招标投标管理办法》（财政部令第87号）第五十一条规定：

对于投标文件中含义不明确、同类问题表述不一致或者有明显文字和计算错误的内容，评标委员会应当以书面形式要求投标人作出必要的澄清、说明或者补正。

投标人的澄清、说明或者补正应当采用书面形式，并加盖公章，或者由法定代表人或其授权的代表签字。投标人的澄清、说明或者补正不得超出投标文件的范围或者改变投标文件的实质性内容。

《政府采购非招标采购方式管理办法》（财政部令第74号）第十六条、《政府采购竞争性磋商采购方式管理暂行办法》（财库〔2014〕214号）第十八条也有类似规定，这里不再重复列举。

国家发展和改革委员会等部门《关于严格执行招标投标法规制度进一步规范招标投标主体行为的若干意见》（发改法规〔2022〕1117号）第十三条从程序上对澄清进行了进一步强制性的规定：

发现投标文件中含义不明确、对同类问题表述不一致、有明显文字和计算错误、投标报价可能低于成本影响履约的，应当先请投标人作必要的澄清、说明，不得直接否决投标。

从上述规定可以看出，澄清是在供应商投标文件可能被判为无效投标前的一种重要救济手段，因此供应商朋友应足够重视。我们的建议是，在进行澄清时，既要实事求是，作出的应答有依据，又要据理力争，尽最大可能争取评审小组的理解和支持。

8.11 评审报告包括哪些内容？

在本章的前面几节，我们在各种采购方式的流程部分介绍过评标报告或评审报告所包含的框架内容。考虑到评审报告是整个采购评审活动最后的成果，具有至关重要的地位，本节专门再向读者朋友介绍下评审报告的主要内容。

这里通过一个评标报告的样本来向读者朋友进行说明，以便让读者朋友有一个感性认识。

_____项目评标报告（样本）

按照政府采购法律法规规定以及《××项目招标文件》的要求，____年___月___日至___日由_____组织的评标委员会对该项目进行了评标。现将评标情况报告如下：

一、项目招标情况

___项目采取公开招标方式采购。依据政府采购信息发布的规定，___（单位名称）于___年___月___日在中国政府采购网上发布了招标公告。共有___家潜在投标人购买（领取）了招标文件，购买（领取）招标文件的投标人名单如下：

1._____

2._____

3._____

二、评标委员会组成情况

评标委员会由_____位政府采购评审专家和_____位采购人代表共_____人组成。政府采购评审专家是在_____专家库中随机抽取产生。评标委员会具体名单如下：

姓名	单位	专家来源	备注
			组长

三、评标方法和标准

本项目采取综合评分法（或最低评标价法），具体评标细则和标准按照本项目招标文件规定的评标方法和标准执行。

四、开标记录和评标情况及说明

（一）开标记录

根据招标公告标明的时间和地点，___年___月___日___时在_____（地点）公开开标。共有___个投标人参加了___个包___个包次的投标，并派代表参加了开标。各投标人名称和报价如下：

序号	投标人名称	投标价格（元）
1		
2		
3		

（二）无效投标情况

根据招标文件相关规定，采购人或者采购代理机构对投标文件进行了资格审查，评标委员会对投标文件进行了符合性审查，审查情况如下：

1._____投标人，因_____原因，按无效投标处理。

……

（三）评标情况

根据招标文件相关规定，评标委员会对各实质性检查合格的投标文件进行了评审，评审情况如下：

……

（四）其他需要说明的情况

……

五、评标结果

本项目采用综合评分法，经综合比较与评价，各包投标人的总得分及排序见评审总得分表。

评审总得分表

供应商名称	投标人1	投标人2	投标人3	…
投标价格（元）				
价格得分				
其他因素得分（平均分）				
总得分				
排序				

六、授标建议

根据评审结果，评标委员会推荐：_____供应商为第一中标候选人，中标金额为_____元，其余供应商依序递补。

以上评标结果，报_____（采购人）确认。

七、评标委员会成员异议情况说明

异议情况及理由：

异议成员签名：

八、评标委员会成员签名

年　　月　　日

这是一个内容非常详细的评标报告模板。根据这个模板可以很容易将其修改为竞争性磋商、竞争性谈判、询价等采购方式的评审报告。这里需要告诉读者朋友的是，目前在几乎所有的评审现场，都是采购代理机构事先准备好这种模板，然后在专家打分出来以后，现场填写相关具体内容。

现在我们来看一下报告主要内容。

第一部分是介绍采购项目的基本情况。

第二部分是介绍专家的情况，前文提到专家在评标之前是保密的，那么到了撰写评标报告环节，就要披露专家信息。

第三部分是评标方法，目前一般都是采用综合评分法。

第四部分是开标记录和评标过程的记录。这一部分最关键的是要记录无效投标，就是那些资格审查和符合性审查没有通过的供应商的情况。

第五部分是评标结果。在这个模板里采用了将评审总得分表直接嵌入评标报告的方法，另外还有一种方法是，这里只写排序情况，把有专家签字的评审表作为附件列在评审报告后面。

第六部分是授标建议。这里顺便提一下，在未来的改革趋势中，这部分会"评定分离"。所谓"评定分离"，是指评标委员进行评审后，向招标人推荐一定数量不排序的合格的中标候选人，再由招标人按照规定的决策程序，择优确定中标人。也就是说，在未来进行"评定分离"的改革之后，就大概率不存在授标建议这个部分了。

第七部分是异议情况说明。在评审中可能会出现对于一些问题，专家意见不一致的情况。如果有的话，需要在第七部分进行说明。整个评审结果是遵照少数服从多数的原则来确定的。

第八部分是全体评标委员会成员的签名，表示对评标报告的确认。

8.12　如果项目流标，如何应对？

在政府采购项目的评审中，是有可能出现项目流标情况的。《政府采购法》第三十六条规定：

在招标采购中，出现下列情形之一的，应予废标：

（一）符合专业条件的供应商或者对招标文件作实质响应的供应商不足三家的；

（二）出现影响采购公正的违法、违规行为的；

（三）投标人的报价均超过了采购预算，采购人不能支付的；

（四）因重大变故，采购任务取消的。

废标后，采购人应当将废标理由通知所有投标人。

根据《政府采购法》第四十条第二款的规定，询价采购也需要通过资格性审查和符合性审查的供应商不少于3家。根据《政府采购非招标采购方式管理办法》（财政部令第74号）第二十七条和《政府采购竞争性磋商采购方式管理暂行办法》（财库〔2014〕214号）第二十一条的规定，竞争性谈判和竞争性磋商通过资格性审查和符合性审查的供应商不少于两家。那么，一旦通过初审的供应商家数不满足条件，项目就要流标。根据《政府采购货物和服务招标投标管理办法》（财政部令第87号）第四十四条，合格投标人不足3家的，不得评标。

那么，流标以后，如何处理呢？《政府采购法》第三十七条规定：

废标后，除采购任务取消情形外，应当重新组织招标；需要采取其他方式采购的，应当在采购活动开始前获得设区的市、自治州以上人民政府采购监督管理部门或者政府有关部门批准。

也就是说，对于公开招标项目，流标后一般是重新招标，在特殊情况下需要更换采购方式的，要报请有权力的政府采购管理部门批准。根据《政府采购非招标采购方式管理办法》（财政部令第74号）第三十七条、第五十条和《政府采购竞争性磋商采购方式管理暂行办法》（财库〔2014〕214号）第三十四条的规定，竞争性谈判、询价和竞争性磋商，在流标后一般也是重新组织采购活动。我们看到有些采购公告后面会标注"采购项目（二次）"，就表示这是流标后的重新采购。

对于供应商来说，大致有三种情况。第一种情况：参与了第一次采购活动，但没有通过初审。在这种情况下，供应商朋友要仔细查找原因，认真检查投标文件、响应文件，纠正其中的错误，以利于第二次参与。第二种情况：参与了第一次采购活动，也通过了初审，但由于其他供应商的原因致项目流标。在这种情况下，建议供应商朋友总结第一次参与的经验，观察开标现场的情况，尽可能摸清竞争对手的状况，在第二次采购活动中进行有效的调整和优化，以扩大自身中标的概率。第三种情况：供应商因故没有参与第一次采购活动，但参与了第二次采购活动。在这种情况下，建议供应商朋友在领取招标文件时，可以询问一下采购人或采购代理机构流标原因，以更好地准备投标文件、响应文件，避开有可能犯的错误，争取一次性中标。

8.13　如何得知评审结果？

在评审活动结束后，供应商朋友可能最关心的就是评审结果。按照有关规定，从评审报告的出具到公布评审结果，有一个过程。《政府采购法实施条例》第四十三条规定：

采购代理机构应当自评审结束之日起2个工作日内将评审报告送交采购人。采购人应当自收到评审报告之日起5个工作日内在评审报告推荐的中标或者成交候选人中按顺序确定中标或者成交供应商。

采购人或者采购代理机构应当自中标、成交供应商确定之日起2个工作日内，发出中标、成交通知书，并在省级以上人民政府财政部门指定的媒体上公告中标、成交结果，招标文件、竞争性谈判文件、询价通知书随中标、成交结果同时公告。

中标、成交结果公告内容应当包括采购人和采购代理机构的名称、地址、联系方式，项目名称和项目编号，中标或者成交供应商名称、地址和中标或者成交金额，主要中标或者成交标的的名称、规格型号、数量、单价、服务要求以及评审专家名单。

从上述规定可以看出，在供应商获知评审结果前大致要经历三个环节：先是2个工作日内将评审报告送交采购人；然后采购人在5个工作日内确定成交供应商，在这个环节中，采购人通常会在内部召开政府采购领导小组会议等类似会议进行集体研究，但一般均是按照评审报告推荐的顺序确定；最后是2个工作日内发出成交通知书并公告结果。由此计算，供应商最晚在评审结束后10个工作日可以知道采购结果。

这里解释一下招标投标法和政府采购法之间的细微差别。

《招标投标法实施条例》第五十四条规定：

依法必须进行招标的项目，招标人应当自收到评标报告之日起3日内公示中标候选人，公示期不得少于3日。

投标人或者其他利害关系人对依法必须进行招标的项目的评标结果有异议的，应当在中标候选人公示期间提出。招标人应当自收到异议之日起3日内作出答复；作出答复前，应当暂停招标投标活动。

而《政府采购货物和服务招标投标管理办法》（财政部令87号）第六十九条第三款规定：

中标公告期限为1个工作日。

这里"公示"和"公告"是有区别的。公示期间，采购结果尚未最后确定，如果相关利害关系人对公示内容有异议，应在公示期间提出，期限是3个自然日；公告是告知采购结果，如果相关利害关系人对公告内容有异议，应援引《政府采购法》第五十二条"供应商认为采购文件、采购过程和中标、成交结果使自己的权益受到损害的，可以在知道或者应知其权益受到损害之日起七个工作日内，以书面形式向采购人提出质疑"的规定，在7个工作日内提出质疑。因此，政府采购法对供应商利益的救济是高于招标投标法的。

那么，查看公告的平台，就是中国政府采购网及其分网。《政府采购信息发布管理办法》（财政部令第 101 号）第十三条第二款规定：

中国政府采购网或者其省级分网应当自收到政府采购信息起 1 个工作日内发布。

8.14　如何取回投标保证金？

如果参与的项目收取了投标保证金，那么供应商在评审活动完成后还有一项工作要做，就是取回投标保证金。《政府采购法实施条例》第三十三条第二款规定：

采购人或者采购代理机构应当自中标通知书发出之日起 5 个工作日内退还未中标供应商的投标保证金，自政府采购合同签订之日起 5 个工作日内退还中标供应商的投标保证金。

对于竞争性磋商、竞争性谈判、询价等非招标采购方式，也有类似的规定。《政府采购非招标采购方式管理办法》（财政部令第 74 号）第二十条规定，未成交供应商的保证金应当在成交通知书发出后 5 个工作日内退还，成交供应商的保证金应当在采购合同签订后 5 个工作日内退还。《政府采购竞争性磋商采购方式管理暂行办法》（财库〔2014〕214 号）第三十一条规定，未成交供应商的磋商保证金应当在成交通知书发出后 5 个工作日内退还，成交供应商的磋商保证金应当在采购合同签订后 5 个工作日内退还。

对于成交供应商来说，投标保证金可以直接转为履约保证金。《政府采购货物和服务招标投标管理办法》（财政部令第 87 号）第三十八条规定，采购人或者采购代理机构应当自采购合同签订之日起 5 个工作日内退还中标人的投标保证金或者转为中标人的履约保证金。

此外，还有一种特殊的情况可以退还保证金，就是在投标截止时间前撤回投标文件。《政府采购货物和服务招标投标管理办法》（财政部令第87号）第三十八条第一款规定：

投标人在投标截止时间前撤回已提交的投标文件的，采购人或者采购代理机构应当自收到投标人书面撤回通知之日起5个工作日内，退还已收取的投标保证金，但因投标人自身原因导致无法及时退还的除外。

采购人和采购代理机构没有及时退还保证金需要承担一定责任。《政府采购货物和服务招标投标管理办法》（财政部令第87号）第七十八条规定，采购人、采购代理机构未按照规定退还投标保证金的，由财政部门责令限期改正，情节严重的，给予警告，对直接负责的主管人员和其他直接责任人员，由其行政主管部门或者有关机关给予处分，并予通报；采购代理机构有违法所得的，没收违法所得，并可以处以不超过违法所得3倍、最高不超过3万元的罚款，没有违法所得的，可以处以1万元以下的罚款。同时，还要对投标人支付一定的资金占用费。《政府采购货物和服务招标投标管理办法》（财政部令第87号）第三十八条第三款规定：

采购人或者采购代理机构逾期退还投标保证金的，除应当退还投标保证金本金外，还应当按中国人民银行同期贷款基准利率上浮20%后的利率支付超期资金占用费，但因投标人自身原因导致无法及时退还的除外。

同时，需要提醒供应商朋友的是，如果在参与政府采购活动的过程中出现违规行为，采购人和采购代理机构也是有权不退还保证金的。《政府采购非招标采购方式管理办法》（财政部令第74号）第二十条、《政府采购竞争性磋商采购方式管理暂行办法》（财库〔2014〕214号）第三十一条都对此做出了规定，《政府采购竞争性磋商采购方式管理暂行办法》规定的如下：

（一）供应商在提交响应文件截止时间后撤回响应文件的；

（二）供应商在响应文件中提供虚假材料的；

（三）除因不可抗力或谈判文件（磋商文件）、询价通知书认可的情形以外，成交供应商不与采购人签订合同的；

（四）供应商与采购人、其他供应商或者采购代理机构恶意串通的；

（五）采购文件（磋商文件）规定的其他情形。

最后向读者朋友介绍一下，目前在实践中，多数投标保证金都使用保函，特别是电子保函。保函设定了有效期，有效期届满，保函自动失效，这就省去了退还的程序。目前保函的收费标准一般是保函保额的5‰，同时设有最低收费标准，在300元至500元之间。为了方便供应商，目前大多数政府采购网站都建立了保函的网页链接，有需要的朋友可以自行查询。

第4篇

合同篇

第9章　合同的拟制

对于中标、成交的供应商来说，获得政府采购合同，既是前期成功参与政府采购活动的可喜成果，同时又是真正履行投标文件中承诺的一个起点。因为从获得中标供应商资格到最终取得经济利益还有一段很长的路要走。这段路可以称为政府采购活动的下半场，而这个下半场的起点，就是合同拟制。本章从政府采购合同的相关基本概念出发，就合同拟制环节的流程和需要注意的事项向读者朋友进行讲解，特别是介绍了一些初创企业、中小微企业容易忽略的细节问题。通过本章的学习，读者朋友可以借助本章介绍的方法自行拟制出比较完善的合同。

9.1　政府采购合同的地位和特点

《政府采购法》第二条第四款规定：

本法所称采购，是指以合同方式有偿取得货物、工程和服务的行为，包括购买、租赁、委托、雇用等。

《政府采购法》第四十三条第一款规定：

政府采购合同适用合同法。采购人和供应商之间的权利和义务，应当按照平等、自愿的原则以合同方式约定。

可见，合同在政府采购活动中占据着重要地位，是最终确定采购人和供应商之间的权利和义务的法律文本。特别是对于供应商来说，在政府采购合同中一般都是处于先履行义务地位，即先提供货物、服务，然后再得到对方提供的对价。因此，供应商更需要重视合同的拟制，清晰约定双方的权利和义务，以维护自身的合法权益。

根据《政府采购需求管理办法》（财库〔2021〕22号）第二十二条的规定，合同类型按照《民法典》规定的典型合同类别，结合采购标的的实际情况确定。根据采购对象和采购行为的不同，政府采购合同大致对应《民法典》合同编的第九章"买卖合同"，第十四章"租赁合同"，第十八章"建设工程合同"，第二十三章"委托合同"，第二十四章"物业服务合同"等。

政府采购合同有其特殊性。政府采购合同签订的目的是提高政府采购资金使用效益，维护国家的利益和公共利益；资金来源是财政性资金；主体一方必须是国家机关事业单位和团体组织。因此，政府采购合同还不完全等同于一般民事合同。对于政府采购合同来说，采购人与供应商享有自愿签订政府采购合同权利的前提是，必须遵守政府采购法的相关规定。中标或成交供应商确定以后，必须按照招投标及各类采购程序所确定的采购结果，确定政府采购合同。

《政府采购法》对政府采购合同的形式和主要内容作出了特别规定。

《政府采购法》第四十四条规定：

政府采购合同应当采用书面形式。

《政府采购法》第四十五条规定：

国务院政府采购监督管理部门应当会同国务院有关部门，规定政府采购合同必须具备的条款。

根据《政府采购需求管理办法》（财库〔2021〕22号）第二十三条第一款的规定，合同文本应当包含法定必备条款和采购需求的所有内容，包括但不限于标的名称，采购标的质量、数量（规模），履行时间（期限）、地点和方式，包装方式，价款或者报酬、付款进度安排、资金支付方式，验收、交付标准和方法，质量保修范围和保修期，违约责任与解决争议的方法等。

9.2 什么是政府采购合同标准文本？

《政府采购法实施条例》第四十七条规定：

国务院财政部门应当会同国务院有关部门制定政府采购合同标准文本。

这是制定合同标准文本的法律依据。所谓标准文本，是指包含了必备条款的合同样本。因此，合同标准文本是强制性适用的。与合同标准文本相对应的是合同示范文本。合同示范文本是示范性的，由当事人根据需要自主选用。《民法典》第四百七十条第二款规定，当事人可以参照各类合同的示范文本订立合同。所以，尽管示范文本也是通用性的，但它却是可选的。

采购人或采购代理机构在使用合同标准文本时，对于通用条款应当不加修改地直接引用；对于专用条款，可以结合采购项目具体特点和实际需要，在专用条款对通用条款进行补充细化；但除通用条款明确规定可以做出不同约定外，专用条款的补充和细化内容不得与通用条款的相抵触，否则合同无效。

《政府采购需求管理办法》（财库〔2021〕22号）再次强调了合同标准文本的重要性。其第二十三条第三款规定，国务院有关部门依法制定了政府采购合同标准文本的，应当使用标准文本。

9.3 政府采购合同的主要内容有哪些？

《民法典》第四百七十条第一款规定：

合同的内容由当事人约定，一般包括下列条款：

（一）当事人的姓名或者名称和住所；

（二）标的；

（三）数量；

（四）质量；

（五）价款或者报酬；

（六）履行期限、地点和方式；

（七）违约责任；

（八）解决争议的方法。

上述条款就是合同内容的一般框架。目前在实践中，政府采购合同一般都是采用格式合同，就是事前将大部分合同条款固定，然后"填空"式地进行填写。下面我们以政府采购货物合同为例，对政府采购合同的框架和主要内容进行讲解。

一是采购人（甲方）和成交供应商（乙方）的名称和地址。

二是合同标的。对于货物类合同一般要写明货物名称、规格型号、单位、数量、生产厂商。

三是合同价款，主要约定总价格、分项价格和细项价格。

四是组成本合同的有关文件，包括但不限于乙方提供的投标文件和投标报价表、供货一览表、交货地点一览表、技术规范响应表、投标承诺、服务承诺、中标（成交）通知书、甲乙双方约定的其他文件。

五是权利保障，主要约定专利权、著作权和商标权的归属和保护。

六是质量保证，包括国家有关部门颁布的现行标准和规范以及合同双方共同约定的特定质量标准。

七是包装和运输保证，包括包装和运输的要求以及因包装、运输不善所引起的货物损坏和损失的责任承担。

八是交货和验收，主要约定交货方式、交货地点、验收方式。

　　九是售后服务，主要约定安装、调试、培训、保修、维修等售后服务事项。

　　十是履约保证金，主要约定收取和返还履约保证金的时间、方式、数额。

　　十一是货款支付，主要约定货款的支付方式、支付时间和支付金额。

　　十二是违约责任，主要约定承担责任的方式：继续履行、采取补救措施或赔偿损失。

　　十三是合同的变更、分包、转让。这里应明确合同的权利和义务依法不得转让，同时在符合法律规定的前提下约定合同变更、分包的条件。

　　十四是争议的解决，主要约定合同争议的解决路径：协商、调解、仲裁或诉讼。

　　十五是合同生效及其他，主要约定合同的份数、生效时间等。

9.4　如何参考类似合同?

　　根据《财政部关于做好政府采购信息公开工作的通知》（财库〔2015〕135号）在"政府采购项目信息的公开要求"这一部分的要求：

　　政府采购合同应当自合同签订之日起2个工作日内公告。

　　因此，目前所有已经成交的政府采购合同，均可以在网上查询。这就给刚刚接触政府采购活动的朋友提供了一个很好的渠道，就是通过参考已经成型的合同，来拟制自身的政府采购合同。

　　我们以北京市政府采购网为例，来说明如何获取公告的政府采购合同。

　　首先登录北京市政府采购网，网址为 www.ccgp-beijing.gov.cn。

　　进入首页以后，向下拉，可以看到"公告栏"，在左侧是"市级"，在右侧是"区级"，两边都有一个"合同"标签，点击"合同"，就是政府采购合同的公告，然后在其右下方有一个"更多"，点击"更多"后可以打开一个新页面，就是专门的政府采购合同公告区（可能由于网站改版会略有不同）。在这里我们可以看到北京市所有的市级财政预算的政府采购合同。

总之，在各省级、市级的政府采购网站上，读者朋友都可以通过类似的方式找到公告的政府采购公告。参考和借鉴本行业已经成型的合同，是一种较快捷、有效的拟制合同的方法。

9.5 工程类政府采购项目合同的特殊性

在政府采购三大类项目中，工程类项目的复杂性和专业性大大超过货物类项目和服务类项目。因此，工程类项目合同拟制的工作量和复杂性也大大超过其他两类合同。同时，工程类项目在合同履行中引起争议和纠纷的可能性又远高于其他项目，其中相当数量的纠纷的原因在于在成交时签订的合同有瑕疵和漏洞，造成双方权利义务不清。这从反向说明了工程类项目合同拟制的重要性。

对于中小企业和初创企业，尤其是没有专门的法务人员的企业来说，拟制工程类政府采购项目合同是一项艰巨的任务。这里介绍一种较简便的方法，就是运用国家部委公布的工程类项目的合同示范文本，以最大限度地减轻供应商朋友拟制合同的压力。

原国家工商行政管理总局曾发布《国家工商行政管理总局关于制定推行合同示范文本工作的指导意见》（工商市字〔2015〕178号），推动合同示范文本工作。在现国家市场监督管理总局的网站上（网址为 https：//cont.12315.cn），可以看到"合同示范文本库"，这里有"部委合同示范文本"和"地方合同示范文本"两栏，点击"部委合同示范文本"右边的"更多"，就可以进入部委合同示范文本界面，目前大约有100个示范合同。点击左侧的"建设工程"标签，可以看到有19个工程类合同示范文本（还在陆续添加中），涵盖了工程施工、总包、分包、造价、勘察、设计、园林绿化、监理、装修、租赁等方方面面，而且均是住房和城乡建设部和国家市场监督管理总局（或原国家工商行政管理总局）制定的，具有很高的专业性和权威性。

这里向读者朋友说明下，如何下载这些合同示范文本。在部委合同示范文本界面点开需要打印的示范文本，在该示范文本的右上方，有两个标签，一个是"下载 Word 文档"，另一个是"下载 PDF 文档"，点击即可以下载。其中 Word 文档可以编辑，会给读者朋友拟制工程类合同带来很大方便。

9.6　政府采购合同的价格和付款方式如何约定？

在政府采购合同中，有价格和付款方式的条款可以说是最重要的条款之一。那么，在拟制和签订合同时，应该着重注意哪些方面呢？我们做以下提醒。

在货物合同中，通常要注意价款是否包括运输费用、保险费用、装卸费用、调试费用、保管费用（如可以约定一定的免费保管时间，超过这个期限之后需要另行支付保管费用）、报关费用等。

在服务合同中，通常要注意价款是否包括核算到人的人工费用、设备设施物资费用、差旅费用（可以约定已包括在价格内，即由乙方自行承担因提供服务而发生的差旅费，也可以约定甲方承担一定标准内的差旅费，超出标准部分由乙方自行承担）、制作费用（如软件、文档等，可以限定一定份数，超出则需要另外支付制作费用）。

在约定总价的同时，还可以加上一条"总括价款"或"全部价款"，即类似于"除本合同明确约定的费用以外，就本合同的签订与履行，甲方无须向乙方支付其他任何费用、价款、报酬或报销"，以消除可能出现的价格纠纷。

9.7 政府采购合同的履约期限、地点和方式如何约定？

上文已经提到，拟制政府采购合同可以参考合同示范文本，还可以借鉴已经成型的政府采购合同。因此，如果能够找到适当的合同样本，留给读者朋友做的就是"填空式"地把合同填写完整。因此，从本节开始的以下几节主要讲解填写合同时需要注意的关键点。本节讲解履约期限、地点和方式如何约定。

对于工程类合同来说，合同工期一般如下约定：

计划开工日期： 年 月 日

计划竣工日期： 年 月 日

工期总日历天数： 天

这是合同工期约定的最基本的格式。有时，为了避免引发歧义，合同文本中会加以附加说明，如某工程合同的工期做如下约定：

计划开工日期：202×年11月30日

计划竣工日期：202×年2月28日

工期总日历天数90天，自监理人发出的开工通知中载明的开工日期起算。工期总日历天数与根据前述计划开竣工日期计算的工期天数不一致的，以工期总日历天数为准。

工程类项目的履约地点和方式一般在"工程地点"和"工程内容"中约定，如某合同约定：

工程地点：**经济技术开发区西环南路2号

工程内容：主要内容包括拆除工程、给排水工程、强电工程、弱电工程、通风空调工程、土建结构工程、消防电工程、消防水工程、医用气体工程、装饰装修工程等施工图纸及工程量清单显示的全部工程。

对于货物类合同来说，履约期限、地点和方式一般就是直接约定，如某货物采购合同约定：

交付期限：合同签订后 15 个自然日内。

交付地点：** 市 ** 区 ** 路 ** 号

交付方式：送货上门。

有的合同会在此处附加一些约定，如交付时间以甲方书面通知或订货单为准；交货前发生的一切运输费、装卸费、搬运费等费用及毁损、灭失等风险全部由乙方承担等。还有一些合同采用了更灵活的约定方式，如某合同约定：

交付期限：甲方指定时间。

交付地点：甲方指定方式。

交付方式：甲方指定方式。

对于服务类合同来说，根据《政府购买服务管理办法》（财政部令第 102号）第二十四条的规定：

政府购买服务合同履行期限一般不超过 1 年；在预算保障的前提下，对于购买内容相对固定、连续性强、经费来源稳定、价格变化幅度小的政府购买服务项目，可以签订履行期限不超过 3 年的政府购买服务合同。

因此，服务类政府采购合同的服务期限是严格按照上述规定执行的。例如，某服务合同约定：

委托服务期限：为 1 年，物业服务合同年签。

合同期自 2024 年 12 月 1 日至 2025 年 11 月 30 日。

服务合同的服务地点和服务方式一般是在"服务内容"和"服务标准"中约定，这里就不再展开叙述。

9.8 政府采购合同的违约责任如何约定?

《民法典》合同编第八章"违约责任"对合同的违约责任进行了规定。

《民法典》第五百七十七条规定:

当事人一方不履行合同义务或者履行合同义务不符合约定的,应当承担继续履行、采取补救措施或者赔偿损失等违约责任。

《民法典》第五百八十二条规定:

履行不符合约定的,应当按照当事人的约定承担违约责任。对违约责任没有约定或者约定不明确,依据本法第五百一十条的规定仍不能确定的,受损害方根据标的的性质以及损失的大小,可以合理选择请求对方承担修理、重作、更换、退货、减少价款或者报酬等违约责任。

我们以一个例子来说明政府采购合同中违约责任的内容。

第**条 乙方违反本合同第五章的约定,未能达到约定的服务管理目标,甲方有权要求乙方限期整改,逾期未整改的,甲方有权终止合同;造成甲方经济损失的,乙方应按合同总价的百分之三十或实际损失(按较高标准执行)给予甲方经济赔偿。

第**条 甲乙双方中任一方无正当理由提前终止合同的,应向对方支付合同总额百分之二十作为违约金。解除合同造成的经济损失超过违约金的,还应给予赔偿。

第**条 运行设备一旦发生重大生产事故或造成人员伤亡时,甲乙双方同意交由市级以上的第三方技术监督部门或相关鉴定机构确定事故发生原因,并依此有关部门或权威鉴定机构关于事故原因及责任等的鉴定结果承担相应责任。

第 ** 条　如属甲方设备达到使用寿命、设备本身缺陷、甲方提供的零配件不合格等原因造成的事故或未通过年检，乙方不承担此责任；如是乙方在工作中操作不当或未按约定检查维修等人为原因造成的事故或未通过年检，甲方有权单方解除合同，并要求乙方承担相应的法律责任并赔偿经济损失。

这是一个服务合同，违约责任部分共4条。首先约定了乙方达不到服务标准时的赔偿方法；其后是无故终止合同的赔偿责任；后面两条与该合同的内容有关。因为该合同是乙方在甲方的场所为甲方提供服务的合同，所以特地约定了设备出现问题时的责任分担。这整体是一个可资借鉴的违约责任条款。

9.9　政府采购合同的争议解决方法如何约定？

政府采购合同中的争议解决方法是整个采购文件的重要内容。尽管在签订合同时，相信供应商朋友都秉持和气生财的原则，尽最大努力避免争议，但合同本身就是一个约定双方权利义务、确定风险承担原则的重要法律文本，因此需要在拟制合同时就考虑到可能出现的争议及其解决方法。在政府采购合同中常见的争议解决条款如下。

本合同履行过程中发生的任何争议，双方当事人均可通过和解或者调解解决；不愿和解、调解或者和解、调解不成的，可以选择下列第　　种方式解决：

（1）将争议提交　　　　　　　仲裁委员会依申请仲裁时其现行有效的仲裁规则裁决；

（2）向　　　　　　　　　　人民法院起诉。

从上文可以看出，实际上合同履行的争议解决方式可以有4种，分别是和解、调解、仲裁和诉讼。这里分别向读者朋友解释一下。

　　和解是指当事人在自愿互谅的基础上，就已经发生的争议进行协商并达成协议，自行解决争议的一种方式。合同当事人可以就争议自行和解，自行和解达成协议的，经双方签字并盖章后作为合同补充文件，双方均应遵照执行。

　　调解是当事人就争议的实体权利、义务，在人民法院、人民调解委员会及有关组织主持下，自愿进行协商，促成各方达成协议、解决纠纷的办法。与和解的一个显著不同之处是，调解是由第三方居中进行斡旋。我国制定有专门的《中华人民共和国人民调解法》，于2011年1月1日施行。在政府采购合同中，可以约定当事人可以就争议请求财政部门等相关行政主管部门、行业协会或其他第三方进行调解，调解达成协议的，经双方签字并盖章后作为合同补充文件，双方均应遵照执行。

　　仲裁是一种重要的非诉讼纠纷解决方式。所谓仲裁，是指争议的各方当事人达成协议，自愿将争议提交选定的第三者根据一定程序规则和公正原则作出裁决，并有义务履行裁决的一种法律制度。根据仲裁对象的不同，我国的仲裁可以分为商事仲裁和劳动仲裁，并分别制定了《中华人民共和国仲裁法》（1995年9月1日施行，以下简称《仲裁法》）和《中华人民共和国劳动争议调解仲裁法》（2008年5月1日施行）。政府采购合同涉及的仲裁属于商事仲裁。根据《仲裁法》，仲裁制度有一些相对比较特殊的规定：一是仲裁必须事先达成仲裁协议，没有仲裁协议，一方申请仲裁的，仲裁委员会不予受理。二是双方选择仲裁的，一方又向人民法院起诉的，人民法院不予受理。三是仲裁实行一裁终局的制度。裁决作出后，当事人就同一纠纷再申请仲裁或者向人民法院起诉的，仲裁委员会或者人民法院不予受理。

　　最后一种争议解决方式就是诉讼。需要提醒的是，根据《政府采购法》第四十三条第一款的规定，"政府采购合同适用合同法。采购人和供应商之间的权利和义务，应当按照平等、自愿的原则以合同方式约定"。因此，这里的诉讼属于民事诉讼，所依照的程序须符合《中华人民共和国民事诉讼法》，与投诉人对政府采购监督管理部门的投诉处理决定不服可以依法提起的行政诉讼性质不同。

9.10 政府采购合同的组成文件一般包括哪些？

政府采购合同不同于普通的商事合同，不仅仅是甲乙双方合意的结果，而且是政府采购活动的成果。因此，政府采购合同的组成部分也体现出了这一特点。在实践中我们经常可以看到，合同正文仅区区数页，而组成合同的文本数量众多。以公开招标项目的合同为例，一般合同的组成部分有：合同正文及其补充合同、变更协议；中标通知书；投标文件（含澄清或者说明文件）；招标文件（含澄清或者修改文件）；其他相关采购文件。

我们通过例子来看下在实际的政府采购合同中，其究竟由哪些文书组成。

一个工程类项目的合同组成是：

合同正文；成交通知书；投标函及投标函附录；合同条款专用部分；合同条款通用部分；技术标准和要求；图纸；已标价工程量清单；其他合同文件。

从上文可以看出，工程类合同的组成是非常严谨的，不仅包括了常见的成交通知书、投标函、专用条款、通用条款等内容，而且包括了技术标准和要求、图纸、工程量清单等工程项目特有的部分。

一个货物类项目的合同组成是：

合同正文；采购需求；食品安全承诺责任书。

这是一个食材采购合同。这个合同告诉我们，对于特殊的采购内容，可以根据有关法律法规和采购项目的实际需要，增加承诺书、责任书等文书，以强调相关的责任分配和风险承担。

一个服务类项目的合同组成是：

合同正文；成交通知书；岗位编制及费用表；服务满意度调查表；服务范围、内容及要求。

这是一个典型的服务类合同，在附件中明确了服务岗位及职责，同时用满意度调查的方式保证服务质量。这里可能有的读者朋友会问：服务满意度调查表是一个工作文档，在日常工作中拟定即可，为什么要放入合同中呢？这是因为该服务满意度调查是与最终付款息息相关的。因此，调查表本身的形式和内容也很重要，为了避免在合同履行中发生不必要的纠纷，需要在合同附件中予以明确。

这里向读者朋友讲述一下合同组成文件的优先顺序问题。从上文可以看到，合同的组成文件很多，而且签订的时间也有先后，如果在理解和适用上有分歧，就很容易在合同履行中发生纠纷，因此有必要规定合同组成文件的优先顺序原则。

对于工程项目来说，国家部委有相对明确的规定。2007年，国家发展和改革委员会等九部委发布了《标准施工招标文件》，其中第四章"合同条款及格式"规定：

组成合同的各项文件应互相解释，互为说明。除专用合同条款另有约定外，解释合同文件的优先顺序如下：

（1）合同协议书；

（2）中标通知书；

（3）投标函及投标函附录；

（4）专用合同条款；

（5）通用合同条款；

（6）技术标准和要求；

（7）图纸；

（8）已标价工程量清单；

（9）其他合同文件。

同时，《标准施工招标文件》第六条、第九条还规定，专用合同条款可对通用合同条款进行补充、细化，但不得与"通用合同条款"强制性规定相抵触。这进一步明确了合同中个性约定与共性约定之间的关系。

而对于货物和服务采购合同来说，一般优先顺序就是：

1. 本合同及其补充合同、变更协议；

2. 中标通知书；

3. 投标文件（含澄清或者说明文件）；

4. 招标文件（含澄清或者修改文件）；

5. 其他相关采购文件。

9.11　政府采购合同的形式问题审核

对于有条件的供应商朋友来说，可以设置专人审核合同，也就是说，拟稿是一个人，审核是另外一个人；对于一些中小微企业来说，也可以自我审核，就是拟制合同之后，搁置一两天，然后自己再按照一定的原则进行审核。从本节开始，我们用三节的篇幅，向读者朋友介绍一下政府采购合同的审核要点。本节介绍合同的形式审核。

一是审核合同的组成是否完整。合同全文一般包括首部、正文、尾部、附件4个组成部分。合同首部主要由合同名称、合同当事人身份、合同引言组成，有些合同会有合同编号和合同签署日期。合同正文是指从第一个合同条款到最后一个合同条款的所有内容，一般以有规律的序号加以编排。通常情况下，合同正文应包括本书第9.3节所介绍的合同的8个基本条款。合同尾部主要是签署栏，一般包括当事人名称、地址、签订时间、联系方式等。合同附件是与政府采购活动相关的文书，包括但不限于成交通知书、投标文件、招标文件等。

二是要注意合同的盖章处。盖章必须使用公章或合同专用章，如果发现误用财务专用章、发票专用章或非正式公章盖章，要重新盖章。要注意盖章的主体名称与合同主体名称须保持一致。盖章应盖在合同指定的位置，与前面的合同正文距离不应太远（不应留出过多空行），以防被恶意添加内容。为避免中间页码替换，一般要加盖骑缝章。

三是签字。在签字部分建议由法定代表人签字。如果有些合同上注明可以由授权代表签字，建议以专门的授权书或授权条款的方式，明确列明授权的权限、范围及时间以及对权限的限制，防止合同履行过程中出现不确定的风险。有些合同约定是"签字盖章"后生效，对于此类表述，为稳妥起见，应既签字又盖章，不要单纯地理解为签字或盖章即可。如果是以自然人身份承接采购合同（这种情况很少，但是有，法律也允许），建议签字后加按指印，以防出现签字被篡改的情况。

9.12　政府采购合同的法律问题审核

合同中存在直接与法律规范相冲突的内容，属于合同的法律方面缺陷。在合同审查中需要发现这些问题，以保障合同的正常履行和各方当事人的合法权益。

这里首先说明一下应该如何审核合同的内容。应先预览一下合同的总体情况，分清它的结构体系，这可以通过目录或标题来进行。在对合同形成整体判断的同时，标记出重点条款，而不是从头到尾进行咬文嚼字式的审查。很多合同条款间的关联性比较强，有时认为前面需要修改或完善的内容，其实在后面已有约定。只有全部看清了再修改，才能避免无效劳动。

通常的商事合同审核大致有 5 个方面的内容，不过由于政府采购合同的特殊性，一些内容的确认已经在采购过程中完成了。所以，这里会有针对性地加以介绍，部分在政府采购合同中不需要关注的方面予以省略或跳过。

第一，合同主体是否合格。这包括合同主体资格的合法性、经营资格的合法性、许可资格的合法性、企业资质的合法性和履行人员的合法性。在政府采购活动中，因为所有上述合法性审核已在采购活动中完成，所以在合同审核环节可以不用花费过多的精力。

第二，条款是否合法。这包括合同名称的合法性、约定内容的合法性、处分权的合法性、术语的合法性和生效前提的合法性。

对于政府采购合同来说，这里主要是要关注约定内容的合法性和术语的合法性。在约定内容合法性方面，每个合同都会同时涉及多个法律关系，因此约定的内容需要考虑所有相关法律规范的要求。例如，一份常见的政府部门食堂服务外包合同，不仅要受到《民法典》合同编的调整，还要受到《中华人民共和国消费者权益保护法》《食品安全法》等众多法律法规的调整。要确保合同全文的合法性，就必须查询所有相关的法律法规，以避免约定内容与法律规定冲突而导致无效或部分无效的不利后果。术语上的合法性是指合同中所使用的法律、技术等方面的术语，要符合法律规范及技术标准等规范性文件所规定的用法及解释，以减少不必要的风险、排除条款效力和权利义务上的不确定性。例如，根据《民法典》的有关规定，当事人可以约定一方向对方给付定金作为债权的担保。因此，在合同中经常出现"订金""押金"等不确定用语，均应以规范的术语"定金"替代，以免产生歧义和纠纷。

第三，双方约定是否实用。一是看合同条款的针对性，主要是看针对合同的采购标的特性有没有约定实用的条款。例如，根据《国家标准管理办法》（2023 年 3 月 1 日实施）第三条的规定，对农业、工业、服务业以及社会事业等领域需要在全国范围内统一的技术要求，可以制定国家标准；对保障人身健康和生命财产安全、国家安全、生态环境安全以及满足经济社会管理基本需要的技术要求，应当制定强制性国家标准。但应注意，这里的国家标准和强制性标准是最低的质量标准。实际上国家鼓励企业自行制定优于国家标准的企业标准，所以在合同中不能理解为只能遵守国家标准，完全可以根据招标文件、投标文件约定更高的标准。二是看管辖约定的实用性。对于供应商朋友来说，在政府采购合同中一般情况下最好是选择法院诉讼；如个别情形下，交易内容不愿意被人知道，可以选择仲裁。三是违约责任约定的实用性。在违约责任约定上，常见的是赔偿损失。这种约定在交易双方之间不易伤和气，因而容易接受，但约定赔偿损失就必须通过证据证明自己的损失。比较简单明了、举证成本低的是按固定比例计算违约金，但是要注意违约金的尺度要适当。根据《最高人民法院关于适用〈中华人民共和国民法典〉合同编通则若干问题的解释》（法释〔2023〕13号）第六十四条、第六十五条的规定，如果违约金过高，对方可以通过举证要求法院予以减少。

第四，权利义务是否明确。比如，是否有缺乏可操作性的条款，如合同中常见约定"未尽事宜由双方协商解决"，但实际上诉权不受此类约定限制，不经协商可以直接起诉，所以这类条款仅是表达了双方在签订合同时的一个姿态，并不有助于解决实际纠纷；条款是否有缺少或前后不一致的地方，特别要注意附件中的约定与合同正文中的约定是否一致；权利义务的约定方式是否具体，如"长期""重大""及时"等均缺乏判断标准，应以具体的时间、事件为标准；有些合同将国家的宏观调控行为造成的合同无法履行约定定义为"不可抗力"，严格来说，这种情形不属于不可抗力，不如直接约定宏观政策造成合同无法履行应如何处理。

第五，采购目的能否达到。这里主要是从宏观上审视合同是否满足了交易目的。举例来说，一项培训合同的合同目的主要是实现约定的培训计划，而其深层次的采购目的可能是提升公务员的某项技能。所以，这里就要看合同是否反映了采购所要达到的根本目标。不过在一般的政府采购合同审核中，并不进行这一方面的审核。

在这里，特别向读者朋友提醒一个独立的问题，就是合同的证据管理。在本节叙述的合同法律问题中，如果遇到纠纷，最后决定争议能否解决的关键就是证据。《民法典》第四百六十九条规定："书面形式是合同书、信件、电报、电传、传真等可以有形地表现所载内容的形式。以电子数据交换、电子邮件等方式能够有形地表现所载内容，并可以随时调取查用的数据电文，视为书面形式。"因此，在整个政府采购活动中能够证明双方履约情况的物件，如交货凭证、验收结果、往来信函、履行通知、电子邮件等，都必须"片纸不剩"地加以保留。

9.13 政府采购合同的表述问题审核

本节讲解如何进行政府采购合同表述问题的审核。

第一，看表达的清晰性。这里主要是看合同的结构体系和排版是否清晰。因为合同最终是给人看的，所以形式上是否整洁、美观、清晰是合同给人们留下的第一印象。对于政府采购合同来说，我们可以用合同模板来解决这个问题，建议读者朋友，所有有合同模板的合同类型均使用模板。

第二，看表达的准确性。比如，要注意对关键词进行解释。在拟制合同的过程中，如果发现某个词语的定义与通常定义不太一致，或是一词多义，建议对相关词语进行定义解释。解释可以分为三种：一是专条解释，建议在合同中专设一个条款进行解释，适合在条文严密、复杂或是该词语反复出现的合同中使用；二是附带解释，即对在合同中首次提到的词语，在相关条款中加以解释，一般在解释的语句前加"即"；三是括号解释，在首次提到该词语之后加括号。对于所有关键词的解释都应该在该关键词第一次出现时就进行。再如，要注意明确权利义务条款的前提条件。如在政府采购合同中经常出现由乙方承担责任的表述，这种表述让供应商承担责任的范围过宽。建议对中心词"责任"增加限制性定语，修改为"由乙方承担法律有明文规定且符合招标文件、投标文件及本合同约定限度的责任"。这样既提高了表达的准确性，乙方可能承担的责任范围也大大缩小。

第三，看表达的严谨性。比如，某些合同中会出现"罚款""处罚"，而实际上应该是约定对方违约时如何承担违约责任。再如，有些合同中会出现"不得""禁止"等词语，实际上应转化为"下述行为属于违约行为"。又如，对于"提供三套产品的技术标准"这一约定，既可以理解为提供多套产品中的三套产品的技术标准，也可以理解为同样的技术标准提供三套。如果是前一种意思，可以修改为提供 A 型、B 型、C 型产品的技术标准；如果是后一种意思，可以修改为提供 A 型产品的技术标准三套。

第四，看表达的流畅性。比如，"甲方向乙方支付货款，乙方向甲方提供提货凭证，甲方凭乙方的提货凭证提货"，该句主语不断切换，阅读缺乏流畅性，如果修改为"甲方在向乙方支付货款后，凭乙方提供的提货凭证提取货物"，共用一个主语，读起来就流畅很多。

第五，看表达的一致性。表达的一致性体现在三个方面：一是用词的一致性。比如，有些合同名称是"合同"，但内容中称之为"本协议"，这就属于不一致；还有一些合同前面用"订货单"，后面用"订单"，诸如此类。二是数字的一致性。首先，数字的计算必须准确，如单价乘以数量之后的结果应跟总价相符；其次，大写数字和小写数字的数据要一致；最后，大写数字、小写数字和阿拉伯数字要统一规范使用，不要混用。三是内容上的一致性。比如，有的合同在正文中约定自合同签订之日起提交货物清单，但在附件中又约定货物清单另行提供，这就出现了内容上的不一致。这些都是要在合同审核过程中进行检查和完善的。

第 10 章　合同的履约

如果不发生质疑、投诉等意外情况，合同履约可以说是政府采购活动的最后一环，也是最重要的一环。从采购人角度来说，进行政府采购活动的目的就是要获得相应的产品或服务；从供应商角度来说，参与政府采购活动的目的就是获得经济收益。这两者都体现在合同履约环节。本章内容涵盖了政府采购合同生效、公开、验收、变更、分包、融资、支付等多个方面，通过本章的阅读，读者朋友可以对需要在合同履约环节注意的事项有较全面的了解。

10.1　政府采购合同何时生效？

要解释合同生效，首先要解释合同成立，成立与生效是两个有联系但又有区别的概念。

《民法典》第四百九十条第一款规定：

当事人采用合同书形式订立合同的，自当事人均签名、盖章或者按指印时合同成立……

而根据《政府采购法》第四十四条的规定，政府采购合同应当采用书面形式。因此，采购人和中标供应商签字盖章，是政府采购合同成立的通用规则。《最高人民法院关于适用〈中华人民共和国民法典〉合同编通则若干问题的解释》（法释〔2023〕13号）第四条第一款又补充规定：

采取招标方式订立合同，当事人请求确认合同自中标通知书到达中标人时成立的，人民法院应予支持。合同成立后，当事人拒绝签订书面合同的，人民法院应当依据招标文件、投标文件和中标通知书等确定合同内容。

由上述规定可知，在发生争议等特殊情况下，当事人能够举证中标、成交通知书已送达供应商的，依法认为合同成立。

那么，合同什么时候生效呢？《民法典》第五百零二条第一款规定：

依法成立的合同，自成立时生效，但是法律另有规定或者当事人另有约定的除外。

由上述规定可知，通常情况下，政府采购合同成立即生效，不过在采购合同附有生效条件或期限时，则在生效条件达成时生效。比如约定乙方支付履约保证金后生效，或待采购人将合同副本报同级政府采购监督管理部门和有关部门备案完成后生效等。所以，读者朋友在签订合同时，要注意是否有合同生效条款。

此外，根据《民法典》的规定，有5种法定合同无效的情形：

无民事行为能力人签订的合同无效；

行为人与相对人以虚假的意思表示签订的合同无效；

违反法律、行政法规的强制性规定的合同无效；

违背公序良俗的合同无效；

恶意串通，损害他人合法权益的合同无效。

10.2　政府采购合同如何公开？

《政府采购法实施条例》第五十条规定：

采购人应当自政府采购合同签订之日起2个工作日内，将政府采购合同在省级以上人民政府财政部门指定的媒体上公告，但政府采购合同中涉及国家秘密、商业秘密的内容除外。

该法条系政府采购合同公开的法律依据。政府采购合同公开的目的在于防止采购人、采购代理机构隐瞒政府采购项目信息，操控采购需求，不按采购文件的确定事项签订采购合同，甚至签订阴阳合同，偷换采购标的，虚假验收等违法行为，保证政府采购活动的公开、公平、公正，加强社会监督。

同时，《政府采购法实施条例》第四十三条第二款和第三款规定：

采购人或者采购代理机构应当自中标、成交供应商确定之日起 2 个工作日内，发出中标、成交通知书，并在省级以上人民政府财政部门指定的媒体上公告中标、成交结果，招标文件、竞争性谈判文件、询价通知书随中标、成交结果同时公告。

中标、成交结果公告内容应当包括采购人和采购代理机构的名称、地址、联系方式，项目名称和项目编号，中标或者成交供应商名称、地址和中标或者成交金额，主要中标或者成交标的的名称、规格型号、数量、单价、服务要求以及评审专家名单。

上文曾经提到，采购文件本身就是政府采购合同的组成部分，再加上合同正文，两相对照，整个政府采购合同内容就完全置于阳光之下。

政府采购合同公开的事务性规定集中在 2020 年 3 月 1 日起施行的《政府采购信息发布管理办法》（财政部令第 101 号）中。

其第八条规定：

中央预算单位政府采购信息应当在中国政府采购网发布，地方预算单位政府采购信息应当在所在行政区域的中国政府采购网省级分网发布。

除中国政府采购网及其省级分网以外，政府采购信息可以在省级以上财政部门指定的其他媒体同步发布。

其第九条第一款规定：

财政部门、采购人和其委托的采购代理机构（以下统称发布主体）应当对其提供的政府采购信息的真实性、准确性、合法性负责。

由上述规定可知，采购合同的发布主体是采购人和采购代理机构，发布渠道是中国政府采购网及其省级分网，同时采购合同也可以在其他指定媒体上同步发布。

10.3 是否需要交纳履约保证金？

履约保证金在政府采购合同中属于"或有"条款。所谓"或有"，即可以约定提交履约保证金，也可以不约定。在《政府采购法》中，没有关于履约保证金的规定，在《政府采购法实施条例》第四十八条中，对履约保证金规定如下：

采购文件要求中标或者成交供应商提交履约保证金的，供应商应当以支票、汇票、本票或者金融机构、担保机构出具的保函等非现金形式提交。履约保证金的数额不得超过政府采购合同金额的10%。

在《招标投标法》及相关法规中，对履约保证金的规定也是非强制性的。

《招标投标法》第四十六条第二款规定：

招标文件要求中标人提交履约保证金的，中标人应当提交。

《招标投标法实施条例》第五十八条规定：

招标文件要求中标人提交履约保证金的，中标人应当按照招标文件的要求提交。履约保证金不得超过中标合同金额的10%。

综上所述，如果招标文件、采购文件规定了履约保证金，那么才需要提交履约保证金。为了防止过度占用供应商资金，履约保证金的上限为合同金额的10%。履约保证金的形式以非现金形式提交。其中，支票是指由出票人签发的，委托办理支票存款业务的银行或者其他金融机构在见票时无条件支付确定的金额给收款人或者持票人的票据；汇票是出票人签发的，委托付款人在见票时或者在指定日期无条件支付确定的金额给收款人或者持票人的票据；本票是出票人签发的，承诺自己在见票时无条件支付确定的金额给收款人或者持票人的票据。简要地说，在我国，支票用于同城或票据交换地区；汇票在同城和异地都可以使用；本票用于同城范围内款项的结算。

保函是指银行、保险公司、担保公司等机构应申请人的请求，向第三方开立的一种书面信用担保凭证。其中履约保函是指担保方应供应商的请求，向采购人作出的履约保证承诺。如采购人未能按合同约定履行义务，担保方将向采购人支付约定的履约担保金额。履约保函不占用供应商的资金，在到期后自动失效，也无须专门办理退还手续，因此比较方便、经济。2022年5月，国务院发布《国务院关于印发扎实稳住经济一揽子政策措施的通知》（国发〔2022〕12号），在第24条中提到，"在招投标领域全面推行保函（保险）替代现金缴纳投标、履约、工程质量等保证金"。2023年1月，国家发展和改革委员会等部门发布《关于完善招标投标交易担保制度进一步降低招标投标交易成本的通知》（发改法规〔2023〕27号），其中第二点提出，"鼓励使用电子保函，降低电子保函费用。任何单位和个人不得为投标人、中标人指定出具保函、保单的银行、担保机构或保险机构"。因此，对于供应商朋友来说，如果合同约定需要提交履约保证金，出具电子保函是目前比较好的选择。

10.4 框架协议采购入围供应商如何履约？

本书第3章曾经介绍过一种新颖的采购方式：框架协议采购。这里再重温一下。框架协议采购是从2022年3月1日才开始施行的一种法定采购方式，主要用于多频次、小额度采购活动。框架协议采购类似于两阶段采购，第一阶段先采用类似于公开招标的方法征集供应商，第二阶段再运用直接选定等方法确定成交供应商。本节就是面向在第一阶段已经入围的供应商，讲解在第二阶段如何获得和履行合同。

《政府采购框架协议采购方式管理暂行办法》（财政部令第 110 号）第七条规定：

> 框架协议采购应当实行电子化采购。

因此，所有的框架协议采购均是采用网上形式。对于供应商来说，第一步就是在当地政府采购网上注册，不过由于目前电子招投标的普及，大部分框架协议采购在第一阶段已经要求供应商注册了，多数供应商可以跳过这一步。对于需要注册的供应商来说，一般在网站上有注册说明。这里提醒一下，一般会要求供应商办理 CA 锁，CA 是 Certificate Authority 的缩写，是证书授权的意思，CA 锁外形是一个 U 盘，收到 CA 锁后需要在当地政府采购网上下载驱动程序。这个 CA 锁通常是收费的，一年大约 300 元。

对于入围供应商来说，在框架协议采购系统中有 4 个身份可以选择，分别是生产厂商、生产厂商授权供应商、委托代理商、服务供应商等，供应商朋友可以根据自身情况选择。

因为这里假设读者朋友已经成为入围供应商，所以我们就跳过招投标环节，进入产品和服务的上架环节。在网站的界面上一般会有新增产品或新增服务之类的按钮，点击之后，就会出现产品或服务的模板，读者朋友按照提示录入即可。

然后就到了合同授予阶段。在合同授予阶段，采购人有三种方式可供使用：直接选定、二次竞价和顺序轮候。其中，直接选定是最常用的方式。在直接选定中，采购人会在采购人界面依据入围产品价格、质量以及服务便利性、用户评价等因素直接选择中意的产品，供应商需要做的就是确认订单。订单确认后，就可以进入合同拟制界面。框架协议采购的合同均有电子版合同模板，供应商按提示填写完善即可。待采购人确认合同后，就可以发货。发货环节一般需要在网上填写物流信息，便于采购人查询。二次竞价方式是指以入围产品或服务为依据，以协议价格为最高限价，采购人明确第二阶段竞价需求，从入围供应商中选择所有符合竞价需求的供应商参与二次竞价，确定报价最低的为成交供应商的方式。在二次竞价中，供应商需要做的首先是选择是否参与二次竞价项目，如果参与，在界面上会出现报价按钮，供应商报价后提交，如果竞价成功，后面的操作与直接选定方式类似。顺序轮候一般适用于服务项目。顺序轮候方式是根据征集文件中确定的轮候顺序规则，对所有入围供应商依次授予采购合同的方式。每个入围供应商在一个顺序轮候期内，只有一次获得合同授予的机会。合同授予顺序确定后，应当书面告知所有入围供应商。除清退入围供应商和补充征集外，框架协议有效期内不得调整合同授予顺序。

这里需要提醒入围供应商朋友的是，根据《政府采购框架协议采购方式管理暂行办法》（财政部令第 110 号）第三十七条的规定，采购人证明能够以更低价格向非入围供应商采购相同货物，且入围供应商不同意将价格降至非入围供应商以下的，可以将合同授予非入围供应商。所以，入围框架协议供应商还不是完全进了"保险箱"，需要多关注市场同类产品和服务价格变动的情况。

10.5　政府采购验收的基本内容有哪些?

政府采购的验收，如同在考试结束后对试卷的批改，是检验政府采购合同履约情况的重要环节。验收活动一般是由采购人组织。对于供应商来说，了解采购人通常在哪些方面开展验收，有助于完善合同履约工作，做好准备迎接验收。

《财政部关于进一步加强政府采购需求和履约验收管理的指导意见》（财库〔2016〕205 号）用很大篇幅对合同验收工作提出了要求。其中第三部分"严格规范开展履约验收"提出:

（五）采购人应当依法组织履约验收工作。采购人应当根据采购项目的具体情况，自行组织项目验收或者委托采购代理机构验收。采购人委托采购代理机构进行履约验收的，应当对验收结果进行书面确认。

（六）完整细化编制验收方案。采购人或其委托的采购代理机构应当根据项目特点制定验收方案，明确履约验收的时间、方式、程序等内容。技术复杂、社会影响较大的货物类项目，可以根据需要设置出厂检验、到货检验、安装调试检验、配套服务检验等多重验收环节；服务类项目，可根据项目特点对服务期内的服务实施情况进行分期考核，结合考核情况和服务效果进行验收；工程类项目应当按照行业管理部门规定的标准、方法和内容进行验收。

（七）完善验收方式。对于采购人和使用人分离的采购项目，应当邀请实际使用人参与验收。采购人、采购代理机构可以邀请参加本项目的其他供应商或第三方专业机构及专家参与验收，相关验收意见作为验收书的参考资料。政府向社会公众提供的公共服务项目，验收时应当邀请服务对象参与并出具意见，验收结果应当向社会公告。

（八）严格按照采购合同开展履约验收。采购人或者采购代理机构应当成立验收小组，按照采购合同的约定对供应商履约情况进行验收。验收时，应当按照采购合同的约定对每一项技术、服务、安全标准的履约情况进行确认。验收结束后，应当出具验收书，列明各项标准的验收情况及项目总体评价，由验收双方共同签署。验收结果应当与采购合同约定的资金支付及履约保证金返还条件挂钩。履约验收的各项资料应当存档备查。

（九）严格落实履约验收责任。验收合格的项目，采购人应当根据采购合同的约定及时向供应商支付采购资金、退还履约保证金。验收不合格的项目，采购人应当依法及时处理。采购合同的履行、违约责任和解决争议的方式等适用《中华人民共和国合同法》。供应商在履约过程中有政府采购法律法规规定的违法违规情形的，采购人应当及时报告本级财政部门。

10.6 采购人一般如何组织验收?

上文提到，验收实际上是采购人的职责，供应商只要做好配合工作即可。但是，验收的本质可以说是人与人在打交道，是供应商（乙方）与采购人（甲方）最重要的互动活动。了解甲方的验收工作流程，有助于乙方做好相应的配合和协调工作。下面简要介绍验收的主要程序。

一是提出验收申请。在实务中，由于各种原因，采购人的工作人员常不容易关注到合同的履行进程。因此，在合同达到验收条件时，建议供应商朋友主动提出验收申请，与采购人共同做好验收准备，迎接验收。

二是成立验收小组。本着"一人为私，两人为公"的原则，采购人的验收小组很少只有一个人，而两个人为偶数，万一遇到意见不同的情况也难以处理，所以一般是三人以上单数。这三个人一般是使用部门和技术部门的人员。

三是确定验收方案。验收方案一般应包括项目验收清单和标准、招标（采购）文件对项目的技术和商务规定要求、供应商投标（响应）承诺情况、合同明确约定的要求等。

四是实施验收。验收小组会根据履约验收方案，对供应商提供的货物、工程或者服务按照招标（采购）文件、投标（响应）文件、封存样品、政府采购合同进行逐一核对、验收，并做好验收记录。这里需要说明的是，对于一些一次性验收不能反映履约情况的项目，采购人可能会采取分段验收的方式，供应商应有所准备。

五是出具验收意见。验收小组会以书面形式作出结论性意见，如验收单、验收书、验收表等，由验收小组成员签字，同时也会让供应商授权代表签字确认。这里需要特别提醒供应商朋友的是，万一出现验收结果与采购合同约定内容不一致的情况，要认真应对。一般来说，如果不一致的原因是供应商更新了工艺或换代了产品，在不影响、不降低整个项目的运行质量和功能且未增加合同金额的前提下，采购人会验收通过的，这时供应商应拿出证据，积极与采购人沟通；如果确实存在质量问题，也不要文过饰非，还是应该按照合同约定认真整改。

六是验收资料的后期管理。项目验收完结后，采购人会将验收小组名单、验收方案、验收原始记录、验收结果等资料作为采购项目档案保存。这里面如果有一式两联，供应商也有留存的，请供应商朋友一定保存好，因为验收凭据是付款的重要依据之一。还有验收过程中产生的费用，如果在合同中有约定，就按照约定执行，不过一般情况下都是由采购人承担。

10.7 工程、货物、服务类项目的验收重点是什么？

工程、货物、服务三大类采购项目，由于采购标的的性质不同，验收的方法和重点也有所不同。通常，工程类项目应当包括施工内容、施工用料、施工进程、施工工艺、质量安全等验收内容；货物类项目应当包括出厂检验、到货检验、安装调试检验及配套服务检验等验收内容；服务类项目应当包括服务对象覆盖面、服务事项满意度、服务承诺实现程度和稳定性等验收内容。这里分类为读者朋友做个介绍。

① 工程类项目验收，包括工程施工质量的过程验收和竣工验收。实施主体包括施工单位和监理、设计、建设单位等。其中，隐蔽工程的验收应在隐蔽前进行验收；分部分项工程，施工单位应先自行验收，再通知建设单位（或工程监理单位）验收，重要的分部分项工程还应请设计单位参加验收；单位工程验收后，应适时进行全项目（如群体工程）的验收。对涉及结构安全和使用功

能的重要材料、专业工程，应进行见证取样和功能性抽样检测。在施工质量验收中要进行相关资料的检查，包括施工全过程的技术质量管理资料，重点是原材料、施工检测、测量复核及功能性试验资料。验收中如果发现勘察、设计成果存在缺陷，应根据规定及时实施完善；经返工或更换设备的工程，必须重新检查验收；经返修和加固后仍不能满足使用要求的工程严禁通过验收。

② 货物类项目验收，包括出厂检验、开箱检验、技术验收。实施主体包括采购人、供应商等。

出厂检验一般是指在货物制造厂商进行，采购人派人参加出厂检验。出厂检验完成后，一般须由采购人、供应商代表签署出厂检验报告，确认设备达到发货状态，供应商方可包装、发货；如果出厂检验报告内容包含整改项目，须完成全部整改内容并经采购人确认后才能包装、发货。

开箱检验是指货物交付后检查其外包装是否完好无损，数量是否与合同一致，文档资料是否齐全。在开箱检验中，如发现货物的短缺、损坏或其他与合同约定不符的情形，供应商应采取补齐、更换及其他补救措施直至开箱检验合格。如果合同约定由第三方检测机构对货物进行开箱检验，则第三方检测机构的检验结果对采购人和供应商均具有约束力。开箱检验结束后，验收双方应共同签署检验书。

技术验收是指货物在安装、调试完成后，采购人按照合同约定的技术、服务、安全标准，对货物的技术性能进行确认的验收方式。在进行技术验收时，如发现不符合采购合同约定的技术、服务、安全问题，供应商须在采购人同意的期限内采取措施消除问题缺陷，并再次进行技术验收直至符合采购合同要求。经整改技术验收仍不合格的，将按照合同约定处理，一般情况下采购人有权解除合同。

③ 服务类项目验收。服务类项目的一个突出特点是很多服务成果没有客观标准而需要主观判断，因此在验收中一般会采取满意度调查、问卷调查等方

式，将主观评价转化为可量化、可打分的验收标准，并与项目绩效评价和合同付款挂钩。因此，供应商朋友在服务过程中，要注意做好自身的服务工作记录，比如物业的按时巡查记录、机房的巡检记录、信息系统的升级与维护记录等，在评价时拿出这些依据，争取打分人员的支持。此外，由于服务类项目的特点，在实践中采购人常采取分期考核的方法，结合考核情况和服务效果进行验收。

10.8　合同签订后不能履行如何处理?

在实践中，签订合同后又不履行合同的原因大致可以分为以下三种：一是合同签订后供应商发现如果按照合同约定履约，将导致无利可图甚至出现亏损，因而宁愿拒绝履行合同；二是供应商因为生产厂商无法供货、相关产品已停产、核心技术人员离岗、市场行情变化等原因，无法履行采购合同；三是发生了不可抗力事件导致无法履行合同。

在这里，供应商不履行合同一般会有两种表现方式：明示和暗示。明示即明确表示拒绝履行合同，但在实践中，除非供应商有充分的理由，一般很少会明示，大多数情况下是暗示，即无正当理由拖延合同履行时间。

那么，在出现上述情况时会如何处理呢？我们先来看下法律规定。

《民法典》第五百七十七条规定：

当事人一方不履行合同义务或者履行合同义务不符合约定的，应当承担继续履行、采取补救措施或者赔偿损失等违约责任。

《民法典》第五百七十八条规定：

当事人一方明确表示或者以自己的行为表明不履行合同义务的，对方可以在履行期限届满前请求其承担违约责任。

显然，如果出现合同不能履行的情况，通常相关当事人要承担违约责任。

那么，什么情况下可以免除责任呢？

《民法典》第五百九十条规定：

当事人一方因不可抗力不能履行合同的，根据不可抗力的影响，部分或者全部免除责任，但是法律另有规定的除外。因不可抗力不能履行合同的，应当及时通知对方，以减轻可能给对方造成的损失，并应当在合理期限内提供证明。

当事人迟延履行后发生不可抗力的，不免除其违约责任。

进一步地，《最高人民法院关于适用〈中华人民共和国民法典〉合同编通则若干问题的解释》（法释〔2023〕13号）第六十八条第三款规定：

因不可抗力致使合同不能履行，非违约方主张适用定金罚则的，人民法院不予支持。

那么，什么是不可抗力呢？《民法典》第一百八十条第二款规定：

不可抗力是不能预见、不能避免且不能克服的客观情况。

综上，在政府采购合同签订后，除发生不可抗力的情况外，不能履行合同义务的一方须承担违约责任，其责任大小要根据合同约定及具体情况而定。

本节的最后再讨论一个在实践中供应商朋友经常遇到的问题，就是在合同履行期间，供应商遇到了一些外在困难而难以按时履行义务，这些困难又没有上升到法律认可的不可抗力的地步，而且实际上如果这些困难消除了，供应商是愿意继续履行合同的。针对这种情况，我们建议在签订合同时就做好预案。例如，政府采购服务合同中可以拟制如下条款：

在合同履行过程中，如果乙方遇到不能按时提供服务的情况，应及时以书面形式将不能按时提供服务的理由、预期延误时间通知甲方；甲方收到乙方通知后，认为其理由正当的，可以书面形式酌情同意乙方可以延长履行的具体时间。

这里的"正当理由"大大拓展了法律认可的"不可抗力"的范围，为供应商朋友在合同履行期间应对可能发生的意外情况赢得了主动。

10.9　履约期间是否可以变更合同?

常规的合同是可以变更的。《民法典》第五百四十三条规定:

当事人协商一致,可以变更合同。

但由于政府采购活动的特殊性,除特定情况以外,政府采购合同在签订后不允许变更。《政府采购法》第五十条规定:

政府采购合同的双方当事人不得擅自变更、中止或者终止合同。

政府采购合同继续履行将损害国家利益和社会公共利益的,双方当事人应当变更、中止或者终止合同。有过错的一方应当承担赔偿责任,双方都有过错的,各自承担相应的责任。

在《招标投标法实施条例》中有类似的规定,其第五十七条第一款规定:

招标人和中标人应当依照招标投标法和本条例的规定签订书面合同,合同的标的、价款、质量、履行期限等主要条款应当与招标文件和中标人的投标文件的内容一致。招标人和中标人不得再行订立背离合同实质性内容的其他协议。

因此,在政府采购合同签订后,原则上是不允许变更标的、价款、质量、履行期限等实质性条款的,除非发生了"将损害国家利益和社会公共利益的"情形。

这里需要提醒读者朋友的是,如果确实遇到可以变更合同的法定情形时,双方当事人协商,是可以变更合同的。这个变更是不需要报政府采购主管部门批准的,但正因为不需要报批,所以当事人要特别谨慎,以防被认定为擅自变更合同。

同时,需要注意的是,尽管法定的情况下的变更合同不需要报批,但需要报备。《政府采购法》第四十七条规定：

政府采购项目的采购合同自签订之日起七个工作日内，采购人应当将合同副本报同级政府采购监督管理部门和有关部门备案。

同时，根据财政部的规定，变更后的合同须公开。

此外，还有一种特殊的合同变更情形是追加合同。《政府采购法》第四十九条规定：

政府采购合同履行中，采购人需追加与合同标的相同的货物、工程或者服务的，在不改变合同其他条款的前提下，可以与供应商协商签订补充合同，但所有补充合同的采购金额不得超过原合同采购金额的百分之十。

这里我们总结出追加合同的 5 个要点：追加采购必须发生在合同履行过程中；需追加采购的标的要与原合同标的相同；追加采购产生的变更需要签署补充合同；不得改变合同的其他条款；所有补充合同的采购金额不得超过原合同采购金额的 10%。

10.10　是否可以将政府采购合同转包或分包？

政府采购合同不允许转包。《政府采购法实施条例》第七十二条规定：

供应商有下列情形之一的，依照政府采购法第七十七条第一款的规定追究法律责任：

……

（四）将政府采购合同转包；

……

《招标投标法实施条例》有类似要求，其第五十九条第一款规定：

中标人应当按照合同约定履行义务，完成中标项目。中标人不得向他人转让中标项目，也不得将中标项目肢解后分别向他人转让。

在实践中，不仅直接转包会被认定为违法行为，而且各种变相转包，如以合作、联营、劳务派遣等形式，将合同转交其他单位或个人承接的，均视为转包。这里有一个真实的案例。某供应商中标一个政府购买保洁服务项目，但该公司由于人手不够且缺乏相应物资，于是该公司与另外一家物业公司签订《劳务派遣协议》，约定由物业公司派遣人员提供项目的保洁服务，两家公司同时还签订了《经营管理协议》，约定物业公司全权负责该项目的经营管理，并向该公司支付管理费和税费。结果该行为被认定为转包，该供应商被处以行政处罚。

在满足一定前提条件的情况下，政府采购合同可以分包。《政府采购法》第四十八条规定：

经采购人同意，中标、成交供应商可以依法采取分包方式履行合同。

政府采购合同分包履行的，中标、成交供应商就采购项目和分包项目向采购人负责，分包供应商就分包项目承担责任。

有关法规对分包进行了更具体的规定。《招标投标法实施条例》第五十九条第二款和第三款规定：

中标人按照合同约定或者经招标人同意，可以将中标项目的部分非主体、非关键性工作分包给他人完成。接受分包的人应当具备相应的资格条件，并不得再次分包。

中标人应当就分包项目向招标人负责，接受分包的人就分包项目承担连带责任。

《政府采购货物和服务招标投标管理办法》（财政部令第87号）第三十五条规定：

投标人根据招标文件的规定和采购项目的实际情况，拟在中标后将中标项目的非主体、非关键性工作分包的，应当在投标文件中载明分包承担主体，分包承担主体应当具备相应资质条件且不得再次分包。

实际上，在特定领域，政府采购活动是鼓励分包的，中小微企业完全可以借助分包取得一定的政府采购份额。《财政部关于促进政府采购公平竞争优化营商环境的通知》（财库〔2019〕38号）第三部分第二段规定：

采购人允许采用分包方式履行合同的，应当在采购文件中明确可以分包履行的具体内容、金额或者比例。

《政府采购促进中小企业发展管理办法》（财库〔2020〕46号）第八条第一款规定：

超过200万元的货物和服务采购项目、超过400万元的工程采购项目中适宜由中小企业提供的，预留该部分采购项目预算总额的30%以上专门面向中小企业采购，其中预留给小微企业的比例不低于60%。预留份额通过下列措施进行：

……

（三）要求获得采购合同的供应商将采购项目中的一定比例分包给一家或者多家中小企业。

综上，合法合规的分包大致符合以下几点要求：一是采购人同意分包；二是仅可以分包非主体或非关键部分；三是只能分包一级，不允许将分包部分再分包；四是分包承担主体必须具有履行合同的基本资质和履约能力；五是必须依法签订分包合同，中标、成交供应商对采购人负总责，分包承担主体就分包部分承担责任。

10.11　是否可以利用政府采购合同融资？

政府采购合同融资是以政府采购合同作为应收账款凭证，以财政资金的预期支付能力为信用，用于金融机构向政府采购领域中小微企业提供贷款的采购金融服务。早在2011年，财政部即发布《财政部关于开展政府采购信用担保试点工作的通知》（财库〔2011〕124号），提出进行三种信用担保的试点，分别是投标担保、履约担保和融资担保。这里的融资担保就是指专业担保机构为供应商向银行融资提供的保证担保。之后，为更好发挥政府采购政策功能，财政部门不断推动政府采购合同融资工作向前发展，如在《政府采购促进中小企业发展管理办法》（财库〔2020〕46号）第十五条中提出"鼓励中小企业依法合规通过政府采购合同融资"。

在2023年12月财政部发布的《财政部办公厅关于进一步提高政府采购透明度和采购效率相关事项的通知》（财办库〔2023〕243号）中，再次提到政府采购合同融资。其第六条提出：

支持开展政府采购融资。省级财政部门要以省为单位，积极推进与银行业金融机构共享本省范围内的政府采购信息，支持银行业金融机构以政府采购合同为基础向中标、成交供应商提供融资。要优化完善政府采购融资业务办理，推动银行业金融机构逐步实现供应商在线申请、在线审批、在线提款的全流程电子化运行，为供应商提供快捷高效的融资服务。

时至今日，各种政府采购合同贷款产品（如"政采贷""中标贷""合同贷"）如雨后春笋在全国各地涌现。根据江苏省有关部门披露的数据，2022年江苏"政采贷"每户的贷款额为200多万元，对于中小微企业来说，这应该是一笔不小的资金来源。同时利率也比较优惠，根据2023年12月公布的贷款利率，在3.6%至5.5%之间。而且，目前各地已经推行线上贷款，办理手续也比较方便。我们以全国最大的政府采购合同融资平台——中征应收账款融资服务平台（系中国人民银行征信中心组织的金融基础设施）为例，来讲解政府采购合同融资的主要流程。

一是金融机构在平台发布融资产品信息，供应商可以在平台看到相应产品信息。

二是供应商发布融资意向，金融机构可在平台查看相关意向。

三是金融机构可在平台查看政府采购系统推送的中标公告或采购合同，主动联络有融资意向的供应商。

四是对于意向供应商，金融机构可在平台获取该供应商的历史合同汇总和明细信息，作为核定授信额度的参考。

五是金融机构在平台反馈对供应商的授信，供应商可在平台查看。

六是供应商与金融机构确定合作意向后，可在平台选择拟用于融资的中标公告或采购合同，填写融资申请信息，推送至指定的金融机构。

七是金融机构可在平台查看融资申请中的采购合同、中标公告以及相关的采购计划、合同、支付等采购订单详情信息，并可跟踪查看更新信息。

八是金融机构将融资成交信息反馈至平台，平台反馈至政府采购系统。

九是政府采购系统收到成交单信息后，财政部门对政府采购合同增加融资标识，锁定还款账户为合同资金支付唯一收款账户。

具体的办理方法，在各地政府采购网站上都有操作说明和联系电话，这里就不再赘述。

另外，想告诉供应商朋友的是，政府采购融资是政府支持和鼓励的业务。提出融资申请不会对后期参与政府采购项目产生任何负面影响，也不会影响企业将来的授信贷款。

10.12 政府采购合同资金如何支付？

合同资金的支付是政府采购活动的重要一环。可以说，供应商朋友参与采购活动，最后的落脚点就是获得经济利益。整体上，政府采购资金的支付是有保障的，从媒体的公开报道看，政府采购资金拖欠或发生纠纷的概率也远低于其他经济领域。这首先得益于制度上的保障。

《政府采购法实施条例》第五十一条规定：

采购人应当按照政府采购合同规定，及时向中标或者成交供应商支付采购资金。

政府采购项目资金支付程序，按照国家有关财政资金支付管理的规定执行。

在涉及政府采购活动的一些行政法规和国家规范性文件中，对资金支付问题也有强调。

《保障中小企业款项支付条例》（国务院令第728号）第八条第一款规定：

机关、事业单位从中小企业采购货物、工程、服务，应当自货物、工程、服务交付之日起30日内支付款项；合同另有约定的，付款期限最长不得超过60日。

《财政部关于促进政府采购公平竞争优化营商环境的通知》（财库〔2019〕38号）第三部分第四段规定：

及时支付采购资金。政府采购合同应当约定资金支付的方式、时间和条件，明确逾期支付资金的违约责任。对于满足合同约定支付条件的，采购人应当自收到发票后30日内将资金支付到合同约定的供应商账户，不得以机构变动、人员更替、政策调整等为由延迟付款，不得将采购文件和合同中未规定的义务作为向供应商付款的条件。

《关于加强财税支持政策落实　促进中小企业高质量发展的通知》（财预〔2023〕76号）第四部分第三条规定：

落实建设工程价款结算办法，将政府机关、事业单位、国有企业建设工程进度款最低支付比例由60%提高至80%，鼓励有条件的项目推行施工过程结算。

上述政策法规为供应商及时取得合同收入提供了保障。下面我们介绍具体办理合同支付的流程。这里需要说明的是，各地区、各单位可能各自有详细的规定，这里综合一下，应该对大多数供应商朋友都有参考价值。

一是供应商提交付款申请。这个付款申请没有统一的格式，就是以书面形式把需要付款的情况写清楚即可。

二是开具发票。给政府部门开具发票与给其他客户开具发票没有什么不同。需要提醒的是所有的政府部门都不是一般纳税人，所以不要开具增值税专用发票，开具普通发票即可。现在开票基本是电子发票，省时省力。根据《财政票据管理办法》（财政部令第 104 号）第三条第二款的规定，财政电子票据和纸质票据具有同等法律效力。供应商朋友从税务局领回税务 Ukey，在自己的电脑上就可以开具。如何开具电子发票在当地税务局的网站上都有说明，如果在操作中还有不会的地方，可以拨打 12366 电话咨询。对于一般客户来说，电子发票开具后直接将生成的 PDF 文件发送对方邮箱即可；但对于政府采购客户，最好将其打印出来，因为要把发票连同其他资料一并报送采购人。

三是提供合同和验收单。合同和验收单一般采购人处都有留存，但大多数情况下依然会要求供应商在付款环节提供原件或复印件，所以供应商朋友要做好采购相关资料的保管。

四是其他资料。其他资料视采购人及当地财政管理部门的规定而定。比如，有些地区会让供应商提供中标通知书、成交通知书等。

上述资料准备完备后，供应商要问清楚资料报送采购人的哪个部门。有些单位是报送财务管理部门，有的单位是报送使用部门，如信息中心、科技处、机关服务中心等。在资料报送并经相关经办部门审核后，供应商的工作就告一段落。但上述付款资料在采购人内部还要流转，一般还要加上政府部门内部的采购项目立项文件、政府采购计划审批表等文书，再由采购人报送当地财政机关的采购管理部门，采购管理部门审核后再送国库支付部门，由国库支付部门负责付款。合同款项最终是支付到供应商在合同中载明的账户上。所以，这里提醒供应商朋友的是，在报送付款资料以后，最好还要适时与采购人保持联系，如在中间环节发现有资料遗漏时及时协助采购人进行补正，以利于自身按时取得合同款项。

第 5 篇

权益篇

第11章 询问、质疑与投诉

本章主要介绍政府采购活动中专有的三种供应商表达诉求的方式：询问、质疑和投诉。顾名思义，询问用于一般性的问题提出和解答，质疑和投诉用于厘清和检举可能存在违规行为的场合。如果上述三种政府采购活动专用的权益维护方式依然不能解决问题，供应商及相关的当事人还可以采用行政法规中的行政复议和行政诉讼进行"兜底"保护。简单地说，询问、质疑和投诉以及后续的行政复议和行政诉讼形成了一个完整的链条，可以在政府采购活动全生命周期中最大限度地维护供应商和相关参与人的合法利益。通过本章的学习，读者朋友可以了解和掌握如何在政府活动各阶段运用上述方式来提出诉求，保障对政府采购事项的知情权和对政府采购活动的监督权，从而维护自身的利益，打消政府采购活动可能存在的"暗箱操作"顾虑，维持政府采购公平合规的秩序。

11.1 什么是询问？

询问是指在政府采购活动中，供应商对政府采购事项有不清楚、不明白、不了解的事项，可以向采购人提出问题，采购人应予以回应。

询问是一种简易、便捷的沟通和问题解决方式，有利于消除采购参与各方的信息不对称，保障采购活动的正常进行。

《政府采购法》第五十一条规定：

供应商对政府采购活动事项有疑问的，可以向采购人提出询问，采购人应当及时作出答复，但答复的内容不得涉及商业秘密。

可见，询问这种方式主要就是解决和答复供应商在政府采购活动中产生的疑问。询问在政府采购的任何阶段都可以提出，对于询问的范围也没有限制，唯一的要求就是答复内容不得涉及商业秘密。这条规定主要是从保护其他供应商以及政府采购参与人的合法利益和合法隐私考虑的。例如，在开标之前，供应商可以询问报名的供应商家数是否满足最低的开标要求，能否如期开标，但如果询问有几家供应商报名、是哪几家供应商报名，就属于不予答复的范围了。再如，政府采购结果公示时，供应商可以看到评审小组的成员名单，但如果询问每位成员的具体评分情况，显然也是属于不予答复的范围。

这里提醒一下，"答复的内容不得涉及商业秘密"是对答复方提出的要求。如果供应商在询问时，有意或无意问及了他人秘密或隐私，其结果是"问了白问"，即得不到答复，但不属于违规行为；但如果采购人在答复供应商的依法询问时，有意或无意泄露了他人秘密或隐私，则属于违规行为。

11.2　谁来答复询问？

答复询问的责任主体是采购人及采购人所委托的采购代理机构。

这里需要说明的是，采购代理机构与采购人之间是委托代理关系，其法律特征是：代理人在委托人的授权范围内行使代理权，实施代理行为；委托人的利益依赖于代理人的行为，代理人以委托人的名义实施行为，其行为的法律后果由委托人承担。因此，采购代理机构仅可以在采购人授权的范围内答复，而不可以越权答复。在实践中，一般是与采购程序相关的询问由采购代理机构答复，如制作和发布采购信息及采购文件，进行澄清答疑，接受投标，组织开标、评标，公布中标或成交结果等环节涉及的问题；而一些实质性问题，比如采购需求方面的问题，一般由采购人答复。

如果供应商向采购代理机构提出的询问超出了采购人委托范围，采购代理机构只需履行告知义务，即告知供应商向采购人提出即可，不必先受理然后转交采购人。

11.3　答复询问的时限

答复询问的时限是 3 个工作日。

《政府采购法》对采购人答复供应商询问没有明确的时间要求。为了防止采购人或采购代理机构消极对待供应商的询问，避免延缓问题的解决以及不必要的纠纷，《政府采购法实施条例》对采购人或采购代理机构答复询问的时间进行了细化规定。

《政府采购法实施条例》第五十二条第一款规定：

采购人或者采购代理机构应当在 3 个工作日内对供应商依法提出的询问作出答复。

上述时间规定考虑到了两方面因素：一方面，采购人或采购代理机构有可能面对较多的供应商，而且对于供应商询问的事项可能需要一定时间进行研究，有些事项采购代理机构还要与采购人协调并达成一致后才能答复；另一方面，相对于后面将提到的质疑、投诉等严肃的法律程序，询问仅是一种相对简单的沟通和问题解决方式，为不影响采购活动的正常进行，答复时间也不宜过长。因此，综合考虑，确定了答复时间为 3 个工作日。

这里说明一下，即使供应商询问的是不合理甚至不合法的问题，采购人或采购代理机构也应在 3 个工作日内说明不予答复的理由和依据。

11.4　答复询问的方式

《政府采购法》和《政府采购法实施条例》对询问及答复的形式没有限制。

考虑到询问及答复的简便性、及时性，询问及答复既可以采用电话、面谈等口头方式，也可以采用信函、电子邮件、传真等书面方式。而且，在实践中，答复的方式基本采取"什么方式问、什么方式答"的模式，即口头的询问一般就口头答复，书面的询问就书面答复。为提高效率，大多数询问都是以电话方式进行的。有些供应商为了慎重起见，习惯使用电子邮件询问，以便为以后的查询留下依据，在这里我建议在发送电子邮件后，再给采购人或采购代理机构打个电话，告知有询问事项，提醒对方及时查收和回复邮件。

需要注意的是，无论是口头询问还是书面询问，如果供应商询问的事项有可能影响中标、成交结果，采购人应当暂停签订合同，已经签订合同的，应当中止履行合同。

11.5　什么是质疑?

质疑是在采购活动中供应商认为自身的利益受到损害的一种救济方式。

与仅是了解情况的询问不同，质疑是用于供应商察觉到或认为自身利益受到损害的一种救济方式，因此应用场景更严肃、应用程序更严谨。

《政府采购法》第五十二条规定：

供应商认为采购文件、采购过程和中标、成交结果使自己的权益受到损害的，可以在知道或者应知其权益受到损害之日起七个工作日内，以书面形式向采购人提出质疑。

因为质疑是供应商认为自身的利益受到损害才提出的，所以供应商提出的质疑应有明确的请求，应当明确是对采购文件还是采购过程抑或是中标（成交）结果提出质疑，同时提出希望达到的结果，如修改采购文件、成交无效、重新采购、赔偿等。

质疑是后期提起投诉的前置条件之一，即提起投诉前必须依法提出质疑。因此，供应商在参与政府采购的活动时如果认为自身利益受到损害，应及时依法提出质疑，避免丧失维护自身利益的机会。

11.6 可以对哪些内容提出质疑?

可以对三项内容提出质疑：一是采购文件；二是采购过程；三是中标（成交）结果。

采购文件包括采购公告和资格预审公告、招标文件、竞争性谈判文件、竞争性磋商文件、询价文件以及上述文件中包含的评审标准和合同文本及相关的澄清。

采购过程是从采购项目信息公告发布起到中标（成交）结果公告止，包括采购文件的发出、资格预审、投标、开标、评标、谈判、磋商、询价、澄清、定标等采购环节。

中标（成交）结果是中标（成交）公示结果及采购人确定后的中标（成交）结果。

常见的质疑事项有：

① 认为采购文件规定的供应商资格条件、技术和商务条款存在明显限制性、倾向性条款的；

② 认为采购文件规定的评审标准、评审方法违反规定的；

③ 认为采购文件澄清或修改违反相关规定的；

④ 认为采购文件发售期限违反相关规定的；

⑤ 认为采购组织程序违反相关规定的；

⑥ 认为采购结果公告违反相关规定的；

⑦ 认为采购人、采购代理机构及经办人员、评审人员与供应商有利害关系而没有回避的；

⑧ 认为采购当事人之间、当事人与评审人员之间存在串通行为的；

⑨ 认为其他供应商提供虚假资料、假借其他企业资质围标串标谋取中标（成交）的；

⑩ 认为采购文件、采购过程或中标（成交）结果使自己权益受到损害的其他事项。

需要提醒的是，供应商如果对验收环节有异议，应当按照解决合同争议的途径处理。

11.7　质疑的时效如何计算？

为了保障采购活动的连续性，提高采购效率，降低纠错成本，保护质疑供应商自身和其他参与供应商的合法权益，《政府采购法》第五十二条为供应商提出质疑设定了一个时限，即供应商应当在知道或者应知其权益受到损害之日起 7 个工作日内提出质疑。"知道"或"应当知道"是一个主观判断。为了提高法律法规的可操作性，《政府采购法实施条例》第五十三条规定：

政府采购法第五十二条规定的供应商应知其权益受到损害之日，是指：

（一）对可以质疑的采购文件提出质疑的，为收到采购文件之日或者采购文件公告期限届满之日；

（二）对采购过程提出质疑的，为各采购程序环节结束之日；

（三）对中标或者成交结果提出质疑的，为中标或者成交结果公告期限届满之日。

关于第一项，可以质疑的采购文件是指狭义的采购文件，即招标文件、竞争性磋商文件、竞争性谈判文件、询价通知书、资格预审文件等；而广义的采购文件，即在采购活动中形成的有关书面资料，如采购活动记录、采购预算、评标标准、评估报告、合同文本、验收证明等，不属于可质疑的采购文件。质疑的时效起算日期，对于公告发布的，以公告期限届满之日为准；对于以点对点方式发布的，以供应商收到采购文件之日为准。

关于第二项，采购过程是指从采购项目信息公告发布起到中标（成交）结果公告止，包括采购文件的发出、资格预审、投标、开标、评标、谈判、磋商、询价、澄清、定标等采购程序环节。例如，如果是对采购公告发布渠道的质疑，采购公告期限届满之日就是质疑时效的起算时间；对开标过程提出质疑的，开标结束之日就是质疑时效的起算时间；对磋商过程提出质疑的，磋商结束之日就是质疑时效的起算时间。

关于第三项，对中标或者成交结果提出质疑的，为中标或者成交结果公告期限届满之日。按照政府采购的有关规定，中标或成交结果公告的公告期限为公告发布之日起1个工作日。

这里再解释一下质疑的时效。质疑的时效期限应当从起算日期的次日开始计算。例如，某项目于2023年11月21日（星期二）开标，当天上午开标结束，如果有关供应商对开标过程提出质疑，则质疑时效期间应当是11月22日（星期三）至11月30日（下一周的星期四）的7个工作日。如果供货商以邮寄或邮件方式递送质疑函，只要能够证明质疑函是在11月30日前发出，采购人或采购代理机构就应依法受理。

11.8　质疑材料如何书写？

在第11.5节我们已经提到，质疑需要以书面形式进行。那么，这个书面形式应该如何准备？《政府采购法实施条例》第五十五条对此进行了进一步规定：

供应商质疑、投诉应当有明确的请求和必要的证明材料。

政府采购法的质疑制度，主要是保护供应商的合法权益。质疑的门槛非常低，而且对于供应商来说几乎没有成本。因此，需要对质疑的形式有所规范，以防止过多地随意质疑，无效质疑。要求质疑事项有必要证明材料的目的是：第一，防止个别供应商滥用质疑权，要将宝贵的行政资源真正用到需要保护的供应商身上；第二，提高质疑答复的针对性、有效性，保证工作效率。

在实践中，质疑请求是指供应商在书面质疑函中提出的，要求采购人、采购代理机构对其予以支持的主张，也就是供应商希望通过质疑所达到的具体目标。比如，某供应商参与某政府采购项目，其报价最低但未能中标。如果供应商在质疑函中罗列了自身的投标优势后，最后提出"请采购人秉公处理"，这样的要求就不具有明确性。如果将请求改为"请依法认定该项目原中标无效，另行确定我公司为中标供应商"，就更贴近"明确的要求"这一要求了。

必要的证明材料是指能证明供应商的请求成立的必要材料。例如，某采购人有一个3万平方米的办公楼物业服务项目招标。招标公告中设定的合格投标人资格条件中的一项为"投标人应当具有一级物业服务企业资质"。某公司就该项目采购公告向采购人提出质疑。根据《物业服务企业资质管理办法》（适用于当时，现已于2018年3月8日废止）提出此项目招标公告中要求投标人具有一级物业服务企业资质，是以不合法条件排斥潜在投标人，请求依法在招标文件中删除该招标条件。与此同时供应商向采购人寄送了书面质疑函、该项目招标公告打印件及包含相关规章制度的文件截图打印件。这样，该供应商的质疑要求不仅是明确的，而且提供了证明材料，既包括事实依据，又包括法律依据，可以认为已经提供了必要的证明材料。

《政府采购质疑和投诉办法》（财政部令第94号）第十二条规定：

……质疑函应当包括下列内容：

（一）供应商的姓名或者名称、地址、邮编、联系人及联系电话；

（二）质疑项目的名称、编号；

（三）具体、明确的质疑事项和与质疑事项相关的请求；

（四）事实依据；

（五）必要的法律依据；

（六）提出质疑的日期。

供应商为自然人的，应当由本人签字；供应商为法人或者其他组织的，应当由法定代表人、主要负责人，或者其授权代表签字或者盖章，并加盖公章。

11.9　答复质疑的主体和方式

答复质疑的主体是采购人和采购代理机构；在需要时，政府采购评审专家应配合采购人和采购代理机构答复质疑。答复质疑必须以书面方式进行。

《政府采购法》第五十三条规定：

采购人应当在收到供应商的书面质疑后七个工作日内作出答复，并以书面形式通知质疑供应商和其他有关供应商，但答复的内容不得涉及商业秘密。

根据《政府采购法》的立法原则，采购代理机构是受采购人委托进行采购，与采购人之间是委托代理关系。因此，供应商质疑的答复主体是采购人。同时，为了保证对质疑答复的严谨性、公平性，要求必须采用书面形式，并且答复内容不仅要通知提出质疑的供应商，还要通知其他有关供应商。

在实践中，如果采购人委托采购代理机构采购，采购人对采购活动的具体细节，一般不可能完全了解。因此，需要采购代理机构在一定范围内承担对质疑作出答复的职责。

《政府采购法》第五十四条规定：

采购人委托采购代理机构采购的，供应商可以向采购代理机构提出询问或者质疑，采购代理机构应当依照本法第五十一条、第五十三条的规定就采购人委托授权范围内的事项作出答复。

上述第五十四条的规定包括了几层意思：一是采购代理机构可以在委托授权的范围内答复质疑；二是对于超出授权范围的质疑，采购代理机构不得越权答复；三是按照权责对等原则，对于不适合或不应当由采购代理机构答复的质疑事项，应在采购代理协议中明确由采购人自行答复；四是如果在实践中发生供应商的质疑超出授权范围的情况，采购代理机构仅需履行告知义务，即告知向采购人提出即可，不必先受理然后再转交采购人。

在政府采购活动中，政府采购评审专家也起着重要作用。根据政府采购法的制度设计，评审专家享有评审以及推荐中标或成交供应商的权利，直接或间接掌握了政府采购活动中最关键的授标权。为了防止少数评审专家不按照采购文件规定的评审方法和标准进行评审，甚至违背评审专家的职业操守进行不公正评审，发挥供应商对评审专家的监督作用，促进评审专家客观、公正、审慎地履行评审职责，《政府采购法实施条例》第五十二条第三款规定：

政府采购评审专家应当配合采购人或者采购代理机构答复供应商的询问和质疑。

特别是在实践中，供应商的质疑多数是针对政府采购项目的评审过程和中标或成交结果的，政府采购评审专家具有专业优势，又直接从事项目评审活动，对评审过程中的相关情况最为熟悉，由参与项目评审的专家来配合答复质疑，往往更有针对性和有效性，有利于提高答复的质量，起到释疑解惑、化解矛盾、平息纷争的效果。

11.10 什么情况下要暂停签订或暂停履行合同?

质疑制度是对供应商的救济制度。它的根本目的是保障参与政府采购活动的供应商的合法权益不受非法损害,保障供应商的商业机会。

例如,某政府采购项目中标结果公告后,供应商质疑某位评审专家依法应当回避而未进行回避,并影响了中标结果。采购代理机构经查实后发现情况属实,原中标结果依法应认定为无效。但发布中标公告的同时,中标通知书已经发出,由于采购的是通用产品,中标供应商拿到中标通知书后的次日就与采购人签订了合同并已交付,此时再重新招标已不可能。如果放任这种现象存在,不仅难以真正保护供应商的合法权益,而且政府采购法律的公正性和严肃性也将受到挑战。

因此,《政府采购法实施条例》第五十四条规定:

询问或者质疑事项可能影响中标、成交结果的,采购人应当暂停签订合同,已经签订合同的,应当中止履行合同。

本条的立法目的是给质疑供应商保留商业机会,让供应商得到实质性救济。由于政府采购合同的主体是采购人,因此酌情暂停签订或履行合同也是采购人的法定义务。在实践中,如果采购人应当暂停而不暂停签订或履行合同,为避免产生不可逆转的后果,质疑供应商可以及时向财政部门投诉,由财政部门在受理投诉后,责令采购人立即暂停签订或履行合同。

11.11 什么是投诉?

根据政府采购法的制度设计,投诉是在质疑之后对供应商权益的进一步救济措施。《政府采购法》第五十五条规定：

质疑供应商对采购人、采购代理机构的答复不满意或者采购人、采购代理机构未在规定的时间内作出答复的，可以在答复期满后十五个工作日内向同级政府采购监督管理部门投诉。

从立法目的看，投诉是为了进一步保护供应商的合法权益，防止在质疑环节采购人和采购代理机构"自说自话""既当运动员又当裁判员"，而赋予供应商向政府部门反映问题的一种救济方式。从条文表述可以看出投诉的门槛并不高，只要供应商对答复不满意，就可以投诉，这有利于较大限度地保护供应商权益。

在具体向谁投诉方面，《政府采购法》第五十五条规定得比较笼统，仅说明是向同级政府采购监督管理部门投诉。依据《政府采购质疑和投诉办法》（财政部令第 94 号）第七条第二款的规定，县级以上财政部门应当在省级以上财政部门指定的政府采购信息发布媒体公布受理投诉的方式、联系部门、联系电话和通讯地址等信息。一般情况下，受理投诉的是财政部门的政府采购科、监察室、监管科等部门。递交投诉的方式一般有三种：直接送达、邮寄送达、线上提交。

11.12 投诉的前置条件是什么？

上文提到，投诉是在质疑之后对供应商权益进行救济的进一步措施。《政府采购法实施条例》第五十五条规定：

供应商投诉的事项不得超出已质疑事项的范围。

这一规定是对《政府采购法》有关质疑是投诉前置环节这一原则的细化。根据《政府采购法》第五十五条的规定，投诉的主体仅限于质疑供应商。也就是供应商未经质疑不得提起投诉，这就是质疑前置原则。

将质疑作为投诉的前置条件,主要是考虑:第一,鼓励供应商与采购人、采购代理机构通过自主协商快速解决争议。有些质疑事项,一般通过采购人、采购代理机构的解释说明即可以得到化解。另外,由于有投诉程序的威慑,采购人、采购代理机构受到质疑后,一般会认真审视自己的采购行为。如果确实存在违法违规行为,可能会及时纠正。这样争议在萌芽阶段就得到解决,不仅避免了争议升级,而且解决争议的速度更快。供应商得到实性救济,比如得到投标,甚至中标的机会可能性更大。对于供应商而言,比经过漫长的投诉程序,赢得投诉却失去商业机会要有意义得多。第二,减轻行政负担,以便财政部门有效利用有限的行政资源,处理质疑程序无法解决的重大复杂事项。

《政府采购质疑和投诉办法》(财政部令第 94 号)第十七条规定,质疑供应商对采购人、采购代理机构的答复不满意,或者采购人、采购代理机构未在规定时间内作出答复的,可以在答复期满后 15 个工作日内向本办法第六条规定的财政部门提起投诉。因此,质疑的时间期限是质疑答复期满后 15 个工作日。

《政府采购质疑和投诉办法》(财政部令第 94 号)第十九条第二款规定:

投诉人提起投诉应当符合下列条件:

(一)提起投诉前已依法进行质疑;

(二)投诉书内容符合本办法的规定;

(三)在投诉有效期限内提起投诉;

(四)同一投诉事项未经财政部门投诉处理;

(五)财政部规定的其他条件。

上述规定对质疑的前置条件进行进一步明确。这里需要说明的是,有关规定要求投诉的事项不得超出已质疑事项的范围,但实践中会出现一种情况,就是供应商对采购人、采购代理机构质疑答复内容的本身有异议,这时如果要求投诉的事项不得超出已质疑事项的范围，就会陷入一种"死循环"。有关制度对此也有考虑。《政府采购质疑和投诉办法》（财政部令第94号）第二十条规定：

供应商投诉的事项不得超出已质疑事项的范围，但基于质疑答复内容提出的投诉事项除外。

11.13　投诉材料如何书写？

《政府采购质疑和投诉办法》（财政部令第94号）第十八条规定：

投诉人投诉时，应当提交投诉书和必要的证明材料，并按照被投诉采购人、采购代理机构（以下简称被投诉人）和与投诉事项有关的供应商数量提供投诉书的副本。投诉书应当包括下列内容：

（一）投诉人和被投诉人的姓名或者名称、通讯地址、邮编、联系人及联系电话；

（二）质疑和质疑答复情况说明及相关证明材料；

（三）具体、明确的投诉事项和与投诉事项相关的投诉请求；

（四）事实依据；

（五）法律依据；

（六）提起投诉的日期。

投诉人为自然人的，应当由本人签字；投诉人为法人或者其他组织的，应当由法定代表人、主要负责人，或者其授权代表签字或者盖章，并加盖公章。

从上文可以看出，投诉材料的组成有4个要件：一是书面的投诉书；二是必要的证明材料；三是与采购人、采购代理机构和相关供应商数量相符的副本；四是法定代表人的签字和加盖公章。这里最主要的材料就是书面的投诉书，上述规定给出了投诉书需要包含的6个部分基本内容。

11.14 投诉的处理流程和期限

《政府采购质疑和投诉办法》（财政部令第94号）第二十一条规定：

财政部门收到投诉书后，应当在5个工作日内进行审查，审查后按照下列情况处理：

（一）投诉书内容不符合本办法第十八条规定的，应当在收到投诉书5个工作日内一次性书面通知投诉人补正。补正通知应当载明需要补正的事项和合理的补正期限。未按照补正期限进行补正或者补正后仍不符合规定的，不予受理。

（二）投诉不符合本办法第十九条规定条件的，应当在3个工作日内书面告知投诉人不予受理，并说明理由。

（三）投诉不属于本部门管辖的，应当在3个工作日内书面告知投诉人向有管辖权的部门提起投诉。

（四）投诉符合本办法第十八条、第十九条规定的，自收到投诉书之日起即为受理，并在收到投诉后8个工作日内向被投诉人和其他与投诉事项有关的当事人发出投诉答复通知书及投诉书副本。

由上述规定可知，收到投诉书以后，审查期限是5个工作日。审查的结果有4种情况：第一种情况是投诉书本身不符合有关规定，这个时候会通知投诉人进行补正；第二种情况是投诉不符合有关规定，其主要原因有投诉之前没有质疑、就同个事项重复投诉或已经过了投诉期等；第三种情况是投诉不属于本部门管辖，这个时候会告知投诉人应向有关部门进行投诉；第四种情况是正常受理，在正常受理之后，会在8个工作日以内，向被投诉人以及有关的当事人发出投诉答复通知书，也就是说这时已经开始启动调查程序。

《政府采购质疑和投诉办法》（财政部令第94号）第二十二条规定：

被投诉人和其他与投诉事项有关的当事人应当在收到投诉答复通知书及投诉书副本之日起5个工作日内，以书面形式向财政部门作出说明，并提交相关证据、依据和其他有关材料。

根据上述规定，被投诉人准备相关资料的时间也是5个工作日。这里要特别提醒各位供应商朋友，大家一定要换位思考。也就是说，在关注投诉有关事项的时候，不仅只把自己看为有可能是投诉供应商，而且要想到自己有可能是被投诉供应商。所以，在日常工作中，特别是在投标活动的前后，一定要特别注意收集整理好相关的书面材料，以备不时之需。

整个投诉处理的过程，一般在30个工作日内完成，但是一些必需的检验、鉴定时间，不计入投诉处理期限内。

《政府采购质疑和投诉办法》（财政部令第94号）第二十六条规定：

财政部门应当自收到投诉之日起30个工作日内，对投诉事项作出处理决定。

《政府采购质疑和投诉办法》（财政部令第94号）第二十七条规定：

财政部门处理投诉事项，需要检验、检测、鉴定、专家评审以及需要投诉人补正材料的，所需时间不计算在投诉处理期限内。

前款所称所需时间，是指财政部门向相关单位、第三方、投诉人发出相关文书、补正通知之日至收到相关反馈文书或材料之日。

财政部门向相关单位、第三方开展检验、检测、鉴定、专家评审的，应当将所需时间告知投诉人。

最后，为了真正保护投诉供应商的实质性利益，防止"赢了官司输了钱"，就是投诉诉求得到支持，但是丧失了合同机会，有关制度赋予了财政管理部门暂停政府采购活动的权力，可以暂停政府采购活动不超过30日。需要注意的是，这里是30个自然日，不是工作日。《政府采购质疑和投诉办法》（财政部令第 94 号）第二十八条规定：

财政部门在处理投诉事项期间，可以视具体情况书面通知采购人和采购代理机构暂停采购活动，暂停采购活动时间最长不得超过 30 日。

采购人和采购代理机构收到暂停采购活动通知后应当立即中止采购活动，在法定的暂停期限结束前或者财政部门发出恢复采购活动通知前，不得进行该项采购活动。

11.15　对投诉如何调查？

《政府采购法实施条例》第五十六条规定：

财政部门处理投诉事项采用书面审查的方式，必要时可以进行调查取证或者组织质证。

对财政部门依法进行的调查取证，投诉人和与投诉事项有关的当事人应当如实反映情况，并提供相关材料。

在实践中，财政部门调查投诉一般采用三种方式。《政府采购质疑和投诉办法》（财政部令第 94 号）第二十三条规定：

财政部门处理投诉事项原则上采用书面审查的方式。财政部门认为有必要时，可以进行调查取证或者组织质证。

财政部门可以根据法律、法规规定或者职责权限，委托相关单位或者第三方开展调查取证、检验、检测、鉴定。

质证应当通知相关当事人到场，并制作质证笔录。质证笔录应当由当事人签字确认。

根据上述规定，调查投诉的三种方式如下。

一是书面审查。根据《政府采购法》第四十二条有关采购文件保存的要求，政府采购活动应当完整反映采购活动过程及各项决策的书面记录。同时

《政府采购法实施条例》第五十五条规定，供应商投诉必须附必要的证明材料。因此，发生投诉后，财政部门一般是通过调阅项目采购文件，结合投诉供应商提供的证明材料以及被投诉的其他利害关系人提供的说明材料，查清与投诉事项有关的具体事实。由此可知，书面审查是财政部门调查处理投诉事项的基本方式。

二是调查取证。调查取证是指有调查取证权的组织，为了查明案件事实的需要，向有关单位、个人进行调查，收集证据。《政府采购法实施条例》赋予了财政部门在处理政府采购供应商投诉方面的调查取证权。对于一些比较复杂的投诉案件，有时仅进行书面调查，不一定能够完整地查明事实，并获得充分的证据。例如，某供应商投诉其他几家供应商共同围标或串通投标，或者未中标供应商投诉中标供应商弄虚作假，投标时承诺本企业为小微企业，在评标时获得小微企业的优惠待遇，从而获得中标。在这种情况下，财政部门运用自身的职权进行调查取证就很有必要，如向被投诉供应商所在地的中小企业主管部门进行调查，以确定其实际的企业规模类型。

三是组织质证。质证是指在争议解决活动中，双方的当事人、代理人及第三人对证据的真实性、合法性、关联性、证明力进行说明和质辩的过程。政府采购投诉处理过程的质证，可以使投诉处理过程更加公开，有利于保障投诉人、被投诉人和其他利害关系人的知情权、参与权，有利于财政部门准确地认定证据、查清事实，合理合法地作出投诉处理决定，有利于相关各方对争议事实有更广泛的了解，从而使财政部门作出的投诉处理决定更容易得到投诉人、被投诉人和其他利害关系人的接受和认可。

此外，为了更好地开展调查取证活动，相关制度赋予了投诉人和与投诉事项有关的当事人配合财政部门调查取证的义务。

《政府采购质疑和投诉办法》（财政部令第94号）第二十四条规定：

财政部门依法进行调查取证时，投诉人、被投诉人以及与投诉事项有关的单位及人员应当如实反映情况，并提供财政部门所需要的相关材料。

《政府采购质疑和投诉办法》（财政部令第94号）第二十五条规定：

应当由投诉人承担举证责任的投诉事项，投诉人未提供相关证据、依据和其他有关材料的，视为该投诉事项不成立；被投诉人未按照投诉答复通知书要求提交相关证据、依据和其他有关材料的，视同其放弃说明权利，依法承担不利后果。

上述条文清晰地表达了投诉人、被投诉人以及与投诉事项有关的当事人应承担如实反映情况、提供相关材料的义务以及不履行该义务时可能会承担的法律后果。这里需要说明的是，与投诉事项有关的当事人既包括采购人、采购代理机构，也包括评审专家、行业主管部门、产品制造单位、投诉事项的有关知情人等。比如，供应商投诉中标人的投标文件中提供的制造厂商授权书涉及伪造，那么针对这一事项，财政部门就会直接向中标产品的制造商进行查证。

11.16　什么情况下会驳回投诉?

《政府采购质疑和投诉办法》（财政部令第94号）第二十九条规定：

投诉处理过程中，有下列情形之一的，财政部门应当驳回投诉：

（一）受理后发现投诉不符合法定受理条件；

（二）投诉事项缺乏事实依据，投诉事项不成立；

（三）投诉人捏造事实或者提供虚假材料；

（四）投诉人以非法手段取得证明材料。证据来源的合法性存在明显疑问，投诉人无法证明其取得方式合法的，视为以非法手段取得证明材料。

根据上述规定，总共有4种情况会导致投诉被驳回。投诉前三种情况都很容易理解，这里重点讲解第四种情况。

什么叫作以非法手段取得的证明材料，这个概念主要来源于刑事诉讼。刑事诉讼有一个著名的非法证据排除规则，之所以要排除非法证据，是因为假如允许非法取得的证据作为定案证据，尽管对查明案件的正式情况和定案是有益的，但是要以破坏国家的法律所确定的秩序和侵犯公民、法人的基本权利为代价。

在实践中，投诉人利用非法手段获得的证据进行投诉，在投诉事项中占有相当的比例。比如，投诉人采用不正当手段从采购人、采购代理机构或者评审专家那里获得采购活动依法应当保密的有关信息和资料，然后以此为依据进行投诉。例如，从评审专家那里获得了有关投标文件评审情况、中标候选人的推荐情况和评审过程中的其他情况；通过利益输送，从采购人、采购代理机构那里得知其他供应商投标文件所包含的重要信息或商业秘密；利用采购代理机构对应当保密的有关资料管理不善，获得有关材料。这些行为违反了《政府采购法》等法律的禁止性规定，侵害了其他当事人的合法权益，败坏了社会风气。因此，政府在采购活动中，参照刑事诉讼中的非法证据排除规则作出了相关规定。

看到这里，可能有的读者朋友会问：那么，对于这种恶意投诉，仅仅是驳回投诉就了结吗？如果真是这样的话，那么显然恶意投诉成本过低，会纵容有关供应商滥用投诉权。考虑到这一点，有关制度规定了相关措施制裁恶意投诉行为。《政府采购质疑和投诉办法》（财政部令第94号）第三十七条规定：

投诉人在全国范围12个月内三次以上投诉查无实据的，由财政部门列入不良行为记录名单。

投诉人有下列行为之一的，属于虚假、恶意投诉，由财政部门列入不良行为记录名单，禁止其1至3年内参加政府采购活动：

（一）捏造事实；

（二）提供虚假材料；

（三）以非法手段取得证明材料。证据来源的合法性存在明显疑问，投诉人无法证明其取得方式合法的，视为以非法手段取得证明材料。

11.17　投诉事项成立时的处理方式

《政府采购质疑和投诉办法》（财政部令第94号）第三十一条规定：

投诉人对采购文件提起的投诉事项，财政部门经查证属实的，应当认定投诉事项成立。经认定成立的投诉事项不影响采购结果的，继续开展采购活动；影响或者可能影响采购结果的，财政部门按照下列情况处理：

（一）未确定中标或者成交供应商的，责令重新开展采购活动。

（二）已确定中标或者成交供应商但尚未签订政府采购合同的，认定中标或者成交结果无效，责令重新开展采购活动。

（三）政府采购合同已经签订但尚未履行的，撤销合同，责令重新开展采购活动。

（四）政府采购合同已经履行，给他人造成损失的，相关当事人可依法提起诉讼，由责任人承担赔偿责任。

《政府采购质疑和投诉办法》（财政部令第94号）第三十二条规定：

投诉人对采购过程或者采购结果提起的投诉事项，财政部门经查证属实的，应当认定投诉事项成立。经认定成立的投诉事项不影响采购结果的，继续开展采购活动；影响或者可能影响采购结果的，财政部门按照下列情况处理：

（一）未确定中标或者成交供应商的，责令重新开展采购活动。

（二）已确定中标或者成交供应商但尚未签订政府采购合同的，认定中标或者成交结果无效。合格供应商符合法定数量时，可以从合格的中标或者成交候选人中另行确定中标或者成交供应商的，应当要求采购人依法另行确定中标、成交供应商；否则责令重新开展采购活动。

（三）政府采购合同已经签订但尚未履行的，撤销合同。合格供应商符合法定数量时，可以从合格的中标或者成交候选人中另行确定中标或者成交供应商的，应当要求采购人依法另行确定中标、成交供应商；否则责令重新开展采购活动。

（四）政府采购合同已经履行，给他人造成损失的，相关当事人可依法提起诉讼，由责任人承担赔偿责任。

投诉人对废标行为提起的投诉事项成立的，财政部门应当认定废标行为无效。

上述条款很清晰地表述了投诉事项在成立时的处理措施。其第三十一条的前三项、第三十二条第一款的前三款都很容易理解。这里重点讲述一下第四项，就是很多供应商朋友会担心：如果投诉事项是成立的，但是"生米已经做成熟饭"怎么办？相关制度规定，在这种情况下，可以提起诉讼，要求相关的责任人赔偿损失。

11.18 如何得知投诉的处理结果？

《政府采购质疑和投诉办法》（财政部令第94号）第三十三条规定：

财政部门作出处理决定，应当制作投诉处理决定书，并加盖公章。投诉处理决定书应当包括下列内容：

（一）投诉人和被投诉人的姓名或者名称、通讯地址等；

（二）处理决定查明的事实和相关依据，具体处理决定和法律依据；

（三）告知相关当事人申请行政复议的权利、行政复议机关和行政复议申请期限，以及提起行政诉讼的权利和起诉期限；

（四）作出处理决定的日期。

《政府采购质疑和投诉办法》（财政部令第 94 号）第三十四条规定：

财政部门应当将投诉处理决定书送达投诉人和与投诉事项有关的当事人，并及时将投诉处理结果在省级以上财政部门指定的政府采购信息发布媒体上公告。

投诉处理决定书的送达，参照《中华人民共和国民事诉讼法》关于送达的规定执行。

根据上述规定，财政部门会将书面的投诉处理决定书送达投诉人，同时会在有关媒体上进行公告。

在实践中，还有一种情况，就是投诉人主动撤回了投诉。《政府采购质疑和投诉办法》（财政部令第 94 号）第三十条规定：

财政部门受理投诉后，投诉人书面申请撤回投诉的，财政部门应当终止投诉处理程序，并书面告知相关当事人。

这里需要说明的是，如果采购活动中存在违法违规行为，即使投诉人书面申请撤回投诉，财政部门依然应根据《政府采购法》及相关法律规定所赋予的政府采购监督管理职责，对投诉过程中发现的违法违规行为的线索依法进行查处。

11.19 行政复议和行政诉讼

行政复议和行政诉讼是在行政法领域对政府采购当事人合法权益的进一步保护和救济。《政府采购法》第五十八条规定：

投诉人对政府采购监督管理部门的投诉处理决定不服或者政府采购监督管理部门逾期未作处理的，可以依法申请行政复议或者向人民法院提起行政诉讼。

根据上述规定，投诉是行政复议或行政诉讼的前置条件；行政复议或行政诉讼是对投诉人合法权益的进一步救济。需要注意的是，行政复议和行政诉讼之间没有前置关系，也就是说，投诉人对处理结果不服的，既可以提起行政复议，也可以直接提起行政诉讼。

一般情况下，财政部门在政府采购投诉处理决定书的最后，会说明投诉人有提起行政复议或行政诉讼的权利。例如，某地级市财政部门在某政府采购投诉处理决定书的最后注明："如不服本处理决定，可在收到本决定书之日起六十天内向 ** 市人民政府申请行政复议，或者在六个月内依法向 ** 市 ** 区人民法院提起行政诉讼。"

提起行政复议，需要提交书面的行政复议申请书，主要内容包括申请人基本情况、被申请人、复议请求、申请复议的重要事实和理由、申请人签名或盖章、时间等。申请人提交书面申请确有困难的，也可以口头申请，由复议机关当场记录。

根据 2023 年修订的《行政复议法》的有关规定，行政复议也适用和解和调解。和解就是当事人在行政复议决定作出前自愿达成和解，由申请人向行政复议机构撤回行政复议申请；调解就是当事人经行政机关调解达成协议，行政复议机关制作行政复议调解书，具有法律效力。两者都有助于增强政府采购行政复议机制的纠纷化解能力。

行政诉讼是指公民、法人或者其他组织认为行政机关或法律法规授权的组织的行政行为侵犯其合法权益，依法向人民法院请求司法保护，人民法院通过对被诉行政行为的合法性进行审查，从而解决特定范围内行政争议的活动。在我国，行政诉讼与刑事诉讼、民事诉讼并称为三大诉讼，是国家诉讼制度的基本形式之一。在政府采购领域，行政诉讼是维护当事人合法权益的最后一道防线，起着兜底作用。政府采购行政诉讼起诉书的写作与其他类型的起诉书大体一样，应本着有理、有利、有据、合法的原则，要有明确的被告，诉讼请求要具体明确，文字要简明、清晰、规范，不得进行人身攻击。其整体结构由标题、首部、正文和落款及附件组成。标题， 一般直接用"行政诉讼起诉书"；首部主要为原告、代理人、被告的基本情况简介；正文为诉讼请求和所根据的事实与理由、证据和证据来源；落款是原告签章及有关证明材料。

第 12 章　监督检查与法律责任

本章主要解释政府采购活动的违法行为责任认定标准和相应的法律责任，主要内容包括谁来监督检查政府采购活动的相关当事人、采购人、采购代理机构、供应商、评审专家等主体可能出现的违法行为有哪些以及需要承担什么法律责任。通过本章的阅读，读者朋友可以明确政府采购活动中哪些是违法行为，增加自身的守法意识，防范自身法律风险；可以了解政府采购活动中常见的违法行为，在自身合法权益受到侵害时有效运用法律武器维护自身利益。

12.1　政府采购的主管部门是谁?

《政府采购法》第五十九条规定：

政府采购监督管理部门应当加强对政府采购活动及集中采购机构的监督检查。

监督检查的主要内容是：

（一）有关政府采购的法律、行政法规和规章的执行情况；

（二）采购范围、采购方式和采购程序的执行情况；

（三）政府采购人员的职业素质和专业技能。

我们要了解政府采购监督检查和法律责任等方面的内容，首先要知道政府采购监督管理部门是谁。《政府采购法》第十三条规定：

各级人民政府财政部门是负责政府采购监督管理的部门，依法履行对政府采购活动的监督管理职责。

各级人民政府其他有关部门依法履行与政府采购活动有关的监督管理职责。

上述规定清晰表明，财政部门是政府采购的主管部门，负责政府采购活动的监督和管理。监察、审计、市场监管以及其他有关部门依其职责对政府采购进行监督和管理。

绝大多数财政部门都会内设政府采购机构，负责管理政府采购事项。例如，某市财政局政府采购科的职能为"拟订政府采购制度办法并监督管理；贯彻执行政府集中采购目录及政府采购限额标准和公开招标数额标准；监督管理市本级政府采购活动；承担政府采购代理机构监管工作；对政府采购信息进行统计分析；指导县市区政府采购工作"。因此，对于读者朋友来说，日常打交道最多的政府采购主管部门就是市和区（县）财政局的政府采购科。

12.2　政府采购的采购标准是什么？

《政府采购法》第六十三条第一款规定：

政府采购项目的采购标准应当公开。

这是采购标准的法律依据。关于采购标准的进一步细化，《政府采购法实施条例》第五十九条给予了明确：

政府采购法第六十三条所称政府采购项目的采购标准，是指项目采购所依据的经费预算标准、资产配置标准和技术、服务标准等。

经费预算标准是指部门预算中政府采购预算及其相关的定量定额标准。资产配置标准是指财政部门发布的汽车、办公家具及办公设备等资产配置标准。执行经费预算标准和资产配置标准的前提是采购人准确地掌握项目的技术和服务标准。《中华人民共和国标准化法》将标准划分为四个层次：国家标准、行业标准、地方标准和团体标准、企业标准。

12.3　谁来监督和考核集中采购机构？

《政府采购法》第六十六条规定：

政府采购监督管理部门应当对集中采购机构的采购价格、节约资金效果、服务质量、信誉状况、有无违法行为等事项进行考核，并定期如实公布考核结果。

这里的政府采购监督管理部门，在实践中一般就是上文所说的财政部门的政府采购科（处）。《政府采购法实施条例》第六十条对有关考核事项进行了进一步补充：

除政府采购法第六十六条规定的考核事项外，财政部门对集中采购机构的考核事项还包括：

（一）政府采购政策的执行情况；

（二）采购文件编制水平；

（三）采购方式和采购程序的执行情况；

（四）询问、质疑答复情况；

（五）内部监督管理制度建设及执行情况；

（六）省级以上人民政府财政部门规定的其他事项。

财政部门应当制定考核计划，定期对集中采购机构进行考核，考核结果有重要情况的，应当向本级人民政府报告。

此外，财政部、监察部在《政府采购法》出台以后，就制定了《集中采购机构监督考核管理办法》（财库〔2003〕120号），目前该文件依然有效。

整体而言，财政部门对集中采购机构的考核体现在5个方面：

一是执行政府采购法律法规和政策情况：是否严格按照国家的政府采购法律法规实施采购；是否全面落实政府采购的政策规定，比如强制或优先采购节能和环境标志产品、未经财政部门审批不得采购进口产品、是否预留中小企业份额、是否对小微企业在规定范围内给予价格折扣等。

二是采购方式和采购程序的执行情况：集中采购目录或计划任务的完成情况；是否按规定的采购方式执行；特别是达到公开招标数额标准以上的项目是否采用公开招标方式；采购程序是否合理合法等。

三是采购价格和资金节约情况：实际采购价格是否低于采购预算和市场同期平均价格等。

四是工作水平和服务质量情况：采购文件中的采购需求是否完全明确合规；是否对采购项目进行经济成本测算及充分考虑履约风险；是否提出了合理商务条件及拟定合同文本；是否及时、准确答复供应商的询问、质疑等。

五是内部管理和廉洁自律情况：采购活动的决策和执行程序是否明确并相互监督、相互制约；经办采购的人员与负责采购合同审核、验收人员的职责权限是否明确，并相互分离。

12.4　谁来监督采购人和采购代理机构?

在实践中，采购人和采购代理机构是相互监督的关系，同时又接受本级财政部门的管理。《政府采购法实施条例》第六十一条规定：

采购人发现采购代理机构有违法行为的，应当要求其改正。采购代理机构拒不改正的，采购人应当向本级人民政府财政部门报告，财政部门应当依法处理。

采购代理机构发现采购人的采购需求存在以不合理条件对供应商实行差别

待遇、歧视待遇或者其他不符合法律、法规和政府采购政策规定内容，或者发现采购人有其他违法行为的，应当建议其改正。采购人拒不改正的，采购代理机构应当向采购人的本级人民政府财政部门报告，财政部门应当依法处理。

这里的采购代理机构包括集中采购机构和集中采购机构以外的采购代理机构。考虑到采购人和采购代理机构在监督方面并没有强制力，上述规定特别强调，如果采购人或采购代理机构发现对方在采购活动中存在违法行为，要求对方改正但拒不改正的，应当向本级财政部门报告。

财政部为进一步加强政府采购代理机构监督管理，于2018年出台了《政府采购代理机构管理暂行办法》（财库〔2018〕2号），其中为了防止财政部门在采购代理机构的管理中利用其优势地位公权私用，第二十四条特别规定：

财政部门工作人员在代理机构管理中存在滥用职权、玩忽职守、徇私舞弊等违法违纪行为的，依照《中华人民共和国政府采购法》《中华人民共和国公务员法》《中华人民共和国行政监察法》《中华人民共和国政府采购法实施条例》等国家有关规定追究相关责任；涉嫌犯罪的，依法移送司法机关处理。

12.5　谁来监督和管理评审专家？

财政部门负责监督和管理评审专家。《政府采购法实施条例》第六十二条规定：

省级以上人民政府财政部门应当对政府采购评审专家库实行动态管理，具体管理办法由国务院财政部门制定。

采购人或者采购代理机构应当对评审专家在政府采购活动中的职责履行情况予以记录，并及时向财政部门报告。

鉴于评审专家在政府采购活动中的重要作用，2003年，即《政府采购法》施行的当年，财政部、原监察部就制定了《政府采购评审专家管理办法》（财库〔2003〕119号），确立了"统一条件、分级管理、资源共享、随机选取、管用分离"的评审专家管理制度，规定了评审专家资格管理、权利义务、使用管理等内容。2016年，财政部废止了上述文件，发布了新的《政府采购评审专家管理办法》（财库〔2016〕198号）。

根据《政府采购评审专家管理办法》，各地也基本建立了相关管理制度，但目前在实践中依然存在一些问题。这主要体现在：一是对政府采购评审专家缺乏有效的制度约束，法律责任不明确，难以追究评审专家对评审结果所应承担的法律责任；二是专家责任心不强；三是"专家不专"较为普遍，专家与所评审的项目专业不对口，影响评审质量；四是评审专家违法违纪行为时有发生。目前要求对评审专家实施动态管理，对已经入库的专家要定期审核，确保评审专家能进能出，防止评审专家终身固定。

尽管评审专家由财政部门负责监督管理，但在实践中评审专家是由采购人、采购代理机构实际使用，因此评审专家是否能够在采购活动中依法履行评审职责，应当由采购人或采购代理机构对其履行职责情况进行记录，并向财政部门报告。

记录的主要内容包括：是否遵守评审纪律；是否按照采购文件规定的评审方法和评审标准进行评审；是否存在明显的倾向性；是否收受采购人、采购代理机构和供应商贿赂或不正当利益；是否明知与供应商存在利害关系而未自行回避；是否泄露评审文件、评审情况或评审中知悉的商业秘密等。采购人、采购代理机构发现上述情况应及时要求评审专家改正，同时对上述情况进行记录，及时报告财政部门。

12.6　政府采购信用信息平台的作用是什么？

政府采购信用信息平台的作用是对供应商、采购代理机构和评审专家进行信用管理。《政府采购法实施条例》第六十三条规定：

各级人民政府财政部门和其他有关部门应当加强对参加政府采购活动的供应商、采购代理机构、评审专家的监督管理，对其不良行为予以记录，并纳入统一的信用信息平台。

诚实信用是政府采购法所确立的政府采购活动的基本原则之一。上述规定就是要对政府采购供应商、采购代理机构和评审专家的不良行为进行记录，并纳入统一的信用信息平台。这是落实政府采购法诚实信用原则的具体措施。

建设统一的信用信息平台是有效执行政府采购法律制度、规范政府采购市场秩序的基础。目前我国在政府活动中还存在相当数量的虚假招标、串通投标等违法行为。一个重要的原因就是政府采购信用体系建设相对滞后，失信惩戒机制不够健全。政府采购信用平台的建设目标是构建统一的信用信息平台，有效收集、汇总政府采购市场主体的相关信用信息，构建全国统一的信用公示和查询平台，形成"一地受罚，处处受制"的失信惩戒机制。

目前我国政府采购领域的信用信息平台主要是"信用中国"网站（www.creditchina.gov.cn）和中国政府采购网（www.ccgp.gov.cn）。

这里向读者朋友介绍下，万一信用受损，如何补救。"信用中国"网站根据《失信行为纠正后的信用信息修复管理办法（试行）》（国家发展和改革委员会令第58号），制定了信用修复指南。其中，对于严重失信主体名单信息的修复，其移出申请由认定单位负责受理；"信用中国"网站自收到认定单位共享的移出名单之日起3个工作日内终止公示严重失信主体名单信息。对于提前终止公示对法人和非法人组织的行政处罚信息，应当同时满足以下条件：①完全履行行政处罚决定规定的义务，纠正违法行为；②达到最短公示期限；③公开作出信用承诺。承诺内容包括所提交材料真实有效，并明确愿意承担违反承诺的相应责任。

12.7　采购人违法采购的情形有哪些?

《政府采购法》第七十一条规定:

采购人、采购代理机构有下列情形之一的,责令限期改正,给予警告,可以并处罚款,对直接负责的主管人员和其他直接责任人员,由其行政主管部门或者有关机关给予处分,并予通报:

(一)应当采用公开招标方式而擅自采用其他方式采购的;

(二)擅自提高采购标准的;

(三)以不合理的条件对供应商实行差别待遇或者歧视待遇的;

(四)在招标采购过程中与投标人进行协商谈判的;

(五)中标、成交通知书发出后不与中标、成交供应商签订采购合同的;

(六)拒绝有关部门依法实施监督检查的。

《政府采购法》第七十二条和第七十四条规定:

采购人、采购代理机构及其工作人员有下列情形之一,构成犯罪的,依法追究刑事责任;尚不构成犯罪的,处以罚款,有违法所得的,并处没收违法所得,属于国家机关工作人员的,依法给予行政处分:

(一)与供应商或者采购代理机构恶意串通的;

(二)在采购过程中接受贿赂或者获取其他不正当利益的;

(三)在有关部门依法实施的监督检查中提供虚假情况的;

(四)开标前泄露标底的。

……

第七十四条　采购人对应当实行集中采购的政府采购项目,不委托集中采购机构实行集中采购的,由政府采购监督管理部门责令改正;拒不改正的,停止按预算向其支付资金,由其上级行政主管部门或者有关机关依法给予其直接负责的主管人员和其他直接责任人员处分。

《政府采购法》第七十五条规定：

采购人未依法公布政府采购项目的采购标准和采购结果的，责令改正，对直接负责的主管人员依法给予处分。

《政府采购法》第七十六条规定：

采购人、采购代理机构违反本法规定隐匿、销毁应当保存的采购文件或者伪造、变造采购文件的，由政府采购监督管理部门处以二万元以上十万元以下的罚款，对其直接负责的主管人员和其他直接责任人员依法给予处分；构成犯罪的，依法追究刑事责任。

《政府采购法实施条例》第六十七条专门针对采购人违法采购的情形进行了进一步明确：

采购人有下列情形之一的，由财政部门责令限期改正，给予警告，对直接负责的主管人员和其他直接责任人员依法给予处分，并予以通报：

（一）未按照规定编制政府采购实施计划或者未按照规定将政府采购实施计划报本级人民政府财政部门备案；

（二）将应当进行公开招标的项目化整为零或者以其他任何方式规避公开招标；

（三）未按照规定在评标委员会、竞争性谈判小组或者询价小组推荐的中标或者成交候选人中确定中标或者成交供应商；

（四）未按照采购文件确定的事项签订政府采购合同；

（五）政府采购合同履行中追加与合同标的相同的货物、工程或者服务的采购金额超过原合同采购金额10%；

（六）擅自变更、中止或者终止政府采购合同；

（七）未按照规定公告政府采购合同；

（八）未按照规定时间将政府采购合同副本报本级人民政府财政部门和有关部门备案。

12.8　采购人违法采购要承担的法律责任有哪些?

根据《政府采购法》第七十一条、第七十二条、第七十四条、第七十五条、第七十六条和《政府采购法实施条例》第六十七条的规定,采购人发生违法采购行为,要承担的法律责任有:

一是责令限期改正。责令限期改正是财政部门依法要求采购人在一定期限内停止违法行为并予以纠正。这是对采购人违法行为采取的一种补救性行政措施。严格地说,责令限期改正不是一种制裁,而是对违法行为及违法后果的纠正,以强制采购人履行法定义务。因此,责令限期改正适用于能够改正的情况。比如,对应当采用公开招标的方式进行公开招标;按照规定在评标委员会推荐的中标候选人中确定中标供应商;按照规定公告政府采购合同等。

二是警告。警告是行政机关对违反行政管理秩序的行为给予申诫性质的行政处罚,处罚的力度相对较轻。警告属于行政处罚;与行政处分中的警告,虽然名称相同,但性质完全不同。

三是罚款。罚款可以与警告合并适用,也可以单独适用。

四是停止支付资金。这是一种特定的处理方式,主要是针对采购人对应当实行集中采购的政府采购项目,不委托集中采购机构实行集中采购的,由政府采购监督管理部门责令改正;拒不改正的,停止按预算向其支付资金。

五是给予行政处分。行政处分的对象是违法单位直接负责的主管人员和其他直接责任人员,包括违法行为的决策人、事后对单位违法行为予以认可和支持的领导人员、由于疏忽管理或放任对单位行为负有不可推卸责任的领导人员以及直接实施单位违法行为的人员。根据《监察法》，行政处分有警告、记过、记大过、降职、开除六种形式。对采购人中的人员进行行政处分，财政部门应当建议该采购人的上级行政主管部门或有关监察机关对其依法予以处分，而不是财政部门自行给予处分。

六是依法追究刑事责任。这是针对采购违法行为中情况特别严重、已构成犯罪的情形，包括与供应商或者采购代理机构恶意串通的，在采购过程中接受贿赂或者获取其他不正当利益的，在有关部门依法实施的监督检查中提供虚假情况的，开标前泄露标底的，隐匿、销毁应当保存的采购文件或者伪造、变造采购文件的。单位构成犯罪的，对单位判处罚金；对直接负责的主管人员和其他直接责任人员处以相应的刑罚。

12.9　采购代理机构违法采购的情形有哪些?

《政府采购法》第七十一条、第七十二条、第七十六条列举的采购违法情形，不仅适用于采购人，而且适用于采购代理机构，相关条文已在第 12.7 节展示，此处不再赘述。

《政府采购法实施条例》第六十八条进一步明确了涉及采购代理机构的采购违法行为：

采购人、采购代理机构有下列情形之一的，依照政府采购法第七十一条、第七十八条的规定追究法律责任：

（一）未依照政府采购法和本条例规定的方式实施采购；

（二）未依法在指定的媒体上发布政府采购项目信息；

（三）未按照规定执行政府采购政策；

（四）违反本条例第十五条的规定导致无法组织对供应商履约情况进行验收或者国家财产遭受损失；

（五）未依法从政府采购评审专家库中抽取评审专家；

（六）非法干预采购评审活动；

（七）采用综合评分法时评审标准中的分值设置未与评审因素的量化指标相对应；

（八）对供应商的询问、质疑逾期未作处理；

（九）通过对样品进行检测、对供应商进行考察等方式改变评审结果；

（十）未按照规定组织对供应商履约情况进行验收。

关于第一项，实践中主要的表现有：应当公开招标的项目未公开招标；不符合单一来源标准的采用单一来源采购；采用所谓的"跟标"采购等。

关于第二项，实践中主要的表现有：基层单位往往只在本级财政部门指定的媒体上发布公告，而没有在省级人民政府财政部门指定的媒体上发布，使得信息的公告范围受限，影响了公告的广度和项目竞争力。

关于第三项，实践中主要的表现有：未优先采购节能和环境标志产品；未经审核采购进口产品；未将预留项目授予中小微企业；对小微企业未给予价格扣除优惠。

关于第四项，实践中主要的表现有：采购需求不完整、不明确，或者不符合国家法律、行政法规以及技术、服务、安全等要求。

关于第五项，实践中主要的表现有：不依法在政府采购评审专家库内抽取专家或违法指定评审专家。

关于第六项，实践中主要的表现有：在评审过程中向评审专家作倾向性、误导性解释或说明，甚至指定产品或服务。

关于第七项，实践中主要的表现有：将与投标报价无关的资格条件、业绩要求或商务条件等指标设定为评审因素，设定的评审因素缺乏量化指标，有量化指标的评审因素没有对应的分值设置。

关于第八项，实践中主要的表现有：拒不接受供应商的询问、质疑，或者相互推诿，致使供应商错过质疑有效期；对询问、质疑未在规定时间内答复，致使供应商丧失商业机会和救济利益。

关于第九项，实践中主要的表现有：在中标、成交结果公告后，对中标、成交供应商的样品进行检测，或自行组织评审专家对供应商进行考察，并根据检测、考察结果改变评审结果。

关于第十项，实践中主要的表现有：重采购程序而轻合同履行；不组织对履约进行验收，或未按规定组织验收。

12.10　采购代理机构违法采购要承担的法律责任有哪些？

根据《政府采购法》第七十一条、第七十二条、第七十六条的规定，采购代理机构违法采购要承担的法律责任有责令限期改正、警告、罚款、给予行政处分、依法追究刑事责任等。上述法律责任的内容已在第 12.8 节解释，此处不再赘述。这里重点解释一下对采购代理机构违法采购特定的处理方式。《政府采购法》第七十八条规定：

采购代理机构在代理政府采购业务中有违法行为的，按照有关法律规定处以罚款，可以在一至三年内禁止其代理政府采购业务，构成犯罪的，依法追究刑事责任。

在禁止其代理政府采购业务期间，采购代理机构不得接受采购人的委托代理政府采购业务，具体禁止代理政府采购业务的期限为一至三年。财政部门根据采购代理机构违法行为的影响程度，确定具体的禁止代理政府采购业务的期限。在禁止代理政府采购业务期限届满后，采购代理机构可以恢复政府采购代理业务。

《政府采购代理机构管理暂行办法》（财库〔2018〕2 号）第二十二条对禁止代理政府采购业务的处理方式进行了进一步细化和明确：

受到财政部门禁止代理政府采购业务处罚的代理机构，应当及时停止代理业务，已经签订委托代理协议的项目，按下列情况分别处理：

（一）尚未开始执行的项目，应当及时终止委托代理协议；

（二）已经开始执行的项目，可以终止的应当及时终止，确因客观原因无法终止的应当妥善做好善后工作。

12.11 集中采购机构的违法行为及要承担的法律责任有哪些？

《政府采购法实施条例》第六十九条规定：

集中采购机构有下列情形之一的，由财政部门责令限期改正，给予警告，有违法所得的，并处没收违法所得，对直接负责的主管人员和其他直接责任人员依法给予处分，并予以通报：

（一）内部监督管理制度不健全，对依法应当分设、分离的岗位、人员未分设、分离；

（二）将集中采购项目委托其他采购代理机构采购；

（三）从事营利活动。

根据《政府采购法》第十六条的规定，集中采购机构为采购代理机构。设区的市、自治州以上人民政府根据本级政府采购项目组织集中采购的需要，设立集中采购机构。集中采购机构在政府采购中发挥着重要作用。

上述第一项是指集中采购机构内部应该形成一种相互制衡的约束机制。一是集中采购机构采购活动的决策和执行程序应当明确并相互监督、相互制约；决策程序中不能包括执行程序，更不能以执行程序代替决策。二是集中采购机构经办采购的人员与负责采购合同审核、验收人员的职责权限应当明确并相互分离。经办采购人员不能负责合同的审核任务；负责采购合同审核验收的人员不能经办采购。集中采购机构应依法建立内部监督管理制度，对

依法应当分设、分离的岗位人员未分设、分离的，财政部门应当责令其限期
改正。

上述第二项是指采购人采购纳入集中采购目录的政府采购项目，必须委托集
中采购机构代理采购。集中采购机构应根据采购人委托制定集中采购项目的实施
方案，明确采购规程，组织采购。不得将集中采购项目转委托。集中采购机构根
据采购人委托代理集中采购项目是履行其义务，将集中采购项目转委托是违法
行为。在实践中，集中采购机构将集中采购项目转委托的现象时有发生。一个
重要原因是集中采购机构的人员配备与集中采购目录不相适应。这需要通过合
理确定集中采购目录范围，加强集中采购项目实施的计划性等措施综合解决。

上述第三项是指集中采购机构是非营利事业法人，不得从事营利活动。在
实践中，集中采购机构存在三种预算机制：一是财政全额拨款；二是自收自
支，没有财政拨款，收入全部来源于代理服务费；三是部分财政拨款、部分收
费。为了确保集中采购机构做到非营利，不能实行收入与支出挂钩的模式。
对收取的各项费用应当严格执行"收支两条线"的规定，实行收费的必须报
请省级价格主管部门按照成本统一核算交易服务收费标准，并向社会公布。

集中采购机构有上述采购违法行为，承担三种法律责任：一是责令限期改
正；二是警告；三是没收非法所得。第一种和第二种在上文中已经有所解释，
第三种没收违法所得是指集中采购机构将集中采购项目委托其他采购代理机构
采购，或从事营利活动获得的违法所得，财政部门应并处没收所得。具体到这
部分内容，是指财政部门对集中采购机构处以罚款的同时，将违法所得没收并
上缴国库。

12.12　采购人员不依法回避需承担什么责任?

《政府采购法》第十二条规定：

在政府采购活动中，采购人员及相关人员与供应商有利害关系的，必须回避。供应商认为采购人员及相关人员与其他供应商有利害关系的，可以申请其回避。

前款所称相关人员，包括招标采购中评标委员会的组成人员，竞争性谈判采购中谈判小组的组成人员，询价采购中询价小组的组成人员等。

《政府采购法实施条例》第九条对应当回避的情形进行了补充规定：

在政府采购活动中，采购人员及相关人员与供应商有下列利害关系之一的，应当回避：

（一）参加采购活动前3年内与供应商存在劳动关系；

（二）参加采购活动前3年内担任供应商的董事、监事；

（三）参加采购活动前3年内是供应商的控股股东或者实际控制人；

（四）与供应商的法定代表人或者负责人有夫妻、直系血亲、三代以内旁系血亲或者近姻亲关系；

（五）与供应商有其他可能影响政府采购活动公平、公正进行的关系。

供应商认为采购人员及相关人员与其他供应商有利害关系的，可以向采购人或者采购代理机构书面提出回避申请，并说明理由。采购人或者采购代理机构应当及时询问被申请回避人员，有利害关系的被申请回避人员应当回避。

回避的方式包括自行回避与申请回避。采购人员经办采购项目发现参加采购活动供应商与其存在利害关系，应主动向单位申请回避。供应商认为采购人员与其他供应商有利害关系的，可以向采购人或采购代理机构书面提出回避申请，并说明理由。采购人或采购代理机构应当及时询问被申请回避人员；对有利害关系的被申请回避人员应当要求其回避，拒不回避的，应责令其回避。应回避而未回避的，属于违法行为，应追究其相应法律责任。

《政府采购法实施条例》第七十条规定：

采购人员与供应商有利害关系而不依法回避的，由财政部门给予警告，并处2000元以上2万元以下的罚款。

12.13 如果采购人、采购代理机构的违法行为影响了成交结果，如何处理？

《政府采购法》第七十三条规定：

有前两条违法行为之一影响中标、成交结果或者可能影响中标、成交结果的，按下列情况分别处理：

（一）未确定中标、成交供应商的，终止采购活动；

（二）中标、成交供应商已经确定但采购合同尚未履行的，撤销合同，从合格的中标、成交候选人中另行确定中标、成交供应商；

（三）采购合同已经履行的，给采购人、供应商造成损失的，由责任人承担赔偿责任。

《政府采购法实施条例》第七十一条对上述处理方法进行了补充规定：

有政府采购法第七十一条、第七十二条规定的违法行为之一，影响或者可能影响中标、成交结果的，依照下列规定处理：

（一）未确定中标或者成交供应商的，终止本次政府采购活动，重新开展政府采购活动。

（二）已确定中标或者成交供应商但尚未签订政府采购合同的，中标或者成交结果无效，从合格的中标或者成交候选人中另行确定中标或者成交供应商；没有合格的中标或者成交候选人的，重新开展政府采购活动。

（三）政府采购合同已签订但尚未履行的，撤销合同，从合格的中标或者成交候选人中另行确定中标或者成交供应商；没有合格的中标或者成交候选人的，重新开展政府采购活动。

（四）政府采购合同已经履行，给采购人、供应商造成损失的，由责任人承担赔偿责任。

政府采购当事人有其他违反政府采购法或者本条例规定的行为，经改正后仍然影响或者可能影响中标、成交结果或者依法被认定为中标、成交无效的，依照前款规定处理。

上述条文对采购人、采购代理机构的违法行为影响中标、成交成果的处理规定了4种方法。前面三种都很好理解，因为无论是未确定中标或成交供应商，还是已确定中标、成交供应商但未签订政府采购合同，抑或是以前已经签订合同但尚未履行的，都属于采购活动尚未完成，也就是说是"生米尚未煮成熟饭"。可能各位读者朋友最关注的是第四种情况，就是"生米已经煮成熟饭"，合同已经履行了，这种情况怎么处理。这里详细解释一下。

政府采购合同已经履行，给采购人、供应商造成损失的，由责任人承担赔偿责任。这里需要注意：

第一，如何认定合同已经履行。合同履行是指合同当事人依照合同的约定实施属于合同标的的行为，如交付货物、完成工作、提供劳务、支付价款等，从而使合同目的得以实现。从合同订立到合同实际履行有一个过程，在履行过程中能够予以返还并恢复原状的，不能以合同已经履行而继续履行合同，如货物、价款可以返还。合同的主要义务已经履行，难以恢复原状，或恢复原状将给当事人造成重大损失的，可以认定合同已经履行。

第二，相关责任人如何依法承担赔偿责任。这里的"相关责任人"是指实施违法行为的采购人和采购代理机构。损害赔偿是指当事人一方因侵权行为或不履行债务而对他方造成损害时应当赔偿对方损失的民事责任，包括侵权的损害赔偿和违约的损害赔偿。采购人、采购代理机构的违法行为属于侵权行为还是违约行为，需要根据情况具体分析。就《政府采购法》第七十一条、第七十二条规定的违法情形而言，可能构成侵权行为，也可能构成违约行为。如果采购人或采购代理机构以不合理条件对供应商实施差别待遇或歧视待遇，将对供应商的合法权益构成损害，应属侵权责任；如果采购代理机构接受采购人委托后将应当采用公开招标方式的项目擅自采用其他方式采购、擅自提高采购标准，将对采购人构成侵权，也违反了委托协议的约定，构成违约，产生侵权责任与违约责任的竞合。《民法典》第一百八十六条规定："因当事人一方的违约行为，损害对方人身权益、财产权益的，受损害方有权选择请求其承担违约责任或者侵权责任。"

这里说明一下，《政府采购法实施条例》第七十一条的第二款是弹性的兜底条款，是处理在法律责任中难以列明的当事人违法行为的法律依据。

12.14　供应商的违法行为有哪些?

《政府采购法》第七十七条规定：

供应商有下列情形之一的，处以采购金额千分之五以上千分之十以下的罚款，列入不良行为记录名单，在一至三年内禁止参加政府采购活动，有违法所得的，并处没收违法所得，情节严重的，由工商行政管理机关吊销营业执照；构成犯罪的，依法追究刑事责任：

（一）提供虚假材料谋取中标、成交的；

（二）采取不正当手段诋毁、排挤其他供应商的；

（三）与采购人、其他供应商或者采购代理机构恶意串通的；

（四）向采购人、采购代理机构行贿或者提供其他不正当利益的；

（五）在招标采购过程中与采购人进行协商谈判的；

（六）拒绝有关部门监督检查或者提供虚假情况的。

供应商有前款第（一）至（五）项情形之一的，中标、成交无效。

《政府采购法实施条例》第七十二条进行了补充规定：

供应商有下列情形之一的，依照政府采购法第七十七条第一款的规定追究法律责任：

（一）向评标委员会、竞争性谈判小组或者询价小组成员行贿或者提供其他不正当利益；

（二）中标或者成交后无正当理由拒不与采购人签订政府采购合同；

（三）未按照采购文件确定的事项签订政府采购合同；

（四）将政府采购合同转包；

（五）提供假冒伪劣产品；

（六）擅自变更、中止或者终止政府采购合同。

供应商有前款第一项规定情形的，中标、成交无效。评审阶段资格发生变化，供应商未依照本条例第二十一条的规定通知采购人和采购代理机构的，处以采购金额5‰的罚款，列入不良行为记录名单，中标、成交无效。

上文中规定的情形大多数都非常清晰，一目了然，我们不再逐条进行解释，仅对个别相对容易模糊的概念进行一下说明。

一是采取不正当手段诋毁、排挤其他供应商的。该种行为实际上也同时违反了《中华人民共和国反不正当竞争法》（以下简称《反不正当竞争法》）第十一条"经营者不得编造、传播虚假信息或者误导性信息，损害竞争对手的商业信誉、商品声誉"的规定。这条从文字上比较容易理解，我们再举个例子。2019年3月，某桥梁科技有限公司中标某高速公路施工项目。然而，某钢腹板有限公司向采购人提交材料称：某桥梁科技有限公司是一家刚成立的皮包公司，主要股东多次"做砸项目"，严重失信，资不抵债，目前已被多个项目客户及银行起诉。因多次收到某钢腹板有限公司提交的举报材料，采购人决定对该招标作流标处理。2019年4月，某桥梁科技有限公司及其大股东向公安机关报案，同时提起诉讼。法院经审理后判决：某钢腹板有限公司立即停止不正当竞争行为，书面赔礼道歉并赔偿220万元。

二是在招标采购过程中与采购人进行协商谈判的。该内容在《招标投标法》第四十三条也有所体现："在确定中标人前，招标人不得与投标人就投标价格、投标方案等实质性内容进行谈判。"在招标采购过程中，禁止供应商在开标后对其投标文件中的方案、报价等实质性条款进行更改，也禁止采购人或采购代理机构根据供应商投标文件中的内容展开与供应商的谈判，以保证招标过程和采购结果的客观、公正。

三是将政府采购合同转包。这里需要注意将分包和转包区别开。《政府采购法》第四十八条规定，经采购人同意，中标、成交供应商可以依法采取分包方式履行合同。但不能将合同的主体和关键部分分包给其他供应商。而合同转包是指供应商将中标或成交的项目整体转让给其他供应商，或者将中标承包项目拆分后分别转让给其他供应商。这将使政府采购的竞争程序失去意义，破坏政府采购的严肃性，也影响采购项目的质量，损害国家和采购人的权益。因此，转包是违法行为。

四是评审阶段资格发生变化，供应商未依照规定通知采购人和采购代理机构的。资格预审合格的供应商在评审阶段资格条件发生变化，可能导致资格条件不符合采购文件的要求。如果供应商不通知采购人和采购代理机构，就有可能导致不符合采购文件规定资格条件的供应商中标或成交。因此，资格预审合格的供应商在评审阶段资格发生变化，应当通知采购人和采购代理机构。

12.15　供应商有违法行为，要承担的法律责任有哪些？

根据上文引述的《政府采购法》第七十七条以及《政府采购法实施条例》

第七十二条的规定，供应商的违法行为要承担的法律责任有：

一是罚款。罚款的数额为采购金额 5‰ 以上 10‰ 以下。这里的采购金额是指采购人在采购文件中确定的采购项目预算金额。财政部门根据供应商违法行为的情节和影响后果决定具体的罚款金额。

二是禁止参加政府采购活动。在禁止期间，供应商不得参加政府采购活动，期限届满后可以继续参加政府采购活动。具体禁止参加的期限，由财政部门根据供应商违法行为的情节和后果确定。

三是没收违法所得。供应商基于违法行为有违法所得的，应没收违法所得上缴国库。例如，供应商提供虚假材料谋取中标、成交的，或者将合同转包的，都有可能产生利益，形成违法所得，应予没收。

四是吊销营业执照。供应商违法行为情节严重的，由市场监督管理部门吊销营业执照。构成情节严重的违法行为包括：提供虚假材料，谋取中标、成交；采取不正当手段诋毁、排挤其他供应商；与采购人、其他供应商或者采购代理机构恶意串通；向采购人、采购代理机构、评标委员会以及谈判小组、磋商小组、询价小组成员行贿或提供其他不正当利益；提供假冒伪劣产品的。

五是依法追究刑事责任。供应商恶意串通投标、行贿、提供假冒伪劣产品等违法行为都有可能构成犯罪。

其中，串通投标行为情节严重构成犯罪的，按照《刑法》第二百二十三条第一款处罚：

投标人相互串通投标报价，损害招标人或者其他投标人利益，情节严重的，处三年以下有期徒刑或者拘役，并处或者单处罚金。

行贿行为情节严重构成犯罪的，按照《刑法》第三百八十九条、第三百九十条、第三百九十三条处罚：

第三百八十九条　为谋取不正当利益，给予国家工作人员以财物的，是行贿罪。

在经济往来中，违反国家规定，给予国家工作人员以财物，数额较大的，或者违反国家规定，给予国家工作人员以各种名义的回扣、手续费的，以行贿论处。

因被勒索给予国家工作人员以财物，没有获得不正当利益的，不是行贿。

第三百九十条　对犯行贿罪的，处三年以下有期徒刑或者拘役，并处罚金；因行贿谋取不正当利益，情节严重的，或者使国家利益遭受重大损失的，处三年以上十年以下有期徒刑，并处罚金；情节特别严重的，或者使国家利益遭受特别重大损失的，处十年以上有期徒刑或者无期徒刑，并处罚金或者没收财产。

有下列情形之一的，从重处罚：

（一）多次行贿或者向多人行贿的；

（二）国家工作人员行贿的；

（三）在国家重点工程、重大项目中行贿的；

（四）为谋取职务、职级晋升、调整行贿的；

（五）对监察、行政执法、司法工作人员行贿的；

（六）在生态环境、财政金融、安全生产、食品药品、防灾救灾、社会保障、教育、医疗等领域行贿，实施违法犯罪活动的；

（七）将违法所得用于行贿的。

行贿人在被追诉前主动交待行贿行为的，可以从轻或者减轻处罚。其中，犯罪较轻的，对调查突破、侦破重大案件起关键作用的，或者有重大立功表现的，可以减轻或者免除处罚。

第三百九十三条　单位为谋取不正当利益而行贿，或者违反国家规定，给予国家工作人员以回扣、手续费，情节严重的，对单位判处罚金，并对其直接负责的主管人员和其他直接责任人员，处三年以下有期徒刑或者拘役，并处罚金；情节特别严重的，处三年以上十年以下有期徒刑，并处罚金。因行贿取得的违法所得归个人所有的，依照本法第三百八十九条、第三百九十条的规定定罪处罚。

提供假冒伪劣产品行为情节严重构成犯罪的，按照《刑法》第一百四十条处罚：

生产者、销售者在产品中掺杂、掺假，以假充真，以次充好或者以不合格产品冒充合格产品，销售金额五万元以上不满二十万元的，处二年以下有期徒刑或者拘役，并处或者单处销售金额百分之五十以上二倍以下罚金；销售金额二十万元以上不满五十万元的，处二年以上七年以下有期徒刑，并处销售金额百分之五十以上二倍以下罚金；销售金额五十万元以上不满二百万元的，处七年以上有期徒刑，并处销售金额百分之五十以上二倍以下罚金；销售金额二百万元以上的，处十五年有期徒刑或者无期徒刑，并处销售金额百分之五十以上二倍以下罚金或者没收财产。

此外，《政府采购法实施条例》第七十三条还专门规定了供应商以非法手段取证投诉的法律责任：

供应商捏造事实、提供虚假材料或者以非法手段取得证明材料进行投诉的，由财政部门列入不良行为记录名单，禁止其1至3年内参加政府采购活动。

12.16　哪些情形属于串通行为？

《政府采购法》第二十五条第一款规定：

政府采购当事人不得相互串通损害国家利益、社会公共利益和其他当事人的合法权益；不得以任何手段排斥其他供应商参与竞争。

《政府采购法实施条例》第七十四条对什么是恶意串通进行了进一步

明确:

有下列情形之一的，属于恶意串通，对供应商依照政府采购法第七十七条第一款的规定追究法律责任，对采购人、采购代理机构及其工作人员依照政府采购法第七十二条的规定追究法律责任:

（一）供应商直接或者间接从采购人或者采购代理机构处获得其他供应商的相关情况并修改其投标文件或者响应文件;

（二）供应商按照采购人或者采购代理机构的授意撤换、修改投标文件或者响应文件;

（三）供应商之间协商报价、技术方案等投标文件或者响应文件的实质性内容;

（四）属于同一集团、协会、商会等组织成员的供应商按照该组织要求协同参加政府采购活动;

（五）供应商之间事先约定由某一特定供应商中标、成交;

（六）供应商之间商定部分供应商放弃参加政府采购活动或者放弃中标、成交;

（七）供应商与采购人或者采购代理机构之间、供应商相互之间，为谋求特定供应商中标、成交或者排斥其他供应商的其他串通行为。

上述条文的规定都已经很明确了，这里重点讲解一下，在实践中谁来认定串通行为。根据《招标投标法》《反不正当竞争法》《刑法》等有关法律法规，认定主体包括:

一是评标委员会或评审小组。评标委员会或评审小组在评审时如果发现有串通情况的，应当认定串通行为，否定其投标文件或响应文件，但评标委员会或评审小组无权作出惩罚，应将有关涉嫌串通行为的情况向财政部门报告，由财政部门依法认定后给予相关当事人行政处罚或移送有关机关处理。

二是财政部门。财政部门除了收到评标委员会或评审小组有关串通情况的报告后依法作出处理，在日常监督检查和投诉处理中，如果发现有串通情况的，也应该依法作出处理。

三是司法机关。政府采购监督管理部门在处理过程中，发现有串通行为可能构成犯罪的，应移交司法机关处理。司法机关按照有关法律规定追究相关当事人的责任。

12.17 评审专家的违法行为及要承担的法律责任有哪些？

评审专家在政府采购活动中起着重要作用。评标委员会、评审小组等都必须由2/3以上的评审专家组成。但评审专家在参与政府采购活动中发生违法行为的情况也屡见不鲜。《政府采购法实施条例》第七十五条对评审专家的违法行为及要承担的法律责任进行了规定：

政府采购评审专家未按照采购文件规定的评审程序、评审方法和评审标准进行独立评审或者泄露评审文件、评审情况的，由财政部门给予警告，并处2000元以上2万元以下的罚款；影响中标、成交结果的，处2万元以上5万元以下的罚款，禁止其参加政府采购评审活动。

政府采购评审专家与供应商存在利害关系未回避的，处2万元以上5万元以下的罚款，禁止其参加政府采购评审活动。

政府采购评审专家收受采购人、采购代理机构、供应商贿赂或者获取其他不正当利益，构成犯罪的，依法追究刑事责任；尚不构成犯罪的，处2万元以上5万元以下的罚款，禁止其参加政府采购评审活动。

政府采购评审专家有上述违法行为的，其评审意见无效，不得获取评审费；有违法所得的，没收违法所得；给他人造成损失的，依法承担民事责任。

　　这里简单地列举一下在实践中评审专家可能会出现的违法行为表现形式：一是擅自增加或减少采购文件规定的评审因素；二是擅自调整评审因素的分值、权重；三是没有按照采购文件规定的方法推荐中标、成交候选人；四是在采购人尚未确定中标或成交供应商时，就将评审结果告知供应商，或将其他评审专家的不同意见告知供应商；五是泄露在评审过程中知悉的供应商的商业秘密。如果读者朋友在实践中有证据表明评审专家有上述违法行为，可以依法向财政部门反映，维护自身的合法权益和政府采购活动的严肃性、纯洁性。